浙江靖霖律师事务所支持项目
中央高校基本科研业务费专项资金项目

数字法学丛书
Digital Law Series

信息时代刑事法治现代化探索：

阮方民教授荣休纪念文集

浙江大学刑法研究所　编

Modern Exploration of
Criminal Law
in the
Inforamtion Age

ZHEJIANG UNIVERSITY PRESS
浙江大学出版社

SEVERANCE HALL

阮方民教授荣休仪式暨信息时代刑事法现代化研讨会

2017.6

代序:从制度层面对中国刑法学犯罪论的若干思考

阮方民

　　1997 年《刑法》修订后,我与刑法学界的许多学者一样,为罪刑法定原则的确立欢呼雀跃。然而,经过最初几年的谨言慎行之后,最高人民法院、最高人民检察院(以下简称"两高")出台了不少司法解释,在很多学者看来是摆脱了罪刑法定原则束缚的越权解释,批评之声甚隆。但"两高"依旧我行我素,制定出台一些被学界看来是越权的司法解释。由此引出了刑法学界关于刑法解释应当持形式解释抑或实质解释立场的两派观点争论。与此同时,刑法学界兴起了一股主倡"法益侵害说(性)"且推崇大陆法系犯罪论包括"三阶层"犯罪构成的理论之风,大有推翻与取代传统的以"社会危害性"为基石的犯罪论及"四要件"犯罪构成理论的趋势。面对这样的司法现实与学界争论局面,我陷入了迷惑与沉思,既不想对司法现实提出粗率的批评,也不愿意盲目地加入刑法学界两派观点的交锋与混战,而是冷眼旁观,细心思量。虽然我直到如今仍未完全思考成熟,但我愿意将自己不成熟的粗浅想法展示给刑法学界与实务界,期待着有识之士与各方大家批评指正并共同探讨。

　　我一直在思考的一个问题是:既然所谓的司法解释越权现象不断地被批评而又不断地重复,就应有其存在的逻辑合理性与现实必然性;反而言之,那种主张司法解释应当严格恪守立法边界,不应具有司法立法功能的观点也就当然有其非逻辑合理性与非现实必然性。既然饱受批判与否定的传统的以"社会危害性"为基石的犯罪论及移植于苏联的"四要件"犯罪构成理论仍然在司法实践中活跃并指导着司法实务,就应有其存在的逻辑合理性与现实必然性;反而言之,那种主张以"法益侵害性"的新犯罪论来取代"社会危害性"的旧犯罪论及以"三阶层"新犯罪构成要件理论来取代"四要件"旧犯罪构成要件理论,当然有其存在的非逻辑合理性与非现实必然性。正是基于这样的思考,我试图跳出纯粹的刑法学理论框架,换一个视角来重新认识与理解两种犯罪论及犯罪构成理论的争论，或许可以让我们有一个新的认识。

中国刑法学理论作为一门特定的研究与支撑刑法立法规范与刑法司法运行的理论，属于上层建筑的一部分。刑法学是一门应用性的社会科学，它不是在真空中运行的，而是在特定的社会制度下运行的。一定的社会制度创建并发展了与其相适应的刑法学理论；反过来，一定的刑法学理论也必然服务与指导在一定社会制度制约下运行的刑法立法与司法实践。而与刑法学理论关系最为密切的社会制度主要是社会政治制度与司法制度。正是从这个角度来看问题，我对中国刑法学理论的角色定位有了豁然开朗的认识。因此，我想从社会政治制度与司法制度的层面或角度来重新解读中国刑法学理论的框架及其内涵，并阐述我个人对目前刑法学界关于两种犯罪论及犯罪构成理论的争论的理解与认识。

一、关于以"法益侵害性"取代"社会危害性"的争论与思考

（一）现行刑法学理论的来源

中国现行刑法学理论中的犯罪论及相关的犯罪构成理论来源于苏联。1949年之前的国民政府时期，大学法学院所教授的刑法学理论来自大陆法系的刑法学理论。但是1949年后，法学教育没有沿用原来那一套刑法学理论。在这样的态势下，国内全盘引进了苏联的刑法学理论。苏联最重要的刑法学理论是以"社会危害性"为基石的犯罪论理论及在这一理论统辖下的"四要件"犯罪构成理论，我国以此理论为基础与内核逐渐发展，建构了适应中国特有的政治制度与司法制度的全部刑法学理论。

（二）中国刑法中的犯罪概念，体现着"社会危害性"基石理论的强烈支撑，凸显着对具有社会危害性行为定罪的实质判断与评价功能

无论是1979年《刑法》第十条还是1997年《刑法》第十三条，都规定了一个总则性的犯罪概念，这是中国刑法借鉴苏联刑法并结合本国实际所创立的独具特色的立法概念。刑法学关于犯罪概念的理论通说认为，这个犯罪概念是犯罪的形式概念与实质概念的统一。应当说这一定论完全正确。按照传统的刑法学理论对立法上所规定的这一总则性犯罪概念的解读，任何犯罪都具有3个基本特征，即"社会危害性""刑事违法性""应受刑罚惩罚性"。其中，"社会危害性"是犯罪的本质特征，其价值在于：一方面，指导立法机关只能将

具有"社会危害性"的行为纳入刑法上的犯罪范畴,而将不具有"社会危害性"的行为排除在刑法上的犯罪范畴以外;另一方面,赋予司法机关对某种行为是否需要定罪的实质性判断权。"刑事违法性"则是犯罪的形式特征,也就是犯罪的表象必须是刑法明确规定为犯罪的行为,其价值在于:一方面,指导立法机关将需要作为犯罪进行否定评价的危害社会行为在立法上确立为犯罪;另一方面,以此制约司法机关的定罪形式判断权,指导司法机关依照刑法规定的对触犯刑法的危害社会行为予以定罪处罚。"应受刑罚惩罚性"的地位与功能比较特殊,兼具形式特征与本质特征的地位与功能。当立法机关根据"应受刑罚惩罚性"将某种危害社会行为在刑法上明确确立为犯罪,并规定法定刑幅度之后,这一特征因具有法定性而属形式特征。如果刑法上尚未有明确规定对某种危害行为要定罪处刑,但在刑法条文中由立法机关设置有"模糊区域"(如"情节严重""数额较大"等作为定罪的起点条件,或者如《刑法》第二百二十五条非法经营罪第一款第(四)项"其他严重扰乱市场秩序的行为")的,实际上是立法机关授权司法机关根据具体案情进行司法判断来确定该行为的"社会危害性"。如果达到了其他非刑罚的处罚已经不足以制裁其违法性,必须动用刑罚来加以制裁的程度,可以通过法律解释予以定罪时,这一特征应属本质特征。

从中国刑法学理论诞生以来,就以"社会危害性"为基石,创建了犯罪论中的犯罪概念,并以此为统辖进一步建构了一个完整的"四要件"犯罪构成理论框架,据此指导中国的刑事司法实践定罪处刑。"社会危害性"作为中国刑法学理论中犯罪论的基石性理论,最根本的意义在于:它强调对危害社会行为定罪的实质判断,而忽略或者轻视对危害社会行为定罪的形式判断。从而可以解释为什么长期以来,在中国刑事司法实践中,无论是对证据的采信还是事实的认定,或者是对行为的法律定性,都过于强调或者偏重实质判断。而在中国民事司法实践中,无论是对证据的采信还是事实的认定,或者是对行为的法律定性,都坚持进行形式判断。因此,对一个刑民交叉的案件,常常会出现民事法官与刑事法官在法律定性上的意见分歧。

(三)以"法益侵害性"理论取代"社会危害性"理论已经成为中国刑法学界的流行语言

中国刑法学界首次对"社会危害性"理论提出猛烈批评的是从德国留学归来的李海东博士,他的观点在中国刑法学界产生了巨大的学术震荡,但当时并没有引起刑法学界广泛的赞同。直到近十多年,中国刑法学界有越来越多的学者特别是大量中青年学者主张以"法益侵害性"来取代"社会危害性"理论,"社会危害性"理论才真正面临着巨大的挑战,有被摒弃的现实危机。

(四)从制度层面看,"法益侵害性"理论无法取代"社会危害性"理论

尽管应当承认,"社会危害性"理论所具有的认定犯罪的实质判断功能对严格的"罪刑法定原则"贯彻执行可能是一个伤害,正因为如此,陈兴良教授提出在罪刑法定原则下必须严格坚持犯罪的形式特征即形式判断而摒弃犯罪的本质特征即实质判断,但"社会危害性"理论所具有的定罪实质判断功能是现行政治制度与司法制度所乐见,并认为是不可或缺的。因为"社会危害性"理论能够使刑法具有足够的张力与弹性,有助于将形形色色的新型有害社会的违法行为纳入刑法的范畴而不致令其逃脱法网,从而保障国家的政治安定与社会的治安稳定。当然,也应当看到,"社会危害性"理论并非只具有"入罪"的实质评价功能,它同样也具有"出罪"的实质评价功能。如内蒙古"玉米"案就是一个十分典型的例子,王力军被再审改判无罪并不是欠缺犯罪的构成要件,而是不具有与《刑法》第二百二十五条规定的非法经营罪前三项行为相当的社会危害性,不具有刑事处罚的必要性,即该案的行为从实质上判断不具有犯罪程度的"社会危害性"及"应受刑罚惩罚性"。但从司法实践运行的情况看,其"入罪"的实质评价功能远远大于"出罪"的实质评价功能。正因为如此,《刑法》第十三条的总则性犯罪概念目前地位坚如磐石,并不受刑法理论界的批判所动而拟议修改。可见,主张以"法益侵害性"取代"社会危害性"理论的观点放在制度性层面看,不具有逻辑合理性与现实可能性。

按照"法益侵害性"的主倡学者的观点,可以用"法益侵害性"来解释"社会危害性"的内涵。若果真如此,又有什么必要一定要用"法益侵害性"来代替"社会危害性"呢? 在我看来,这两个概念的内涵是根本不同的。

首先,"法益侵害性"理论背后的支撑理念是西方人本主义的价值观,也就是个人本位的价值观。因此,在判断法益是否被侵害时,判断者所持的价值观不同,决定其分析案件的立场不同,因而法益是否受到侵害以及受到多大的侵害也会不同。个人本位的价值观与中国目前的现行政治制度所赖以支撑的价值观形成鲜明的对立。尽管中国现行体制下倡导的"核心价值观"与西方人本主义的价值观有一些概念从表面上看是相同的,但实质内涵大相径庭。"社会危害性"理论背后的支撑理念正是中国现行倡导的"核心价值观"。这一价值观的内涵较以往已经有了很大的不同。过去的核心价值观就是国家与社会利益至上,个人利益在任何时候都必须让位于国家与社会公共利益。随着社会主义市场经济的初步建立,个人权利意识勃兴,现行倡导的"核心价值观"有了新的内涵,这就是:当不关乎国家与社会发展的重大利益时，个人利益优先；当关乎国家与社会发展的重大利益时，国家与社会公共利益优先。因此，以这样的"核心价值观"为支撑而形成的"社会危害性"理论与以个人本位价值观为支撑的"法益侵害性"在面对同一个案件进行评价与判断时，由于理念的不同，所持立场必然不同，由此形成的结论也不可能会相同。

其次，"法益侵害性"理论的运行制度环境是西方"三权分立"的政治制度与司法制度，在这样的权力框架下，刑事法官在定罪量刑时只尊崇法律与刑法，不需要考虑行为是否存在有害社会及是否需要动用刑罚进行政治社会评价以决定是否入罪。但在中国现行制度框架下，并不实行"三权分立"，刑事法官在判断某种行为是否构成犯罪时当然要尊崇法律与刑法，但由于刑法上的条文"空白模糊区域"很多，在是否要动用条文"空白模糊区域"对面临的案件定罪量刑时，法律授权刑事法官对行为的社会危害性进行政治社会评价；特别是当出现某个危害社会的行为而刑法并未明确规定为犯罪但其严重的危害性有刑罚制裁必要时，其政治社会评价将决定刑事法官是否对该行为通过解释刑法条文"空白模糊区域"入罪审判。因此，"法益侵害性"理论显然无法为刑法范畴内的定罪量刑提供政治社会判断与评价的"通道"，而"社会危害性"理论恰恰能够为刑法范畴内的定罪量刑提供政治社会判断与评价的必要"通道"。

最后，"法益侵害性"理论秉持的是纯法律思维方法对刑法所保护利益的界定，表达了刑法谦抑性的立场，因而在"罪刑法定原则"的制约下，必然限制刑事法官判断刑法所保护的合法权益是否受到侵害的权力。但在中国现实制度条件下，"法益侵害性"显然具有适用的局限性。相比较而言，"社会危害性"理论更能适应司法实践，因为"社会危害性"的判断是包括了是否违反政治、法律、文化、经济、道德、宗教、习俗等多方面规范的综合评价。当对危害社会行为进行多规范的综合评价并不关乎社会重大利益时，刑法采取谦抑立场与"法益侵害性"并无二致；但当对危害社会行为进行综合评价关乎社会重大利益时，刑法往往会直接介入与干预严重危害社会的行为，予以定罪量刑。因此，"法益侵害性"理论无法实现在现行制度条件下刑法保障社会安宁的应有规范功能，只有"社会危害性"理论能够赋予刑法广泛的维护与保障社会治安的现实功能。

总之，我认为，在目前的社会制度条件下，"社会危害性"理论有效地指导着立法与司法实践的运行，很难被否定或者放弃；因此，刑法学界那种主张以"法益侵害性"理论取代"社会危害性"理论的学术观点既不切实，也无必要。

二、关于以"三阶层"犯罪构成理论取代"四要件"犯罪构成理论的争论与思考

(一)关于犯罪构成体系理论的争论

近十多年来,中国刑法学界在犯罪构成理论的探讨上,大致可以划分为"坚持说"和"否定说"两种学术观点。

"坚持说"认为,虽然,中国刑法学理论中的"四要件"犯罪构成体系理论是从苏联引进的,但经过本国刑法学家的多年努力发展,总体上还是科学的,也是适应司法实践要求的。当然也存在不完善的地方,需要在其部分内容、部分要素上进行深入开拓,如犯罪构成是不是刑事责任的唯一基础,犯罪客体的内容究竟应当包括哪些,如何研究分析刑法上的因果关系,如何看待"法人犯罪",技术革命条件下是否存在"无知犯罪"等等。因此,对构成体系框架内的具体构成要素,需要做进一步的深入探讨与研究,加以发展完善,但整个犯罪构成的体系框架不需要做根本改变。

"否定说"的观点就是对四个要件的犯罪构成理论予以全盘否定,主张构建一个全新的犯罪构成理论体系,其主要理由是"去苏联化"。特别是近年来,越来越多的学者尤其是中青年学者明确主张全盘否定中国犯罪构成理论体系,而代之以大陆法系的三阶层犯罪构成理论体系,却不同意自行构建一套犯罪构成理论。因此对这一学说可以称之为"移植说"。

(二)对"坚持说"观点的辨析

关于"坚持说"坚持四要件理论的观点,有值得肯定的地方。"四要件"的犯罪构成理论,是与中国的政治制度与司法制度现实相适应的理论,它是中国刑法中形式的犯罪概念与实质的犯罪概念相结合的具体产物,它是一个开放的而非封闭的构成要件体系。也就是说,在根据犯罪构成要件认定犯罪的时候,一方面为司法实践定罪提供了构成要件的形式标准,另一方面也为司法实践定罪保留了必要的实质标准"通道"。其中,形式标准是封闭的,而实质标准则是开放的。这也就是"四要件"理论为司法实践熟悉并难以放弃的一个重要原因。它有着很深的现实理论基础与实践土壤。

同时,我们也应当清楚地看到,对"坚持说"主张"四要件"理论不可更改的观点,是有待商榷的。根本问题在于:中国刑法学中的犯罪构成理论是从苏联引进的,但犯罪论体系中的其他犯罪理论仍然是大陆法系的经典理论。也就是说,中国刑法学理论中的犯罪论理论,其内核来自苏联,而外壳则来自大陆法系,并非

同源,而是一个"杂交"的"混合物"。因此,与大陆法系的"三阶层"犯罪构成理论体系及英美法系"两阶层"犯罪构成理论体系相比,它自身主要存在着三个方面的缺陷。

从宏观上说,"四要件"的犯罪构成理论作为刑法理论中的重要理论即犯罪论的核心理论,与犯罪论体系中的其他理论并不完全匹配。因为,我国的犯罪构成理论体系来自苏联,而犯罪论体系中的其他理论则来自大陆法系。因此,我国刑法学理论中的犯罪论体系是一个混合体与杂交体。犯罪构成理论作为犯罪论体系中的核心理论,是以"社会危害性"理论为基础的,因此强烈地体现了国家与社会本位的价值观;而作为犯罪论中的其他犯罪理论,由于来自大陆法系的刑法理论,必然反映了"法益侵害论"理论,体现的当然是个人本位价值观。例如,牵连犯的概念、吸收犯的概念,其内含的法律精神都是按"有利被告原则"即保障与尊重人权的法治思想去设计的,也就是不按照行为人所实施的两个行为进行刑法上的否定评价,而只按照其中的一个行为进行刑法上的否定评价。在改革开放之后,伴随着市场经济的确立、法治理念的推广,出现这样的犯罪概念尚可理解。但在新中国成立之初,人们完全不知市场经济为何物,强调对犯罪分子毫不留情的镇压和打击,确实难以理解为什么其能够作为犯罪论中的一个基本概念而与"社会危害性"理解共存于一体。所以,当初刑法学界所建构的这种理论混合体,将两种不同价值观的刑法概念糅为一体,其内在的矛盾性显然无法实现其应有的法律规范功能。因为,按照"四要件"的犯罪构成,其反映的"社会危害性"理论内在地要求体现国家与社会本位价值观,因而往往倾向于对危害行为作"入罪"或者"重罪"的否定评价。有学者认为"社会危害性"的否定评价表现为社会政治否定评价,但按我个人的看法,"社会危害性"的否定评价应当表述为政治社会否定评价,即政治否定评价优先于社会否定评价。但是,按照大陆法系的犯罪论理论,"法无禁止皆可为""法无明文不为罪",其形式评价功能本能地要求体现个人本位的价值观,因而肯定倾向于对危害行为作"出罪"或者"轻罪"的法律评价。将这样的两套理论杂交成一体,其内在的矛盾与冲突是无法克服的,也与中国特定制度下的立法与司法实践存在着背离。这就可以解释为什么"牵连犯"与"吸收犯"概念始终只是理论概念,而未成为刑法上的立法概念;并且在司法实践中,很多司法解释对于刑法理论认为的"牵连犯"行为也并非都按"从一重处断"原则去定罪量刑,而是根据"社会危害性"理论进行实质性的判断后,只对"社会危害性"程度较轻的"牵连犯"规定了"从一重处断"的处罚规则;而对"社会危害性"程度较重的"牵连犯"情形则未规定"从一重处断"的处罚规则。

从中观上说,"四要件"的犯罪构成体系存在着两大问题:一是无法在犯罪构成体系内部纳入正当行为的评价机制,因而对司法实践来说,是在犯罪构成评价开始之前,还是进行之中,或是完成之后再另外进行正当行为的评价?刑法学的犯罪论始终没有一个清晰的答案,这使得两者在逻辑关系上衔接不好。不像大陆法系"三阶层"的犯罪构成理论,在完成了"构成要件该当性"的评价之后进入"违法性"评价时,就把正当行为的评价包含进去了。也就是说,犯罪构成要件的否定评价与正当行为的肯定评价十分恰当地结合为一体。这是大陆法系"三阶层"犯罪构成体系设计上最为精妙之处。二是在犯罪构成体系内部各要件之间的相互关系缺乏内在的逻辑上的紧密联系。我们可以看到,"四要件"的犯罪构成体系中各个要件之间不具有像"三阶层"犯罪构成体系那样严格的前后排列顺序,只能从某个成立要件开始进行判断,再进行第二个阶层的成立要件判断,最后进行第三个阶层的成立要件判断,如此进展,别无他途。而在"四要件"的犯罪构成体系中,你可以将任何一个构成要件先拿来分析,如果符合了,就放在一边,再接着拿第二个、第三个、第四个要件逐次进行分析,再逐次放在一边等待。最后将它们全部像零件一样"组合"起来,才能最终得出犯罪的结论。从这个角度看,"四要件"犯罪构成体系的内部各要件之间显然是缺乏像大陆法系"三阶层"犯罪构成体系那样严密的逻辑递进关系。但事实上,在"四要件"的犯罪构成体系中,并非各个要件都是彼此相等的,相对而言,客体要件要居于核心的优势地位,扮演着超乎于其他构成要件的政治社会评价功能。这就是我要提出来的,在中国刑法学犯罪构成理论体系中存在着"客体决定论"。

从微观上说,"四要件"中的每一个要件内部结构上也存在着一定的不和谐与不匹配。如在客观构成要件中所称的"危害行为""危害结果"及"危害行为与危害结果之间的因果关系"。为什么不说"犯罪行为""犯罪结果""犯罪行为与结果的因果关系"呢?刑法学界的理论先驱们认为,在四个要件未最终组合完成之前,尚无法判断某种行为是否最终构成犯罪,所以要使用"危害行为""危害结果"等价值判断概念来表述客观构成要件中的构成要素,以避免在单个分析某个要件时就先入为主地使用"犯罪行为"与"犯罪结果"等术语对某种行为直接定罪。但是我们还看到,在主观要件中,理论界的通说使用了"犯罪故意""犯罪过失""犯罪目的""犯罪动机"等法律判断的词汇来表述主观要件中的构成要素。那为什么在主观要件中,在没有最终将四个要件组合之前就直接使用具有"先入为主"的"犯罪"字眼呢?可见,这样的理论设计在逻辑上也是有矛盾的。

我们有必要更清楚地认识到,"四要件"犯罪构成体系最关键的问题在于:在中国目前的刑法框架下,它并不是判断某种行为是否能够定罪的唯一标准,或者说唯一通道。因为它只是判断某种行为是否有罪的形式判断标准。在此形式判断标准之外,根据其上位的犯罪概念,实际上还运行着对某种行为是否有罪的实质判断标准。中国刑法中的犯罪构成体系本身并不排除实质评价标准,而是形式评价与实质评价融于一体。这种形式评价与实质评价的融合,表现在以下两个方面。

在犯罪构成体系的形式评价之内,存在着实质评价,这主要表现在犯罪构成中许多罪与非罪界限的"量"的评价上。在中国《刑法》规定的许多犯罪中,立法上虽然明确规定了该罪的犯罪构成要件,但同时又规定了某些模糊的但对定罪具有决定意义的构成要素。如"数额较大""情节严重""情节恶劣"等。对这些模糊的构成要素,刑事法官拥有实质解释权与判断权。

在犯罪构成体系的形式评价之外,存在着实质评价,这主要表现在凌驾于犯罪构成之上的犯罪概念中。中国《刑法》第十三条不仅规定了"情节显著轻微危害不大的,不认为是犯罪"的"量"的实质评价权,更规定了"以及其他危害社会的行为""依照法律应当受刑罚处罚的""质"的实质评价权,即某种行为是否具有社会危害性,都是由刑事法官进行实质判断的。

中国刑法现行的犯罪构成体系所具有的定罪的实质判断功能是由具有实质判断功能的犯罪概念所决定的。而这种特定的犯罪概念所具有的实质判断功能又是由独特的"社会危害性"内涵所决定的。可以说,正是以这种特定的犯罪概念为基础而构建了"四要件"的犯罪构成体系,其中,"社会危害性"比较集中地体现在四要件的犯罪客体要件中。换言之,"社会危害性"的政治社会否定评价主要体现在犯罪客体的内涵中。中国现行刑法的否定评价功能虽然不能没有形式评价功能,但必须为实质评价功能留下必要的"通道"。

因此,可以这样说,"四要件"的犯罪构成理论体系是与当前中国特定的政治体制与司法体制现实相适应的。尽管"四要件"的犯罪构成体系存在着种种问题,但目前无法用其他任何一种新的犯罪构成体系来替代"四要件"的犯罪构成理论,包括"三阶层"的犯罪构成理论。因为,社会现实所决定的立法及司法现状都需要用一种兼具形式判断与实质判断的犯罪构成体系来处理犯罪问题。"三阶层"犯罪构成体系显然无法实现这种功能。

(三)对"否定说"观点的辨析

从总体上看,"否定说"提出要对中国现行的犯罪构成理论体系进行变革的要求是合理的,这应当得到肯定。因为,法律作为上层建筑的一个组成部分,必须反映经济基础的变化与发展。当我国的经济基础已经从以往的计划经济走向市场经济的时候,作为上层建筑组成部分的法律当然也应当随之作出调整。因此,刑法理论中的犯罪构成理论体系的变化与调整也就不可避免。但是,犯罪构成理论体系如何变革与调整,却需要认真研究。一方面,经济基础确实发生了巨大的变化;另一方面,作为上层建筑的政治体制与司法体制却几乎没有变化。在当前的政治与司法现实之下,任何对犯罪构成要件体系的变革观点,都不允许构建那种纯法律意义的"封闭"的犯罪构成理论体系,因为这种犯罪构成理论体系与现行刑法中的犯罪概念具有本能的冲突与矛盾,其核心是取消犯罪概念中的实质犯罪概念,就是剥夺刑事法官实质的定罪判断权。因此,任何可能的理论改革必须与现行刑法中的犯罪概念具有协调一致性,并且保持犯罪构成体系的开放性,为对犯罪行为进行实质判断保留必要的"通道"。说到底,理论的改革要符合当前的社会条件及未来社会发展的预期,符合现行的刑法规定,并且被现实的政治体制与司法体制所接受。这是在目前的社会条件下,刑法理论界应当清楚认识的一个大的背景。否则,任何理论的改革都将与实践毫不相关,隔靴搔痒,成为学者孤芳自赏的一种纯"花瓶"式学术研究,对实践毫无价值。这是从制度层面认识这派学者观点所得出的一个合乎逻辑的结论。

（四）对主张引进大陆法系"三阶层"犯罪构成理论的"移植说"观点的辨析

对大陆法系"三阶层"的犯罪构成理论,我们应当给予正面的评价,过去刑法学界曾经有过的那种全面否定的观点是有问题的。

第一,大陆法系"三阶层"犯罪构成理论体系是与犯罪的形式概念相吻合的。"三阶层"的犯罪构成理论体系的递进式定罪判断,在每一个阶段都具有"出罪口"的设计,使得这种犯罪构成体系的设计具有内在的严密的逻辑关系。在每一个阶段都要求刑事法官通过判断"是"或"非"为犯罪嫌疑人出罪提供可能性。当对某个犯罪嫌疑人的行为通过三个阶段的逻辑判断后,得出的唯一结论毫无疑问是"有罪"而不可能是"无罪"。因为,"无罪"已经在之前的三个阶段的判断中被"过滤"了,从设置的"出罪口"出去了。从这个角度说,大陆法系刑法理论所构建的"三阶层"犯罪构成体系就是定罪的唯一根据而不可能是其他。

第二,"三阶层"的犯罪构成体系是落实罪刑法定原则的刑法理论与刑事司法结合的必然结果。因为通过"三阶层"的犯罪构成体系设计,将一个行为通过一步一步递进的逻辑判断最终定罪,只有唯一的一个通道,舍此别无他途,因而限制了司法机关滥用司法权任意对犯罪嫌疑人出入罪的权力,从而可以有效地保障公民的基本人权。大陆法系国家刑事司法长期应用"三阶层"犯罪构成体系定罪的实践也表明,这个体系对于在那种特定的刑事司法体制框架下正确地定罪,保障犯罪嫌疑人的基本人权是行之有效的,也是保证实现罪刑法定原则的必要理论。

第三,"三阶层"的犯罪构成体系本身是封闭的而不是开放的。"三阶层"的犯罪构成体系对某种行为是否构成犯罪,在这个体系之内只能从法律的角度、运用法律的规则来进行判断，它是规则主义的产物。它在每一个阶段都保留了"出罪"的"通道"，但没有留下"入罪"的"通道"，因此说它是一个封闭的犯罪构成体系而不是开放的犯罪构成体系。这种封闭的犯罪构成体系排除了其他非法律因素，特别是政治因素可能在定罪上的干扰与影响，保证刑事法官只遵循法律精神、法律原则与法律规则考虑是否定罪，所以对于防止政治化或非法律化定罪具有重要的法治意义。因此，"三阶层"的犯罪构成体系是刑事法治的必然体现。

但是，"三阶层"犯罪构成体系再好，仍不符合当前中国的社会制度现实。因为，它的体系构造本身就表明：它是一个封闭的犯罪构成体系，也是一个自主判断犯罪是否成立的犯罪构成体系。因此，这个犯罪构成体系完全是形式犯罪概念的产物，并且也只给予刑事法官以是否构成犯罪的形式判断权。这无法适用于当下的中国政治制度现实与司法制度现实，也不符合刑法总则犯罪概念的"社会危害性"内含的政治社会否定评价意蕴，因为在很多时候需要引入政治社会否定评价来考虑对某种行为是否定罪。所以，那种主张要全盘引进大陆法系"三阶层"犯罪构成体系理论的观点，由于不具有对定罪的实质判断权，其结果是要排除在定罪上的政治社会否定评价，这必然是无法为当前的社会现实所接受的。

总之，那种主张全盘否定"四要件"犯罪构成体系，并且要代之以"三阶层"犯罪构成体系的观点是不符合现实的。至于在将来是否要引进也未必。因为通过对"四要件"犯罪构成体系的改造与重建，取消对犯罪的实质判断，让它成为定罪的唯一通道或途径，实现对犯罪形式判断的功能，如像英美法系的"两层次"犯罪构成体系那样，与大陆法系的"三阶层"犯罪构成体系形异而实同，又体现了不同的法律文化特点与法律传统，坚持了法律的国际性与民族性，不是同样可以完全实行罪刑法定原则吗？所以，为什么一定要照搬"三阶层"犯罪构成体系呢？

（五）犯罪客体在中国刑法学犯罪构成理论中居于核心地位

中国刑法学界在引入大陆法系刑法理论时，对不少理论概念没有加以消化，就直接拿来为我所用了。其实是徒有其名，而无其实。这主要是因为对中国刑法学犯罪构成理论中的客体理论缺乏深刻的认识与理解。我们可以通过对两个理论概念的比较来进行仔细考察。

1."法益"与"客体"是否对应？是否能够前者取代后者？

近年来，不少学界人士热衷于使用"法益"来取代"客体"。在司法实践中，也有越来越多的中青年法官采用"法益"的表述来取代"客体"的表述。应当承认，大陆法系刑法理论中的"法益"确实与中国刑法理论中的"客体"在很多时候指的是相同的或者相近的事物，但我认为只是形同而实异，很多学者及实务工作者未能关注到两者的本质性区别。

（1）"法益"在大陆法系刑法中只是一个理论概念，对于立法时划分犯罪的类型具有意义，但"法益"并不是一个定罪的构成要件或者要素，不决定行为是否构成犯罪。而在中国，"客体"不仅是一个刑法上的理论概念，对立法上划分犯罪的类型具有意义，更重要的是，它是犯罪的构成要件之一，而且是核心的构成要件，相比较其他构成要件具有优势地位，对定罪与否具有决定性影响。

（2）用同一个"法益"表述两个不同层次的概念在逻辑上是不周延的。一方面，在"法益侵害性"上使用了"法益"这一特定的概念；另一方面，如果将"法益"替代中国刑法中犯罪构成要件的"客体"，"法益"又成为犯罪构成要件，两个概念并不在同一层次上："法益侵害性"中的"法益"是揭示犯罪的本质属性的内在因素，而作为犯罪构成要件之一的"法益"则只是反映犯罪本质属性的一个表象特征即外在因素。用同一个"法益"表达两个不同层次的事物是不准确的。相比较而言，中国刑法学理论中的"客体"与"社会危害性"这两个不同概念能够比较准确地阐释两个处在不同层次但又密切相关的事物："社会危害性"是揭示犯罪的本质属性即内在因素，而"客体"则是反映犯罪的表象特征即外在因素。

（3）"法益"的内敛性体现个人本位价值观，而"客体"的扩张性能够更好地体现国家与社会本位的价值观。因此在通常情况下，秉持"法益"的思维方式去解释刑法，相对是谨慎的，对扩张性的解释是提防的，生怕会踏出"罪刑法定原则"的边界，侵犯公民的基本人权。但是在"客体"维护公共利益优先的理念之下，往往出现刑法解释的扩张性冲动，较少顾忌越出"罪刑法定原则"的边界。比如，有关司法解释中所创设的"网络寻衅滋事"犯罪，就是一个典型的例子。在秉持"个人本位价值观"的"法益"理念之下，是难以出现这样的具有创制法律规范的司法解释的。

（4）"客体决定论"无法被通常意义的"法益"所取代。即使按照主张以"法益"取代"客体"学者的观点，也只是认为"法益"能够在司法实践中区分罪与非罪界限时起到一定的判断作用，但"法益"并不比其他构成要件在定罪上具有更重要的作用甚至是决定性的作用。然而，中国"四要件"犯罪构成理论中的"客体"要件在定罪时所具有的作用，要重于其他构成要件。因此我称之为"客体决定论"。由于"客体"所具有的对定罪独特的决定作用，显然无法以"法益"来代替"客体"。

所以，在"三阶层"犯罪构成理论没有全面取代"四要件"犯罪构成理论的情况下，简单地以"法益"来代替"客体"，是把"法益"用错了地方。

2. 大陆法系的很多刑法特定概念能否拿来即用？

其实，不光是"法益"不能随便拿来塞进中国刑法学理论，其他大陆法系的刑法学概念，在为我所用时也发生了某种程度的变异，但中国刑法学界并未注意到这样的变异。仅举一例：想象竞合犯。按照大陆法系理论，所谓想象竞合犯，指的是一个行为同时触犯了两个以上的罪名。中国刑法理论对此也是认可的。但中国刑法学界在使用这个概念的时候，未能注意到与大陆法系的概念形同而实异。

（1）大陆法系刑法理论由于"法益"不是定罪要件，因此其犯罪构成体系是以"行为"为中心即"行为决定论"来构建并展开的。以爆炸行为为例，当使用爆炸手段欲炸死他人时，按"行为决定论"其行为同时触犯了爆炸罪及故意杀人罪，不需要考察是否确实侵犯了公共安全这一"法益"，即属想象竞合犯。因此，大陆法系的刑法学理论创立了对想象竞合犯"从一重处断"的处断原则即选择按重罪定罪并量刑的原则。

（2）在中国刑法中，犯罪构成是以"客体为中心"即"客体决定论"来构建并展开的。虽然行为确实也是定罪的要件之一，但并非唯一要件，客体凌驾于行为之上在犯罪构成要件中具有优势地位，对定罪具有决定性影响。比如，对上述的爆炸案件，是否属于想象竞合犯，显然不能只根据"行为决定论"来判断，还要多一个判断标准即"客体"，即要根据其爆炸行为发生的时间、地点、场合、爆炸物的威力、对周边的影响力等客观因素是否具有"危害公共安全"的本质属性，即是否侵犯了"公共安全"客体，来判断爆炸罪的定性。如果危害了"公共安全"这个客体，可以认为是一行为同时触犯了爆炸罪与故意杀人罪、故意毁坏财物罪等数个不同罪名，属想象竞合犯；如果未危害"公共安全"这个客体，则不能认为是一行为同时触犯了爆炸罪与故意杀人罪，不属想象竞合犯。所以，从这个角度看，在判断是否属于想象竞合犯上，中国刑法学理论不是根据爆炸行为来判断的，而是根据爆炸行为是否侵害"公共安全"这个"客体"来判断的。

（3）"客体决定论"决定了中国刑法中的想象竞合犯与大陆法系刑法中的想象竞合犯在处断原则上存在着根本性的差异。按照中国刑法分则理论通说，某一行为如果危害到公共安全这个客体，是要一律纳入危害公共安全这类罪的范畴进行定罪而不能定为其他类别的普通刑事犯罪的。因此，如果假定上述的爆炸行为危害到某一个人的生命安全，同时也危害公共安全，是定为爆炸罪，而不定为故意杀人罪。所以事实上，"客体决定论"否定了大陆法系想象竞合犯"从一重处断"的原则。

在这种情况下，中国刑法理论界对想象竞合犯的"从一重处断"原则如何适用是缺乏进一步研究的：到底是仅仅在危害公共安全罪中，"从一重处断"原则应当让位于"客体决定论"，还是在所有的犯罪中，都让位于"客体决定论"？其实，大陆法系刑法理论的"行为决定论"与中国刑法学理论"客体决定论"在判断想象竞合犯上的差异及其司法处断适用原则不同，正是隐藏在两种"决定论"背后的核心价值观的分野——公共权益与个人权益孰轻孰重。

尽管国内有学者主张对上述爆炸案件按"从一重处断"原则定为故意杀人罪,但我个人仍然同意按"客体决定论"定为爆炸罪。并且主张,凡是可以判定行为危害了公共安全的,都要按"客体决定论"定为危害公共安全罪,无适用想象竞合犯"从一重处断"原则的余地。

（四）小结

总之,中国刑法学界对犯罪构成理论体系的研究与争论仍然在进行着。从刑事法治的发展方向看,理应形成一个与形式的犯罪概念相吻合的封闭、纯粹地以法律规则进行判断是否有罪的犯罪构成体系;但从当前的社会现实看,一个与含有实质的犯罪概念相吻合的开放、不纯粹地以法律规则判断是否有罪的犯罪构成体系是当下制度的宠儿。舍此而试图用其他犯罪构成理论体系来取代都不可能使刑事司法正常的运行。正因为如此,"四要件"的犯罪构成理论体系尽管存在着不少问题,但还有着相当旺盛的生命力,因为它是开放的,具有实质评价犯罪的功能,与当下的政治体制和司法体制相吻合,为政治社会否定评价在定罪上发挥重要的影响力保留了必要的介入"通道",因此它符合当前这种中国式的"政法"体制社会现实的需要。

三、应当对"四要件"犯罪构成体系发展完善

（一）"四要件"犯罪构成体系的重新设计应当具有逻辑性

基于上述分析,我们可以看到,在中国《刑法》第十三条总则性的犯罪概念不发生修改变化的条件下,就不存在以"三阶层"犯罪构成体系取代传统的"四要件"犯罪构成体系的可能性与必要性,单纯地全盘引进大陆法系的"三阶层"犯罪构成体系,不符合中国的社会制度现实。但又要清晰地看到,传统的"四要件"犯罪构成体系确实存在着不足,需要进行改革,特别是需要借鉴大陆法系"三阶层"的犯罪构成体系所具有的那种严密的逻辑性进行改革。因此,对中国现行犯罪构成体系的改革创新,必须符合当下社会现实条件。我认为,犯罪构成体系的创新应当满足以下几个条件:(1)必须符合中国版犯罪概念的要求,以中国《刑法》总则第十三条中的形式与实质相统一的犯罪概念为基础来建构犯罪构成体系;(2)必须不是封闭的仅仅只能进行单纯的形式评价的结构体系,而是开放的允许有政治社会否定评价即实质评价的结构体系;(3)必须具有结构体系内在的逻辑递进关系,既符合人的认识一般规律,也符合特殊的司法判断规律。因此,循着这个思路,我试图在不改变"四要件"犯罪构成要件体系的基础上,按照定罪的逻

辑进路重新组合与建构一个新的"四要件"犯罪构成体系(见图1)。

犯罪客体(1)------------------------犯罪客观方面(2)
　　　　　(5)
犯罪主观方面(4)----------------------犯罪主体(3)

图1　犯罪构成四要件逻辑结构

(二)对这个犯罪构成体系的逻辑解读与必要说明

在这个结构体系中,从犯罪客体要件开始进行判断。在犯罪客体这个环节的首次判断中,既有形式判断,看某种行为是否符合某个具体犯罪的客体要件,也有实质判断,看某种行为是否侵害了某种利益,即是否具有社会危害性。如果符合,然后进入客观方面要件的判断;如果符合,再进入主观方面要件的判断;如果符合,再进入犯罪主体要件;如果符合,最后再次经过犯罪客体的判断,即社会危害性的量的判断。其实,量的判断既是实质判断,也是形式判断。如果全部符合,即构成犯罪。

在这个结构体系中,一个很重要的特点是:从犯罪客体开始,到犯罪客体结束,犯罪客体需要经过二次判断。这是与中国式的形式与实质相统一的犯罪概念相吻合的。在犯罪客体的第一次判断时,主要是对行为的社会危害性进行形式判断与实质判断,看某种行为是否具有社会危害性及符合哪个具体犯罪的客体要件,指导司法人员解释并适用之后的几个构成要件。在犯罪客体的第二次判断时,则是看已经符合前面构成要件的危害行为在危害程度的量上是否达到了犯罪程度。因为,犯罪概念中所表述的"情节显著轻微危害不大的,不认为是犯罪",表现在具体的分则法条中,一般都用"情节严重""情节恶劣"等来表述。这里的"情节",是一个综合性的评价危害行为的量是否达到犯罪程度的指标,它不是包含在某一个具体的犯罪构成要件中的,而是包含在刑法规定的所有犯罪的构成要件之中的;并且,它还体现在所有的犯罪构成要件之外。因为它是评价犯罪是否成立的综合性因素,是一个具体犯罪事实中对定罪有影响的全部情节。因此,对社会危害性量的程度判断,不可能放在犯罪构成的某一个要件中单独判断,只能放在犯罪构成体系的最后来进行综合判断。

上述排列可以较好地处理犯罪构成体系与正当行为构成体系之间的关系。大陆法系"三阶层"犯罪构成体系是在犯罪成立要件递进中解决了正当行为的判断与评价问题,但在中国"四要件"犯罪构成体系中,未能很好地解决正当行为构成问题。但是,如果从犯罪客体开始,其具有的形式评价与实质评价功能可以进行初步的"筛选",符合中国刑法理论对正当行为所下的定义,即某些行为从表面上看似乎符合犯罪的特征,但实质上对国家和人民是有益的,即实质是没有社会危害性的行为。因此,将犯罪客体要件放在最前面进行判断,实际上就是让它所具有的实质判断功能在评价正当行为所具有的"实质上对国家和人民是有益的"性质时起到"过滤"与"筛选"的作用。当刑事法官认为某个行为在实质上具有社会危害性时,即沿着犯罪构成的逻辑顺序往其他要件依次走下去,看是否符合其他各个犯罪的构成要件;当刑事法官认为某个行为在实质上不具有社会危害性,反而具有社会有益性时,则将这一行为"踢出"犯罪构成体系的"评价圈",进入另一个正当行为的构成体系中进行判断,看是否符合全部正当行为的构成要件,从而使犯罪客体这个具有实质判断功能的初始要件具有"筛选"与"过滤"功能,能够较好地解决以往那种"四要件"构成体系因为未能建立一个正确的逻辑顺序而带来的找不到一个合适的"筛选口"进入正当行为构成体系判断的缺陷。

犯罪客体—犯罪客观—犯罪主体—犯罪主观—犯罪客体的犯罪构成的内在逻辑结构体系符合人的认识规律。因为,人们总是先从某种利益受到实际的危害开始,来认识可能存在的犯罪。接下去,顺着已经造成的危害现实,人们先看到了犯罪的客观要件,继而看到了犯罪主体,最后看到了深藏在这个犯罪主体头脑中的特定的犯意即犯罪主观。当把整个逻辑进程都走完了之后,在形式上已经初步具备了定罪的条件,也就是说,犯罪客体在犯罪构成体系中具有从形式评价到实质评价的双重评价功能。从实质上评价的目的,是在某种危害行为初步符合犯罪形式要件的基础上,判断该行为是否达到了必须动用刑罚进行惩罚的定罪程度,即是否符合犯罪的实质要件,从而实现中国刑法中形式与实质的犯罪概念的对立统一。

四、关于刑法的形式解释论与实质解释论之争论与思考

近年来,中国刑法学界围绕着刑法的解释存在着形式解释论与实质解释论的学术纷争。关于这两种解释论的分歧与差异,已经有不少论著及论文述及,限于本文篇幅,不拟对此作深入探讨。我只是想就这两种解释论并不存在着天然的对立,表达一些个人的想法。

首先,这两种解释论的渊源,都来自刑法的立法规定。正如之前已经述及,中国《刑法》第十三条所规定的总则性犯罪概念是形式的犯罪概念与实质的犯罪概念的统一。分而言之,形式的犯罪概念赋予刑事法官的定罪量刑形式判断权,因而是刑法形式解释论的立法渊源;而实质的犯罪概念赋予刑事法官定罪量刑的实质判断权,因而是刑法实质解释论的立法渊源。无论是对刑法的形式解释

或者是实质解释，都有刑法上的立法依据，不存在对刑法只能进行形式解释而不能进行实质解释舍此无他的唯一做法。

其次，刑法学界不少学者对刑法实质解释论进行抨击的主要理由是认为它违反了罪刑法定原则。我认为这种理由需要仔细研究，不能妄下结论。因为，中国刑法上的罪刑法定原则与西方国家刑法上的罪刑法定原则存在着很大不同，这就需要厘清刑法上的罪刑法定原则与犯罪概念的相互关系。刑法学界一般认为，罪刑法定原则所含的"法无明文规定不为罪，法无明文规定不处刑"是约束刑事法官定罪量刑的法治原则。这就表明，罪刑法定原则是在刑法的总则性犯罪概念的边界内制约刑事法官解释与适用刑法对犯罪人定罪量刑的。换言之，刑法所规定的总则性犯罪概念就是罪刑法定原则的上位概念，罪刑法定原则则是在刑法的总则性犯罪概念之下发挥约束刑事法官定罪量刑权力功能的下位概念。因此，对中国刑法中的罪刑法定原则的理解与运用必然与大陆法系国家刑法上的罪刑法定原则会有不同。由于大陆法系国家刑法上的犯罪概念只是犯罪的形式概念，其背后奉行的是"保障人权"理念即个人本位价值观，其刑法上的罪刑法定原则是在形式的犯罪概念的边界内发挥约束刑事法官解释刑法与适用刑法不致越权越界的功能：对刑法的解释在入罪时应当限于形式解释，但并不排除刑事法官在出罪时可以使用实质解释。由于中国刑法上的犯罪概念是形式犯罪概念与实质犯罪概念的统一，其背后奉行的是国家与社会本位价值观及有条件的个人本位价值观。对刑法的解释不限于形式解释，还可以包括实质解释，并且实质解释既可以是"出罪"，也可以是"入罪"。形式解释当然是由立法上明确界定了犯罪与非罪的边界，但"入罪"的实质解释则在立法上未有明确界定罪与非罪的边界，实际是立法上授权司法机关把握罪与非罪的边界。换言之，对刑法的"入罪"实质解释只要在《刑法》总则第十三条犯罪概念的范畴之内，就没有超越刑法上的犯罪概念的边界，并不违反中国《刑法》第三条所确立的中国式的罪刑法定原则。

再次，对刑法的形式解释与实质解释都反映了现行社会的制度性要求。由于刑法的实质解释可能会出现将刑法未明文规定为犯罪的行为进行"入罪"解释而违反"罪刑法定原则"，因此刑法学界不断努力去探讨在罪刑法定原则约束下不越权的扩张解释与越权的类推解释的界限在哪里。对此主观解释论主张以是否超越立法原意来区分扩张解释与类推解释的界限；而客观解释论则主张刑法条文一旦确立生效便已经脱离立法者而独立存在，对法条的解释应当根据实际需要、民众的理解与认知、生活常识与经验等来判断是否越权，其实是以是否超越必要性来作为是否越权解释的标准。上述这两种解释论都是在实体的层面探讨刑法解释的边界，在刑法学理论上进行探讨是有学术意义的，但无法用来指导刑事司法实践。因为，一方面，主观解释论所主张的立法原意由于中国刑法的制定并非每一条文都有立法说明，并且在立法过程中也不像西方议会制那样对议员的立法辩论有记录且编辑成集公开出版供人们阅读学习与研究，因此探讨立法原意确有困难；另一方面，客观解释论所主张的根据社会发展的"必要性"来解释刑法，而是否存在这样的"必要性"其实也是一种主观判断，站在不同的立场、秉持不同的价值观、信奉不同的法律理念，对"必要性"都会得出截然不同的结论。换言之，客观解释论是将立法原意的主观判断替换成了解释者自己的主观判断，本质上是另一种主观解释论，也使得刑法的解释事实上无法在客观上确定一个判断是否越权的清晰边界。因此，对刑事司法实践区分是否属越权的司法解释应当找到另外的具有可操作性的界限或标准。我认为，在中国目前的制度条件下，既然刑法的立法上所确立的总则性犯罪概念内包含着授权司法机关在区分罪与非罪上享有实质评价与判断的权力，因而仅仅从实体上是难以区分某种刑法解释是否属越权解释的，所以应当从程序上而不是从实体上去理解罪刑法定原则的制约性边界。

最高人民法院在《关于准确理解和适用刑法中"国家规定"的有关问题的通知》中明确规定："各级人民法院审理非法经营犯罪案件，要依法严格把握《刑法》第二百二十五条第一款第（四）项的适用范围。对被告人的行为是否属于《刑法》第二百二十五条第一款第（四）项规定的'其他严重扰乱市场秩序的非法经营行为'，有关司法解释未做明确规定的，应当作为法律适用问题，逐级向最高人民法院请示。"我个人对这个司法解释确立的法条"模糊区域"需要行使"入罪"的实质解释权的原则表示肯定，可以推而广之作为从程序上区分刑法的司法解释是否越权的界限或标准。换言之，在刑法无明文规定的情况下，对"两高"所作的"入罪"刑法解释，必然是因为其关乎国家与社会重大利益，应当肯定其必要性与合法性，均应当认可属于《刑法》总则第十三条犯罪概念范畴之内的解释，不存在越权问题；对省级或者省级以下的地方司法机关所作的"入罪"刑法解释，除非得到"两高"的授权或者认可，否则应当认为是越权的司法解释，不具有司法适用的法律效力。

以上是我的所思所想，并不代表我反对或者否定学界主张形式的犯罪概念及其统辖的"三阶层"犯罪构成体系的学术观点，恰恰相反，我认为，"三阶层"的犯罪构成体系其内在的严密逻辑性是值得充分肯定的，也是中国现行"四要件"犯罪构成体系所欠缺的。我只是从制度层面的现实性来考量，认为现行刑法的形式与实质相统一的犯罪概念及其统辖的"四要件"犯罪构成体系更具有适应性，不宜轻易否定。

最后我想说的是，尽管本书汇编的不少论文是研究网络新型犯罪的专题研讨会的参会论文，与我开篇呈现给读者的本文似乎风马牛不相及，但我认为，正确地了解在中国现行制度下适应刑法运行规律的刑法学理论精华，就能够正确地把握《刑法》总则第十三条形式与实质相统一的犯罪概念，对刑法分则的具体法条作出恰如其分的法律解释（包括实质解释），才能对迅速发展并充满变异的新型网络犯罪案件作出及时正确的刑法干预反应，而不会使刑法对新型网络犯罪案件的反应过于迟滞。而正是建立在这样的认识之上，才有了编入本书的这些专题论文，充满智慧的针对新型网络犯罪的精当研究成果。

值此本书出版之际，谨以此文为序，展示我的粗浅心得与思考心迹，也为自己的 30 年在职刑法学教学与研究工作轻轻地画上一个"句号"。

阮方民

2020 年 8 月 28 日于杭州

目　录

第一部分　信息时代刑事法理论的现代转型

第二部分　信息时代刑事法的解释

第三部分　信息时代刑事法与新兴现象

第一部分
信息时代刑事法理论的现代转型

非法获取公民个人信息罪"情节严重"初论

利子平　　周建达*

一、问题的提出

近年来,随着信息技术的发展和计算机网络的普及,信息的传递与交流变得日益频繁和重要。与此同时,公民个人信息被盗用、滥用的现象也日趋严重,非法收集、买卖公民个人信息业已成为一种"新兴产业"。鉴于这类案件的高发态势及恶劣影响,《刑法修正案(七)》适时增设了出售、非法提供公民个人信息罪和非法获取公民个人信息罪。但是,综观《刑法修正案(七)》施行以来的实践,增设非法获取公民个人信息罪的司法效果并不尽如人意。究其原因,除受"取证难"等因素制约之外,刑事实体法上对本罪采取情节犯的立法模式是其不可忽视的重要原因之一。由于理论上对本罪"情节严重"缺乏充分的研究,相关司法解释也尚未出台,致使司法实践中对如何理解和认定本罪的"情节严重"颇感困惑,有人甚至怀疑本罪实际上已成"空设"。① 因此,如何理解和认定本罪的"情节严重",已经成为当前制约本罪司法适用的瓶颈。

二、非法获取公民个人信息罪"情节严重"的理论纷争

关于非法获取公民个人信息罪"情节严重"的理解问题,目前,刑法学界主要有以下几种代表性观点。

---

* 利子平,南昌大学法学院教授、博士生导师;周建达,浙江警察学院侦查系副主任,副教授,法学博士。

① 丁国锋.南京一出售公民信息嫌疑人批捕环节遇法律障碍——非法获取公民个人信息罪成"空设"? [N].法制日报,2010-07-23.

（一）三因素说

认为本罪的"情节严重"应依次考虑以下三个因素：(1)非法获取公民个人信息用于实施犯罪活动的；(2)严重危及公民个人的正常生活或者给其带来较大经济损失的；(3)在无法认定前两个因素的情况下，可根据非法获取信息数量的多少、次数的多少以及手段的恶劣程度或者支付的对价金额加以认定。①

（二）四因素说

认为本罪的"情节严重"应当考虑以下四种情形：(1)多次侵害个人信息的；(2)滥用个人信息进行违法犯罪活动的；(3)给被害人造成人身伤害、重大财产损失或其他严重后果的；(4)致使某一领域的社会秩序混乱以及其他给国家、社会和人民造成重大利益损失的。②

（三）五因素说

认为本罪的"情节严重"是指以下五种情形：(1)公民个人信息流向境外的；(2)多次实施侵犯公民个人信息行为的；(3)涉及多人的公民个人信息的；(4)造成严重后果或者造成严重影响的；(5)获利较多的。③

（四）六因素说

认为本罪的"情节严重"通常可以包含：(1)对被害人造成严重损失的；(2)获取个人信息数量较大的；(3)获取个人信息次数较多，造成恶劣影响的；(4)恶意窃取、收买公民个人信息的；(5)形成了窃取、提供、出售个人信息的犯罪组织网络的；(6)窃取、提供、出售他人信息导致他人人身和财产的严重损害的等。④

上述观点从一个侧面反映了当前刑法学界对于本罪"情节严重"的研究状况。这些研究几乎都是蜻蜓点水式的一笔带到，缺乏系统的论证与应有的深入，故其所得出的结论是否科学、合理，尚需进一步审视。

首先，从本罪"情节严重"的因素遴选来看，上述观点基本上都把握了问题的

---

① 王昭武,肖凯.侵犯公民个人信息犯罪认定中的若干问题[J].法学,2009(12):146-155.

② 梁恒.风险·规制·完善:刑法视域下的个人信息保护[J].重庆邮电大学学报(社会科学版),2009(6):29-33.

③ 肖本山.侵犯公民个人信息罪若干疑难问题探讨——兼论相关立法之完善[J].黑龙江省政法管理干部学院学报,2009(3):42-45.

④ 刘宪权,方晋晔.个人信息权刑法保护的立法及完善[J].华东政法大学学报,2009(3):120-130.

重点,即将信息数量、行为次数、危害结果这三个最主要的因素纳入考量的范围,故值得肯定。但与此同时,上述观点在考量因素的遴选上也存在一些问题:一是上述观点虽然对本罪"情节严重"的考量因素都作了不同程度的列举,但单独地看,其所列举的考量因素并不周延。因为"情节严重"作为一种概括性的定罪情节,其内涵与外延应当从犯罪的客观方面、主体、主观方面等多角度予以考察。① 否则,势必造成重要考量因素的不当遗漏,从而导致"情节严重"的外延过窄。二是个别观点未能准确把握本罪的规律,以致将某些情形不当地遴选为本罪"情节严重"的考量因素。如有的观点因未能准确认知本罪的犯罪对象和犯罪客体,因而将"致使某一领域的社会秩序混乱以及其他给国家、社会和人民造成重大利益损失的"情形作为"情节严重"的考量因素就值得商榷。

其次,从本罪"情节严重"的因素解构来看,上述观点均缺乏系统的论证。考量因素的遴选所解决的仅仅是本罪"情节严重"的解释方向问题,其并未涉及"情节严重"的实质。如果对"情节严重"的解释仅仅停留在考量因素的遴选层面,而不深入进行因素的解构或阐发,则相关解释仍属于"半路止步",无法实现为司法实践提供理论指引的预期。综观上述观点,大多研究未对本罪"情节严重"的考量因素做必要的因素解构或阐发,以致造成"只见树干不见叶"的现象。

总之,如何理解和认定非法获取公民个人信息罪"情节严重"的问题,无论在理论上还是实践中仍未得到真正的解决,因此有必要对此做进一步深入、系统的研究。

三、非法获取公民个人信息罪"情节严重"的解释模式

目前,刑法学界在非法获取公民个人信息罪"情节严重"的理解和认定问题上,基本上都采取单一标准解释模式,这种解释模式是有一定的理论依据的。因为按照一般的理解,"'情节严重'中的情节,不是指特定的某一方面的情节,而是包括任何一个方面的情节,只要某一方面情节严重,其行为的社会危害性就达到了应受刑罚处罚的程度,应当认定为犯罪"②。

通过单一情节的设定与运用来认定本罪的"情节严重"的单一标准解释模式,尽管具有简单、明了、便于操作的优点,但仅仅依靠单一标准解释模式并不能全面揭示本罪的"情节严重"。这是因为:(1)采取单一标准解释模式即意味着对本罪的"情节严重"只能采取列举的方式进行解释。然而,无数经验事实告诉我

---

① 张明楷.论刑法分则中作为构成要件的"情节严重"[J].法商研究(中南政法学院学报),1995(1):14-19.

② 张明楷.刑法分则的解释原理[M].北京:中国人民大学出版社,2004:224.

们,人类认识能力的有限性以及语言文字的局限性,常常使得解释者对案件的具体情形难以做到穷尽列举或准确概括。(2)采取单一标准解释模式即意味着牺牲本罪"情节严重"的综合性。尽管解释者可以在解释技术上采取诸如"其他情节严重的情形"等兜底性表述方式以避免由于列举所带来的"挂一漏万"问题,但它无法将实践中虽不完全符合某一单一标准,却接近该单一标准,并且具有其他可从重考虑的情节,或者具有两个或两个以上情节接近单一标准的情形全部纳入,进而具有严重社会危害性的行为无法纳入司法审查的视野,以致有可能放纵犯罪。

事实上,犯罪的社会危害性评价并不是简单的、扁平式的评价构造,相反,它是一个复杂的、系统性的行为评价体系。① 由于"社会危害性是个综合性指数,它是由一系列主客观因素决定的,这些因素从犯罪的过程来看就是一个个具体的犯罪情节"②,因此,实践中对于情节是否严重的判断,必须综合考虑案件的全部情况。详言之,当某一情节表现得特别明显,足以说明该行为的社会危害性已经达到应受刑罚处罚的程度时,即可直接认定为"情节严重";而在另外一些场合,行为是否达到"情节严重"的程度,则需要通过对全案诸多情节的综合分析和判断才能认定。可见,情节是否严重,有时是通过单一标准加以揭示的,而有时则需依托多个情节的加权来加以展现。

四、非法获取公民个人信息罪"情节严重"的单一标准

所谓单一标准,是指符合任何一个单一情节指标,即可认定本罪"情节严重"的情形。笔者认为,本罪"情节严重"的单一情节应着重考虑信息数量、行为次数、行为手段、危害结果、违法所得、信息用途等因素。详言之,具有下列情形之一的,应当认定为非法获取公民个人信息"情节严重"。

第一,非法获取公民个人信息数量较大的。非法获取公民个人信息的数量通常能够较为直观地反映这类行为的社会危害性程度。一般来说,非法获取公民个人信息的数量越大,社会危害性也就越大。对于这里的"数量较大",有学者主张,应以"人数较多"和"影响面较广"为标准。③笔者认为,该标准虽有一定的合理性,但仍失之片面和笼统。首先,认定"数量较大"不能仅考虑信息所涉的人

---

① 马荣春,韩丽欣.论犯罪社会危害性评价机制的确立[J].中国刑事法杂志,2007(4):11-19.

② 李永升.犯罪论前沿问题研究[M].广州:中山大学出版社,2009:19.

③ 李凤梅.个人信息安全的刑法保障——《刑法修正案(七)》第七条析解[J].河北法学,2009(12):116-120.

数多少,更要考量信息本身的数量大小。其次,认定"数量较大"不能以"影响面较广"为标准。"数量较大"固然"影响面较广",但数量不大,其影响面未必较小。再次,认定"数量较大"应有具体、明确的标准。对此,可以参照最高人民法院、最高人民检察院于 2004 年 9 月 2 日发布的《关于办理利用互联网、移动通讯终端、声讯台制作、复制、出版、贩卖、传播淫秽电子信息刑事案件具体应用法律若干问题的解释(一)》第一条第一款第四项关于"制作、复制、出版、贩卖、传播的淫秽电子信息,实际被点击数达到一万次以上的"规定,以一万条信息作为本罪"数量较大"的具体标准,即非法获取公民个人信息一万条以上的,可认定为本罪的"情节严重"。

第二,多次非法获取公民个人信息或者因非法获取公民个人信息受过二次行政处罚又实施的。行为次数是社会危害性与人身危险性的集中体现。行为人实施行为的次数越多,不仅表明其侵犯法益的频率越高,而且也反映出其反规范的意志更为坚决。至于本罪的"多次"应当如何把握,有学者主张,应按照刑法的惯常解释,以三次以上作为标准。① 也有学者认为,应以一年中实施三次行为为原则,以因同种行为受过一次行政处罚后再犯的为例外。② 笔者基本赞成后一种意见,但认为以"三次"或者"因同种行为受过相关行政处罚再次实施"作为本罪"多次"的标准,未免失之过严。

第三,非法获取公民个人信息手段恶劣或者形成了公民个人信息非法购销组织网络的。行为方式是犯罪社会危害性的主要表现,行为的方式不同,其社会危害性也就有差异。因此,在情节犯的认定过程中,必须认真考察行为方式对于犯罪成立的影响。③ 由于刑法对本罪的罪状采取的是简单列举与概括相结合的方式,因此,"情节严重"可以认为是立法者对"窃取或者以其他方法非法获取上述信息"在行为方式上所作的一种限制。一般来说,犯罪行为的组织化程度越高,其对社会的危害就越大,对其所作的否定性评价也应越严厉。鉴于近年来"个人信息的非法收集、利用、出售,已然形成了一条完善的个人信息'生态价值链'"④,其对公民个人的信息安全和生活安宁造成了极大的危害,因此,对这类行为有必要予以严惩。

---

① 叶亚杰.出售、非法提供、非法获取公民个人信息罪的司法实践认定研究[J].新疆警官高等专科学校学报,2010(2):39-42.

② 李凤梅.个人信息安全的刑法保障——《刑法修正案(七)》第七条析解[J].河北法学,2009(12):116-120.

③ 陈兴良.刑事司法研究——情节·判例·解释·裁量[M].北京:中国方正出版社,1996:67.

④ 姚春鸽.谁来保护我们的个人信息?[N].人民邮电,2010-03-23(7).

第四，非法获取公民个人信息造成严重后果的。危害结果是社会危害性最直接的体现。在非法获取公民个人信息行为中，从未造成危害结果，到构成现实危险，再到造成实际损害，这是一个社会危害性程度逐渐增大、不断由量变催生质变的动态过程。根据情节犯的基本原理与本罪的一般规律，具有下列情形之一的，可以认定为"非法获取公民个人信息造成严重后果"：(1)致使他人正常的生活、工作和学习受到严重干扰的；(2)给他人造成较大经济损失的；(3)致使他人精神失常或者自杀的。

第五，非法获取公民个人信息获利较大或者销售金额较大的。在贪利型犯罪中，利润不仅是诱发犯罪的原动力，而且是表征行为社会危害性的重要参数。因此，在通常情况下，非法获利越多，其社会危害性也就越大。但是，在"薄利多销"的情况下，非法获利的金额并不一定能准确地反映其社会危害性的大小。因此，除非法获利较大之外，还有必要考量其销售金额大小的问题。因为销售金额作为销售单价与其销售数量的乘积，能够综合地反映其"犯罪业绩"的大小。

第六，非法获取公民个人信息用于实施犯罪活动的。"信息安全问题，其意义更多的不在于信息本身，而在于由此引发的各种社会问题，其波及面渗透于社会的各个角落，影响力触及社会的各个领域。"①有必要将非法获取公民个人信息用于实施犯罪活动的作为本罪"情节严重"的情形之一，纳入刑法规制的范围。

五、认定非法获取公民个人信息罪"情节严重"的综合标准

所谓综合标准，是指虽未达到上述单一标准，但综合考量案件的全部情况，也可认定为本罪"情节严重"的情形。综合标准主要是为了解决非法获取公民个人信息行为虽不完全符合任何一项单一标准，但又达到一定临界点的入罪问题。由于综合标准在司法操作上难度较大，对法官的业务素质要求较高，因此，为确保其正确适用，有必要进一步探寻综合标准的适用原则和规则。

(一)综合标准的适用原则

笔者认为，相对于单一标准而言，本罪"情节严重"的综合标准具有补充性、全面性、综合性与酌定性等特征。因此，在司法实践中，对于本罪"情节严重"综合标准的适用必须坚持以下四个原则。

---

① 骆群,戴晓东.风险社会视阈下的《刑法修正案(七)》——以信息安全为视角[J].理论导刊,2009(10):86-88.

1. 补充性原则

综合标准是对单一标准的重要补充。只有在不符合单一标准的前提下,才能考虑适用综合标准。因为,单一标准作为本罪"情节严重"常见情形的经验概括与定型,是本罪"情节严重"司法认定的直接依据。因此,只要具体案件符合其中任何一项单一标准,即可直接认定为"情节严重",而无须再考虑其他因素。

2. 全面性原则

综合标准是对未达到单一标准的行为所做的全面分析和判断。因此,在司法实践中,对于那些无法归入到单一标准之下的情节,在考察本罪的"情节严重"时,必须予以全面的分析和判断。(1)不仅要考察案件的客观事实,而且要考察行为人的主观心理态度和倾向;(2)不仅要考察显性的情节,而且要考察隐性的情节;(3)不仅要考察积极的入罪情节,而且要考察消极的出罪情节。

3. 综合性原则

综合标准是对全案情况的综合考察。这种综合性体现在以下两个方面:一方面,综合即意味着必须避免对行为过程中所呈现的诸多情节的简单相加。另一方面,综合即意味着必须对行为过程中的诸多情节进行系统考量,进而加权计算。

4. 酌定性原则

综合标准的实质是赋予法官自由裁量权。情节犯实际上是立法者在定罪问题上所做的一种无奈的权力让渡。从严格限制法官自由裁量权的角度来看,在立法尚不能细化情节犯的情节类型的场合,司法解释应担当起相应的职责。但是,在目前立法规定大量情节犯的背景下,完全依赖司法解释来解决这一问题,显然并不现实。这就使得法官的自由裁量权在情节犯认定中的作用更加凸显。当然,综合标准的考察仍然有其内在的评价规律或者裁量束缚。

(二)综合标准的适用规则

从具体操作的层面来看,综合标准的适用主要涉及以下两种情形:一是虽未达到单一标准,但有两个或两个以上情节接近单一标准的;二是虽不完全符合某一单一标准,但却接近该单一标准,并且具有其他从重情节的。

对于第一种情形可认定为"情节严重"的原因较容易理解。问题在于如何把握这里的"接近",也即前义所提及的"达到一定的临界点"。笔者认为,这里的"接近",在存在数量标准的情形下,可参照最高人民检察院1999年9月9日发布的《关于人民检察院直接受理立案侦查案件立案标准的规定(试行)》附则关于"本规定中'虽未达到上述数额标准'是指接近上述数额标准且已达到该数额的百分之八十以上的"规定,以达到该数量标准的80%以上为标准。具体来说,非法获取公民个人信息虽未达到单一标准,但有两项以上分别接近且已达到该数量的80%以上的,可以视为"情节严重"。

与通过数量叠加计算的第一种情形相比,第二种情形则要复杂得多。在此方面,最高人民法院1998年3月10日发布的《关于审理盗窃案件具体应用法律若干问题的解释》为我们提供了有益的借鉴。针对司法实践中存在的以破坏手段盗窃公私财物,虽未达到但是接近"数额较大"的起点标准,并造成公私财产损失等情况,最高人民法院在起草《关于审理盗窃案件具体应用法律若干问题的解释》的过程中,果断将盗窃公私财物接近"数额较大"起点的三种情形纳入定罪处刑的范围。[1]该《解释》第六条第一项明确规定:"盗窃公私财物接近'数额较大'的起点,具有下列情形之一的,可以追究刑事责任:1.以破坏性手段盗窃造成公私财产损失的;2.盗窃残疾人、孤寡老人或者丧失劳动能力人的财物的;3.造成严重后果或者具有其他恶劣情节的。"

具体到本罪"情节严重"的认定,上述单一标准所列举的六种情形中同样包含有数量标准,如信息数量、行为次数、损害后果、获利数额以及销售数额等。在司法实践中,只要达到上述数量标准,无疑即可直接认定为"情节严重"。但在一些个案中,非法获取公民个人信息虽未达到上述数量标准,但接近且已达到该数量的80%以上,并且具有其他从重情节的,基于对全案社会危害性的综合考量,也可认定为"情节严重"。据此,笔者主张借鉴最高人民法院《关于审理盗窃案件具体应用法律若干问题的解释》第六条第一项的做法。具体地说,非法获取公民个人信息虽未达到上述数量标准,但接近且已达到该数量的80%以上,并具有下列情形之一的,可以视为"情节严重":(1)非法获取公民个人信息用于实施违法活动的;(2)非法获取公民个人信息使之流向境外的;(3)非法获取公民个人的金融交易、疾病医疗、婚恋情史等重要信息的;(4)非法获取残疾人、非婚生子女的个人隐私信息的。

六、结论

准确把握本罪"情节严重"的认定标准,是正确认定本罪的逻辑前提和司法保障。根据本罪的犯罪构成并结合情节犯的基本原理,对本罪的"情节严重",应采取单一标准为主、综合标准为辅的方式加以认定。笔者建议,在未来的司法解释中,对于本罪"情节严重"的解释可作如下设计。

---

[1] 孙军工.审理盗窃案件具体应用法律的几个问题[J].人民司法,1998(4):8-10.

《刑法》第二百五十三条之一第一款规定的"情节严重",应结合案件的具体情况,进行综合判断。具有下列情形之一的,可以认定为"情节严重":

(一)非法获取公民个人信息数量较大的;

(二)多次非法获取公民个人信息或者因非法获取公民个人信息受过行政处罚两次以上,又非法获取公民个人信息的;

(三)非法获取公民个人信息手段恶劣或者形成公民个人信息非法购销组织网络的;

(四)非法获取公民个人信息造成严重后果的;

(五)非法获取公民个人信息获利较大或者销售金额较大的;

(六)非法获取公民个人信息用于实施犯罪活动的。

非法获取公民个人信息虽未达到上述数量标准,但有两项以上分别接近且已达到该数量的百分之八十以上的,可以视为"情节严重"。

非法获取公民个人信息虽未达到上述数量标准,但接近且已达到该数量的百分之八十以上,并具有下列情形之一的,可以视为"情节严重":

(一)非法获取公民个人信息用于实施违法活动的;

(二)非法获取公民个人信息使之流向境外的;

(三)非法获取公民个人的金融交易、疾病医疗、婚恋情史等重要信息的;

(四)非法获取残疾人、非婚生子女的个人隐私信息的。

大数据时代下的犯罪侦防模式

林劲松　陈雅冰*

随着网络的普及和大数据时代的来临,犯罪分子的作案手段不断翻新,反侦查能力不断提高,传统侦查模式已无法完全适应当下的破案需要。道高一尺,魔高一丈。大数据侦查模式将纵向侦查和横向侦查结合在一起,并利用其预测性将侦查时间提前到犯罪行为发生前,这种模式的选择对防止和破获案件均具有重大意义。"天网工程"实施后,侦查机关开始在侦查中对大量视频数据进行原始分析,并主要通过人工手段从中获取相关证据,这被认为是初级阶段的大数据侦防。后来,中国人民银行、中国证券管理委员会设定了一些简单规则,通过监控流水数据和交易数据对大数据进行计算和分析,侦查机关利用这些数据开展侦防工作被认为是中级阶段的大数据侦防。现阶段,侦查机关开发和利用一些新的技术手段,逐步建立起储量大、范围广的大数据平台,试图通过复杂的数学分析模型,开展大侦查。[①]

一、"数据人":犯罪侦防中的大数据思维

最高人民检察院检察技术信息研究中心主任赵志刚在一次访谈中介绍过这样一个例子:有位检察长设计了一张包含辖区内官员、国企管理层会计等重点岗位人员的 Excel 表格,并逐步将他从各类渠道了解到的这些人员的相关信息填充入表格中。当反贪工作人员办理案件陷入僵局时,这位检察长总能从这张表格中找寻到突破口。[②] 其实,这就是大数据思维,使用的侦查模式正是通过建构"数据人"来明确合理怀疑的目标,从而作为重点展开侦查。

---

* 林劲松,浙江大学光华法学院副教授,法学博士,主要从事刑事诉讼法学和证据法学研究;陈雅冰,浙江大学光华法学院诉讼法学专业硕士研究生,主要从事刑事诉讼法学研究。

① 谢君泽.大数据时代下的司法变革[N].民主与法制时报,2014-11-03.
② 高斌.大数据:让腐败无处藏身[N].检察日报,2014-12-02.

　　"数据人"侦防的典型模式是"由人到案"模式。犯罪防范方面,"数据人"平台可以将可收集到的侦查终结报告、判决书等文书中的信息点录入大数据平台系统,通过回归方程等数学方法获悉数据化形象模型和所犯罪行之间的关联性,从而得出预测性分析结论。曾经有学者对在押违法犯罪人员做过住旅馆规律研究:收集近 10 年在押人员的旅馆数据,分析得出在押人员入住旅馆的高峰期为凌晨 1 时到 6 时,并且在 3 时达到峰值。① 这样的结论能够直接输入犯罪预测系统当中,为数据人犯罪研究提供依据。而且大数据平台具有实时性,理论上能够将实时收集到的数据导入第一阶段所获得的数学模型和结论中(实际上结论也处于不断变化当中),标记出与犯罪模型高度重合的"数据人"模型。如此一来,通过"数据人"分析,就可能找出潜在的威胁,从而防止或者减少这种危害的发生。美国国土安全部研发的"未来行为检测科技系统",就是一个预测个体犯罪概率的系统,并且系统检测的准确度在研究测试中可以达到 70%。在国内,苏州市公安局开发使用的 PPS 犯罪预测系统也有较高的准确率。②

　　犯罪侦查方面,犯罪行为发生后,"数据人"模型也有助于侦查机关发现可能存在的犯罪事实,从而进一步侦查并侦破案件。例如,2011 年,Xoom 公司对新泽西地区"发现卡"汇款交易的所有可用数据进行分析研究后,揭示了隐藏在合法交易背后的犯罪集团正在实施诈骗犯罪的事实。

　　还有一种则是"由案到人"的侦防模式。侦查人员可以通过现场勘查、物证鉴定等获得一些蛛丝马迹,再将这些信息数据化,转换为"数据人"模型构建中使用的数据点信息,输入"数据人"平台中并查找出一定范围内符合要求的数据模型,对模型对应的个体予以重点侦查。这种模式的突破点在于缩小侦查范围,提高侦查效率,甚至可能直接确定犯罪行为人。如 2013 年造成严重社会影响的波士顿爆炸案。

　　"数据人"建构并不局限于自然人,必要时,可以对法人、组织、社会团体等进行数据化建构,并将当中重要的自然人的"数据人"模型作为该法人、组织或社会团体数字化模型的组成部分。

---

　　① 李伟,孙论强,李锁雷."大数据"思维在公安实战中的思考和实践[J].中国人民公安大学学报(自然科学版),2013(4):20-25.

　　② 何军.大数据与侦查模式变革研究[J].中国人民公安大学学报(社会科学版),2015(1):72-80.

二、大数据侦防与隐私权保护的平衡

美国的"棱镜门"①事件后,仿佛全世界都陷入了隐私泄露的恐慌之中——我们的思想和行动无时无刻不被智能设备监视着。真正的恐慌并非来自那些主动上传的个人信息,而来自当事人非自愿上传,却在无意中留下的数据。民众以为及时删除或采取"无痕浏览"等方式便可不被他人获取的信息,可能早已以数据形式被永久记录了下来。那么信息创造者、信息所对应的个人或团体对这些信息享有什么样的权利?他人是否有权存储和使用这些数据?

网络信息数据主要有以下三类:个人信息资料、活动轨迹和其他信息数据。有些学者认为个人信息资料本质上属于隐私②,但个人信息并不完全属于隐私的范畴,有些信息资料是可以公开甚至必须公开的。对于这些个人信息资料,个人应当享有一定的控制权,如知晓在多大程度上公开,向什么样的人公开,别人会出于怎样的目的利用这些信息等等。③ 也就是说,在大数据时代背景下,侦查机关可以使用个人信息资料进行侦防,其他数据存储机构或个人则只能在信息所有者可明知或社会一般习惯认为应知并同意的范围内使用。对于其他可纳入隐私权范畴的个人信息,如健康状况等,则应依照隐私权保护进行处理。

发现犯罪嫌疑人活动轨迹的方法主要有两种:视频图像侦查和手机定位。面对高发的违法犯罪行为,全社会都在采取措施,监控无处不在,这为视频图像侦查的开展提供了基础性条件。这些监控设备一般都设立在公共场所,在公众环境中、形象公开的情况下进行拍摄,并不损害被拍摄人的肖像权。手机定位分为自动上传的位置信息和技术侦查获得的手机轨迹。自动上传的位置信息一般由侦查机关以外的其他机构收集,例如 Google Maps Mobile。若再结合基站信号路测软件工具对基站信号信息进行查询和测试,就能够对侦查对象的具体位置进行锁定。④ 根据最高人民检察院《人民检察院刑事诉讼规则》,检察人员可以向有关单位和个人调取相关的证据,包括自动上传的位置信息。虽然位置信

---

① "棱镜计划"(PRISM)是一项由美国国家安全局(NSA)自 2007 年起开始实施的绝密电子监听计划。据《华盛顿邮报》2013 年 6 月披露,美国国家安全局和联邦调查局(FBI)通过"棱镜计划"接触一些大规模互联网公司所有用户的数据,并利用所获取的音频、视频、照片、电邮、文件以及日志等资料,建立起一个数据库,帮助情报人员分析、追查有关用户的行踪。

② SOLOVE D J & SCHWARTZ P M, Information Privacy Law[M]. Third Edition, Wolters Kluwer,2009:2.

③ 王利明.隐私权概念的再界定[J].法学家,2012(1):108-120,178.

④ 马谦.智慧地图:Google Earth/Maps/KML 核心开发技术揭秘[M].北京:电子工业出版社,2010:55.

息上传人不一定有将这些信息置于侦查机关控制下的意思,但社会公共利益作为公民私权自由的边界之一,当然性地阻却了某些行为对私权的干涉与阻碍之违法性。[①] 目前我国的法律只规定了侦查机关在立案后可以向其他单位和个人调取证据,而在案件发生前,"数据人"的建构能否使用他人保存的数据,则要看是否已经达成协议。另一个获取手机定位的方法是使用技术侦查手段。根据我国《刑事诉讼法》第一百五十条的规定,技术侦查必须在立案后,经过严格的批准手续方可进行,使用的前提是严格限制范围和对象。这一要求与大数据收集一切可收集的数据的理念相悖,因此在大数据犯罪侦防工作中,传统上的技术侦查只能作为上述"由案到人"模式中的辅助手段。

其他数据材料主要包括网页浏览记录、下载记录、购买记录和用户储存或上传的音频、视频、照片、电邮、文件以及日志等。对于大规模互联网公司存储的用户数据,侦查机关可以按照法定程序向这些公司取证并履行保密义务。但在案件发生前,这些数据的共享和使用则应该视数据本身的私密程度进行分类处理。通常情况下,用户不存在对侦查机关保密的合理期待,因此侦查机关实时共享这些数据并不损害用户的隐私权。公开上传和发表的视频、音频、照片、日志、文件等,侦查机关可以直接使用。

三、大数据侦防的运用现状

在我国,公安机关和检察院对于大数据的运用仍然处在平台建设阶段。公安机关在大数据犯罪侦防方面要比检察院更先进,但面临着数据难以筛选和获得、平台建设存在技术困难、财力和专业人才缺乏、数学模型难以构建等问题,而且各个地区在大数据的应用方面进度极不平衡。目前,全国各地公安机关正陆续成立图侦专业科室,加紧培养专职图侦人员,以利用图像资源进行犯罪侦防。但目前在交通要道、公共场所设置的摄像设备的密集度和清晰度还远远达不到要求。另外,图侦与大数据结合真正的困难在于视频画面无论在时间、空间上都可能没有严密的内在逻辑,面对大数据时代总量巨大的视频数据,一方面不可能完全依靠传统的人眼识别进行侦查,另一方面机器的智能化程度也无法达到直接自主地从连续而无逻辑的画面当中提取出所有需要的信息。因此,技术部门急需探索如何从连续的画面当中,识别出可以用于归类汇总、标记定位的数据段,从而依靠这些数据段进行大数据分析,形成结构上的统计分析。

检察院在大数据平台建设中所获得的数据主要来自行政机关、司法机关的

---

① 张红.肖像权保护中的利益平衡[J].中国法学,2014(1):266-284.

内部共享,对于第三方掌握的数据信息,大部分难以在事前获得。难以事先获得第三方掌握的数据的主要原因有:首先,我国相关法律并未要求数据存储方实时与侦查机关共享数据,因此侦查机关没有强制要求这些单位共享的法律基础。其次,海量数据意味着增加了高效使用数据的难度,科学评估数据质量和确定有价值的数据子集也是一大挑战。① 最后,虽然掌握数据信息的互联网公司在大多数情况下都不是案件中的当事人,但并不能完全排除他们销毁、窜改数据信息的可能性。而且数据存储方一旦篡改数据,将很难被发现,与此同时,改动一个数据,对最后的结论可能造成巨大影响误导侦防。

一些非国家机关,特别是大型的互联网公司,凭借着高新技术和高使用量获取了大量用户数据,在大数据的使用上,甚至走在了政府的前面。如 IBM 的 Info Sphere 大数据分析平台、亚马逊的弹性 Map Reduce、甲骨文的 Oracle 大数据机、Google 的 Big Query 服务、EMC 的 Greenplum 统一分析平台、Teradat 的 Teradata 分析生态系统等。② 这些公司对于大数据的使用方式有两种,一种是将这些数据提供给侦查机关,另一种是从数据"总体"得出统计结果,作为证据使用。如 2014 年,我国最高人民法院宣判的奇虎诉腾讯滥用市场支配地位纠纷③一案中对数据分析结论的运用。非国家机关的优势在于:他们开通的服务平台已经深深渗透人们的日常生活,如腾讯公司的即时通信软件、淘宝的交易平台、谷歌的搜索引擎等;用户在使用这些平台时一般不会有意识地去隐瞒个人信息,这些平台不仅能收集到用户的一般个人资料,还能通过用户的使用习惯和行为足迹等探知客户的喜好。

四、大数据犯罪侦防模式的完善

(一)明确大数据侦防的法律属性

虽然在实务中对于大数据的运用范围在不断扩大,但运用大数据进行侦防是一种辅助侦查手段,还是一种技术侦查措施,学界尚无统一定论。所谓技术侦查措施,即公安机关、人民检察院等依照侦查犯罪需要,经过严格审批程

---

① BIZER C, BONCZ P, BRODIE M L et al. The Meaningful Use of Big Data: Four Perspectives—Four Challenges[J]. Acm Sigmod Record, 2011, 40(4):56-60.

② 大数据来临,盘点全球十四个大数据公司[EB/OL]. [2012-7-31]. http://tech. hexun. com/2012-07-31/144198083. html.

③ 最高人民法院(2013)民三终字第 4 号。

序后借助技术设备收集证据或查获犯罪嫌疑人的一类特殊侦查措施。① 当下主要有两种观点:其一,认为应当以技术含金量作为界定标准,即需要启用高科技装备用于查清案件的都属于技术侦查措施;其二,认为应当以措施的隐秘度为界定标准,秘密进行的侦查措施均可称为技术侦查措施。② 若按照第一种观点,则运用大数据侦防无疑是一种技术侦查措施,而按照第二种观点,绝大多数的大数据运用也应归入技术侦查措施,因为数据的收集基本上都具有隐秘性。但实际上,这种归属并不合理,因为技术侦查措施要求严格限制使用时间、对象和技术手段,并且需要经过严格的审批程序,而大数据的运用却以收集一切可能有用的数据,利用一切可利用的资源为精神。若将大数据手段也作为技术侦查措施,则将导致犯罪侦防无法完全展开。因此,不能将犯罪侦防中运用的大数据手段作为技术侦查措施加以规制,只能在今后的探索当中,另行作出规定。

（二）纳入多方数据,建构大数据平台

目前,非国家机关掌握了大量的数据,并将这些数据用于商业目的和少量诉讼过程当中。虽然侦查机关正在陆续与一些互联网公司签订共享协议,但在案发前掌握的更多是以往的案件信息和基于公共服务所获取的信息。我国在大数据犯罪侦防模式的转型中还处在初级阶段,最大的瓶颈是纳入多方数据、建构足以进行数学模型分析并支撑犯罪侦防的大数据平台。通常学者更愿意从立法角度来解决问题,但考虑到法律的稳定性要求和互联网的快速发展,似乎依靠立法来要求互联网公司共享数据信息并不可行。较为可行的方法是由侦查机关主动与数据储存者订立数据实时分享协议,从而有效预测犯罪,高效破获案件。

各地区在大数据运用上存在较大的水平差异,因此需要侦查机关统一信息化进程,结合中央政法委《关于推进政法部门间网络设施共建和信息资源共享的意见》等文件精神进行信息系统设计。不仅是地区之间,各国政府也需要出台相应措施,加强各国间数据交流。

（三）规范侦查程序,保障数据安全

由于大数据平台中的数据来源范围广,涉及方面多,上传方式杂,存在侵犯他人隐私的危险,侦查机关必须将保护个人信息放在重要的位置。这体现在,与数据存储方订立分享协议时设定为单方面分享、严格限制大数据平台的使用权

① 陈光中.刑事诉讼法[M].北京:北京大学出版社,2013:300.
② 李明.监听制度研究——在犯罪控制与人权保障之间[M].北京:法律出版社,2008:30.

限、在"大数据分析报告"作为证据使用的模式下仅公布分析结论,隐藏基础数据等。

五、结论

综上所述,尽管笔者对大数据时代下犯罪侦防模式的转型提出了一些对策,但针对这一课题,相关的科学体系尚未完全建成。如何科学、系统地运用好大数据这一手段,仍然面临着很多挑战。大数据对数据量、数据真实性、数据处理技术和数据分析技术都有着极高的要求,同时还需要面对来自公众的隐私保护压力,未来还需要在几个方面进一步探索:如何在数据收集和个人隐私保护当中做出平衡,对于需要提供实时数据以及需要保存数据信息的公司应如何进行界定,大数据侦防中相关技术人员的资格认定和技术革新等。

从旧兼从轻:刑法适用的"准据法原则"

——兼论罪刑法定原则蕴含的程序法意义

阮方民 *

最高人民法院 1997 年《关于适用刑法时间效力规定的若干问题的解释》第二条规定:犯罪分子 1997 年 9 月 30 日以前犯罪,不具有法定减轻处罚情节,但是根据案件的具体情况需要在法定刑以下判处刑罚的,适用修订前的 1979 年《刑法》第五十九条第二款的规定。

我国 1997 年《刑法》第十二条对刑法的溯及力问题做了专门的规定。为了指导司法实践正确地适用《刑法》第十二条有关溯及力问题的规定,最高人民法院制定并发布了《关于适用刑法时间效力规定若干问题的解释》(以下简称《解释》)。《解释》中的不少规定在相当程度上都突破了 1997 年《刑法》第十二条的条文规定,在准确把握立法原意的基础上较好地弥补了法条的空白,或者妥当地发展了法条的规定。但是,对上述有关特别减轻处罚可以适用修订前的 1979 年《刑法》第五十九条的规定,笔者感到,颇值得进一步推敲与研究。本文就此略陈管见,希冀引起学界同仁的关注。

一、有关刑法溯及力问题的理论学说与法律原则

刑法的溯及力问题,是刑法上一个非常重要的理论与实践问题。因为它不仅关系到罪刑法定原则是否得到最终的落实,而且也关系到能否对一个具体的犯罪案件正确而恰当地定罪与量刑。因此,研究刑法的溯及力问题,不能不首先对与其相关的理论学说进行研究。按照罪刑法定主义的要求,定罪判刑必须以行为时有效的法律明文规定者为限。因此,一方面,刑法对其公布施行有效以前实施的行为不发生效力,也就是新法不能追溯其实施有效以前的行为;另一方

---

* 阮方民,浙江大学光华法学院教授。

面,刑法对其失效、废止以后实施的行为也不发生效力,也就是旧法不能及于其失效以后的行为。对前者,学界称之为"刑法的溯及力";而对后者,学界则称之为"刑法的后及力"。

由此而引出刑法的"不溯及既往原则"与"不后及原则"。① 后及力问题在刑法学界不存在什么争议。但是对溯及力问题颇多分歧,值得加以着重研究。

刑法的溯及力是指刑法是否具有溯及既往的效力,即刑法是否适用于其生效以前发生的未经审判或者判决尚未确定的犯罪行为。对这个问题,在刑法学上历来有两种不同的"主义"之争,由此出现了在刑事立法上不同的处理溯及力问题的原则规定。

(一)行为时法主义

所谓行为时法主义,是指对于犯罪行为只适用行为当时有效的刑事法律。这一原则要求追究行为人的刑事责任必须以行为当时的刑法有明文规定为必要条件,即所谓"法无明文规定不为罪,不处罚"。因此,行为时法主义是罪刑法定原则的当然要求。行为时法主义可以分为两类。

绝对的行为时法主义。所谓绝对的行为时法主义,也称从旧原则,指的是新的刑事法律一律不具有不溯及既往的效力,在其生效以前的犯罪行为应当全部适用旧的刑事法律处理。例如,1789 年法国《人权宣言》第 8 条规定:"除非根据在犯法前已经制定和公布的且系依法施行的法律以外,不得处罚任何人。"

相对的行为时法主义,或称从轻的行为时法主义,即从旧兼从轻原则。这一原则指对犯罪行为原则上应按行为当时的刑事法律来处罚,但当裁判时刑法所规定的处罚轻于行为时法时,应当按裁判时法处罚,即按新法处理。如 1968 年《意大利刑法典》第 2 条第 1 款规定:"行为时,法无明文规定为犯罪者,其行为不为罪。"同条第 3 款又规定:"犯罪时之法律与犯罪后之法律不同时,应适用最有利于行为人之法律。"

(二)裁判时法主义

裁判时法主义,是行为时法主义的对称。它是指对于未经审判或者判决尚未确定的犯罪行为,根据裁判时有效的刑事法律进行处罚。裁判时法主义亦分为两类。

绝对的裁判时法主义,也称从新原则。这一原则指犯罪行为应当按裁判时有效的刑法进行追究。如 1922 年《苏俄刑法典》第 23 条规定:"本刑法典对于施

---

① 甘雨沛,何鹏.外国刑法学[M].北京:北京大学出版社,1984:238.

行前未经审判的一切案件,均适用之。"

相对的裁判时法主义,或称从轻的裁判时法主义,即从新兼从轻原则。它是指对犯罪行为原则上应按裁判时有效的刑法进行追究,但在行为时刑法规定的处罚轻于裁判时法时,适用行为时法。如1928年《中华民国刑法》第二条规定:"犯罪时之法律与裁判时之法律,遇有变更者,依裁判时之法律处断;但犯罪时法律之刑较轻者,适用较轻之刑。"

应当指出,上述有关溯及力问题的四项具体原则,实质上涉及在刑事审判实践中对发生在新法律生效实施之前的行为究竟应当适用什么法律,即新法律还是旧法律进行评价或者处理的问题。也就是说,对发生在新法生效实施之前的某一种行为如果要适用旧法,则排除适用新法;或者反之,如果要适用新法,则排除适用旧法。新法或者旧法,二者只能择取其一,不能并且也不应两者兼取。否则,即不符合上述四项具体溯及力原则中的任一原则。

二、我国 1997 年《刑法》对溯及力采用的原则

1997年《刑法》(以下简称新刑法)对溯及力问题采用的原则,与1979年《刑法》(以下简称原刑法)的规定没有本质上的不同。1997年《刑法》第十二条规定:"中华人民共和国成立以后本法施行以前的行为,如果当时的法律不认为是犯罪的,适用当时的法律;如果当时的法律认为是犯罪的,依照本法总则第四章第八节的规定应当追诉的,按照当时的法律追究刑事责任,但是如果本法不认为是犯罪或者处刑较轻的,适用本法。""本法施行以前,依照当时的法律已经作出的生效判决,继续有效。"我国刑法学界均认为,本条对溯及力问题所作的规定采纳的是"从旧兼从轻原则"。对新刑法关于溯及力问题的规定,需要研究这样两个问题。

(一)"从旧兼从轻原则"的具体适用

对发生在新刑法生效之前的行为,在新刑法生效实施之后案发的,应当按照"从旧兼从轻原则",根据行为的性质以及刑法的具体规定,从中选择适用旧法或者新法。具体地说,第一,原刑法不认为是犯罪的,按原刑法处理。第二,原刑法认为是犯罪,而新刑法不认为是犯罪的,按新刑法处理。第三,原刑法与新刑法都认为是犯罪的,如果尚未超过追诉时效期限的,原则上按原刑法处罚;但是如果新刑法处罚较轻的,则按新刑法处罚。

上述三种情形的处理方式表明,在我国刑法立法以及刑事司法实践中,所采纳的"从旧兼从轻原则"与其他国家的做法是一致的,即都是只能在新刑法或者旧刑法中选择适用其中之一,而不能同时并用新旧两法。如果借用国际私法的

一个近似的概念来加以类比,或许可以将之称为刑法适用的一项"准据法原则"。按照国际私法理论的一般解释:"准据法是指冲突规范所援用的、据以确定某一法律关系中双方当事人的具体权利与义务的实体法规范。如在运用'不动产的继承依动产所在地法'这一冲突规范来解决不动产继承的法律冲突时,'不动产所在地法'就是解决'不动产继承'这一法律关系的准据法"①,也就是说,准据法是从多个法律规范中选定的适用于具体民事案件的一项与该案件有着最为实质性联系的法律规范。一旦该法律规范被选定,即排除其他法律规范的适用。这与按照"从旧兼从轻原则"从两个或者两个以上的刑法规范中选定其中之一适用于具体刑事案件具有相似性,即一旦选定了新法或者旧法作为处理案件的法律依据,即排除适用其他法律处理同一案件。

（二）对"处刑较轻"的正确理解与把握

正确适用"从旧兼从轻原则"的一个很重要的条件,就是要正确地比较新旧刑法对某种犯罪所规定的法定刑的轻重。但是,在新刑法颁布之后,对于什么是1997年《刑法》第十二条规定的"处刑较轻",有不同的理解。有的意见认为,"处刑较轻"是指可能实际判处的刑罚较轻;还有的意见认为,"处刑较轻"是指刑法上规定的法定刑较轻。我国刑法学界在研究1979年《刑法》第九条"从旧兼从轻原则"时的通说曾主张:"法条中的'处刑较轻',是就同一种犯罪行为,《刑法》与行为时的法律、法令所规定的法定刑的轻重相比较而言的……因而具体比较处刑较重时,应当根据法定刑的不同情况进行比较。"②在具体比较法定刑的轻重时,应当注意这样两个问题:首先,如果刑法规定的某一种犯罪只有一个法定刑幅度,法定最高刑或者最低刑是指该法定刑幅度的最高刑或者最低刑。其次,如果刑法规定的某一犯罪有两个以上的法定刑幅度,法定最高刑或者最低刑则是指具体犯罪行为应当适用的法定刑幅度的最高刑或者最低刑。

三、对上述司法解释规定的质疑

对上述《解释》第二条的规定,笔者认为值得商榷。主要理由如下。

---

① 编辑委员会.法学词典[M].上海:上海辞书出版社,1984:796.
② 高铭暄.刑法学原理(第一卷)[M].北京:中国人民大学出版社,1993:346.最高人民法院1997年发布的《关于适用刑法第12条几个问题的解释》也采纳了这一主张。

（一）《解释》的实质在于主张在适用新刑法定罪时可以适用原刑法予以特别减轻处罚

《解释》的上述规定显然不是指适用从旧原则即适用原刑法处理某个具体刑事案件的情况,因为这种情形可以适用1979年《刑法》第五十九条第二款不容置疑。那么,剩下的则只能解释为指适用从轻原则的情形,即适用1997年《刑法》的分则条文对某种行为予以定罪,同时又弃1997年《刑法》第六十三条第二款规定的特别减轻处罚规范不用,而转用1979年《刑法》第五十九条第二款规定的特别减轻处罚对该行为进行量刑。我国刑法学理论认为,刑法的总则与分则具有内在的有机联系,是一个完整的法律规范体系。因此,司法机关在选择适用某个法律时,应当同时适用该法律的总则与分则条文。1997年《刑法》第六十三条第二款与1979年《刑法》第五十九条第二款虽然都规定了特别减轻处罚,但两者的规定有着显著的区别。具体地说,新刑法的减轻处罚规定否定了原刑法减轻处罚规定在决定程序上的无限制性(即各级人民法院的审判委员会都有权决定在法定最低刑以下减轻处罚),将减轻处罚的核准权由地方各级人民法院提升到最高人民法院,从而可以保证特别减轻处罚适用的公正性与严肃性。因此,如果在适用新刑法分则条文对某种犯罪行为定罪的时候,却又适用原刑法的总则条文对该犯罪行为量刑,这样处理刑事案件,既不是"从旧"适用原刑法,也不是"从轻"适用新刑法,与1997年《刑法》第十二条关于溯及力问题所规定的"从旧兼从轻原则"相去甚远。

（二）对原刑法规范与新刑法规范的"套裁"适用有违罪刑法定原则

根据1997年《刑法》第十二条的规定,在司法实践中涉及溯及力问题时,实质上是选择适用新法还是旧法处理具体刑事案件的问题。在对某个具体刑事案件的审判过程中,如果认为依照原刑法以及新刑法都应当以犯罪论处的案件,在经过比较原刑法与新刑法法定刑的轻重之后,可以有两种予以特别减轻处罚的处理方法:(1)认为原刑法处理较轻的,则应当适用原刑法处理该犯罪案件。在这种情况下,当然可以依照1979年《刑法》第五十九条第二款的规定,对不具有法定减轻处罚情节的案件适用特别减轻处罚。(2)认为新刑法处理较轻的,则应当适用新刑法处理该案件。在这种情况下,只能依照1997年《刑法》第六十三条第二款的规定,对不具有法定减轻处罚情节的案件适用特别减轻处罚。也就是说,"从旧兼从轻原则"作为刑法适用上的一个"准据法原则",决定了一旦适用旧法或者新法,就只能并且也只应适用该项刑法规范的总则以及分则作为处理某个刑事案件的法律依据,而不能对某个具体刑事案件既适用新刑法分则的某一条文定罪,同时又适用原刑法总则的某一条文对该案件量刑;或者反之,对某个具体刑事案件既适用原刑法分则的某一条文定罪,同时又适用新刑法总则的某一条文量刑。这样"套裁"适用新旧刑法对刑事案件进行处理是缺乏立法上的充分依据的,有悖于1997年《刑法》第三条所规定的罪刑法定原则是不言而喻的。

（三）按照"从旧兼从轻原则"所作的特别减轻处罚应当遵循法定的核准程序

可能有人会认为,按照《解释》的上述规定执行,从实际所判的刑罚角度考虑,可以对犯罪分子所判的刑罚更轻一些,因而在实质上体现了"从轻原则"。笔者认为,这是误解了"从旧兼从轻原则"中所包含的"从轻原则"。因为首先,刑法上关于溯及力的规定不是从实际处刑的轻重来选择适用法律的,而是按法定刑的轻重来选择适用法律的。其次,如果在比较法律处理轻重之后,选择适用新刑法,根据犯罪分子的犯罪情节确有必要对其适用特别减轻处罚的,仍然可以依照1997年《刑法》第六十三条第二款予以特别减轻处罚,即在法定刑以下判处刑罚。所以说,新刑法的规定并没有否定特别减轻处罚,而只是设置了严格的核准程序条件。因此从客观效果上看,《解释》的上述规定规避了新刑法对特别减轻处罚所设置的严格核准程序条件。倘若《解释》的制定者果真有此立意,则是一种故意违背"罪刑法定原则"的越权解释,理应得到坚决纠正。

总之,笔者认为,对犯罪分子在1997年《刑法》生效实施以前的犯罪,不具有法定减轻处罚情节的,如果根据案件的具体情况确有必要实行特别减轻处罚的,应当按所选择适用的1979年《刑法》或者1997年《刑法》的总则与分则相关条文来处理。如果应当适用1979年《刑法》的,审判案件的人民法院审判委员会仍然有权决定在法定的最低刑以下予以特别减轻处罚;如果应当适用1997年《刑法》的,则应当报经最高人民法院核准,才能在法定的最低刑以下予以特别减轻处罚。

四、罪刑法定原则蕴含的程序法意义分析

从以上的分析可以看出,最高人民法院的上述司法解释虽然存在着很大的任意性,超越了1997年《刑法》第三条罪刑法定原则所规定的法定的审判权限,但是,这种越权解释在相当程度上表现得比较隐蔽,往往不易为人觉察。究其原因,就在于上述司法解释不是一种实体越权解释,因为它并没有超出审判机关所享有的实体权力（无论是依照1979年《刑法》还是1997年《刑法》的规定,审判机关确实均享有特别减轻处罚的权力）,但是它规避了审判机关在行使特别减轻处

罚权力时必须遵循的法定核准程序规则,因而实质上是一种程序越权解释!我国刑法学者在研究我国刑法中的罪刑法定原则时,比较普遍地更关注司法类推解释中实体越权的司法解释问题;但是,对程序越权解释的现象几乎没有予以应有的关注,特别是没有将这种程序越权解释的现象与违反罪刑法定原则联系起来,致使我们对罪刑法定原则的理论研究存在着相当的空白。笔者认为,现在到了对罪刑法定原则中所蕴含的程序法意义予以揭示并且要求司法机关在进行司法解释时严格遵守的时候了。

(一)罪刑法定原则从来就具有实体法与程序法两个方面的意义

纵观罪刑法定原则的发展史,我们可以清晰地看到,罪刑法定原则不仅具有实体法方面的意义,并且也同时具有程序法方面的意义。罪刑法定的早期思想渊源,中外刑法学界公认首推自 1215 年英王约翰签署的《大宪章》第 39 条。该条规定:"不经适合其身份的合法审判或国家法律,任何人不得被逮捕,不得被监禁,不得被剥夺领地,不得被剥夺法律保护,不得被驱逐,不得被任何方法破坏,不得被施加暴力,不得被投入监狱。"在该条中所规定的"合法审判",显然是指符合法定程序规则的审判。因此,刑法学界一般认为,"它确定了'法律的正当程序'(due process of law)的法的基本思想"①。由此,"适当的法定程序"(也有学者译作"正当的法定程序")成为孕育罪刑法定原则的法治思想渊源之一。

18 世纪时,罪刑法定的思想漂洋过海,被北美费城殖民地总会的《1774 年宣言》和 1776 年《弗吉尼亚权利宣言》所采纳。其中,1776 年《弗吉尼亚权利宣言》宣告:"没有国家的法律或经官吏的审判,不得剥夺任何人的自由。"在这里,"法律的正当程序"思想在必须"经官吏审判"的程序规则限定条件中再次得到了体现。此后,各州的权利宣言也都规定了同样的内容。上述权利宣言后来构成了美利坚合众国宪法确立的罪刑法定原则的思想基础。美国宪法和刑法里虽然没有明文规定罪刑法定原则,但是,罪刑法定原则所包含的一些具体原则如禁止追溯既往、禁止不经合法审判而定罪判刑等分别体现在禁止剥夺公权法案以及有关的宪法修正案中,特别是由于"正当程序"条款的建立而使这些法制原则得到进一步的法理上的发展。②

美国独立以后,北美新大陆发展的保护人权的罪刑法定思想穿越大西洋重新回到欧洲大陆,1789 年法国革命之后的《人权宣言》第 8 条规定了罪刑法定原则的内容:"法律只能规定绝对的、必要的刑罚。不依据犯罪行为前制定、颁布并

---

① 高铭暄.刑法学原理(第一卷)[M].北京:中国人民大学出版社,1993:168.
② 储怀植.美国刑法[M].北京:北京大学出版社,1996:43.

付诸实施的法律,不得处罚任何人。"其后,这个规定被 1810 年《法国刑法》采纳:"无论是违警罪、轻罪,还是重罪,都不能判处犯罪前法律未规定的刑罚。"以后欧陆各国刑法都以法国刑法为蓝本,在刑法开端即规定罪刑法定原则。如果说,罪刑法定原则是以英国大宪章中揭示的"适当的法定程序"为发端,至美国宪法修正案时,已经发展成为一种具有程序法意义的法定原则;而到了 1810 年《法国刑法》,则又进一步演变成为一种实体法意义的法定原则。由此,也奠定了大陆法系国家与英美法系国家在罪刑法定原则制度建构上的最初分野,即大陆法系国家的罪刑法定原则主要表现为实体法的法定原则,而英美法系国家的罪刑法定原则主要表现为程序法上的法定原则。①

但是实际上,无论是在大陆法系国家还是在英美法系国家,罪刑法定原则入法成为一项重要的法治原则后,并不是只有实体法意义或者程序法意义,而是同时兼具实体法与程序法意义的。特别是随着各国刑法的相互学习与借鉴,刑事立法的趋同化日益加剧,罪刑法定原则的这种"双重意义"就更加明显。

由上述罪刑法定原则的发展轨迹可以看出,罪刑法定原则不仅具有实体法上的意义,并且也具有程序法上的意义。在大陆法系国家,罪刑法定原则虽然主要地表现为实体法上的意义,但是也辅之以程序法上的意义;②而在英美法系国家,罪刑法定原则虽然主要地表现为程序法上的意义,但我们也可以发现他们有了越来越多和越来越完备的成文法典来对犯罪和刑罚加以明确规定,同样不可缺少实体法的意义。

(二)以保障人权为己任的罪刑法定原则必然地要求限制法官的实体权力与程序权力

罪刑法定原则从它的诞生那天起,就高扬着"保障公民权利,限制司法权力"的大旗,昭示着"保权与限权"的双重价值取向。"罪刑法定主义原则是保障国民

---

① 高铭暄.刑法学原理(第一卷)[M].北京:中国人民大学出版社,1993:171.

② 对于罪刑法定原则所包含的"双重意义",已经有大陆法系国家的刑法学者作出了颇有见地的研究和揭示。例如,法国刑法学者就认为:(严格解释原则)是"罪刑法定原则"的一个直接的必然结果。因此,在对刑法进行司法解释时,法官有义务严格解释"不利于被告的规定",但可以允许法官对那些"有利于被告的规定"作出宽松的与扩张的解释。其中,"在这类有利于被告人的规定'中,有的属于'实体刑法'的规定……为了确保最正确地适用法律,保障个人自由与辩护权而制定的'程序性法律'也属于'有利于被告人的法律'……"即认为罪刑法定原则的价值与意义分别表现在实体刑法的规定与程序性法律的规定中。这一论述可参见斯特法尼,等.法国刑法总论精义[M].罗结珍,译.北京:中国政法大学出版社,1998:138.

权利和自由免受强大的国家权力侵害的必不可少的一大铁的规律。"①

在这种价值取向和发展规律的影响和制约下,刑事古典学派主张绝对罪刑法定原则,在对罪刑法定的制度进行最初的构造时,明显地贯彻着他们权力制衡的创新思想设计,特别是对司法权力的限制。因此,要对司法官的权力进行限制,以全面贯彻罪刑法定原则,就必须对法官的司法权力进行"双重限制",即不仅需要在实体法上明确规定罪与刑,防止法官滥用实体裁量权出入人罪,法外施刑;而且需要在程序法上明确限定法官适用刑法处理案件的程序,防止司法官滥用程序权罪及无辜,或轻纵罪犯。因为很难想象,没有对法官的程序权进行恰当的限制,而仅靠对法官的实体裁量权进行限制,就可以做到真正的罪刑法定。尽管后来西方国家的刑事实证学派主倡相对罪刑法定原则,已经从刑事古典学派彻底否定法官的自由裁量权转向了肯定并且适当扩大法官的自由裁量权,从单纯强调保障公民的人权转向了在保障公民人权的同时兼顾保护社会秩序和公共利益,但是,相对罪刑法定原则要求限制法官的权力(包括实体权和程序权)的内涵并没有发生根本的变化。特别值得指出的是,在相对罪刑法定原则占主流的今天,虽然各国的法官在刑事司法时均享有程度不同的实体法的自由裁量权,但几无例外地在行使自由裁量权时都受到非常严格的程序法限制。

同样道理,罪刑法定原则对人权的保障也必然地包括"双重保障",即不仅要保障每一个公民(包括犯罪嫌疑人)的实体权利,而且要保障他们的程序权利。因为,如果没有正当的法定程序的制约,而听任国家司法机关随心所欲地按照自己意志去追诉一个公民,是不可能有真正的罪刑法定原则的。从这个意义上说,罪刑法定原则正是通过对司法权的严格限制来保障公民人权的,因为只有"限权",才能"保权"。如果希冀在不对司法权进行严格限制的情况下来达到保障人权的目的,那实在是不可能的。因为,"司法如果没有立法的限制,擅断不可避免,专横也在情理之中"②。

(三)我国刑法中罪刑法定原则蕴含的程序法意义

我国1997年《刑法》第三条确立的罪刑法定原则,不仅在该法大量的实体法规范中得到了充分的体现,而且还在其中的相当一些程序法规范中得到了反映。例如,1997年《刑法》第十八条规定,对于精神病人在不能辨认或者不能控制自己行为的时候造成危害结果,必须"经法定程序鉴定确认的",才不负刑事责任。第四十八条规定,地方各级人民法院作出的死刑判决,都"应当报请最高人民法

① 木村龟二.刑法学词典[M].上海:上海翻译出版公司,1991:66.
② 引自陈兴良.罪刑法定的当代命运[J].法学研究,1996(2):10-47.

院核准"。人民法院作出的死刑缓期执行判决,都可以"由高级人民法院判决或者核准"。第六十三条规定,地方各级人民法院对犯罪分子作出的在法定刑以下判刑的特别减轻处罚,都必须"经最高人民法院核准"。此外,1997 年《刑法》第七十九条、第八十二条和第八十七条的规定在赋予司法机关减刑、假释和追诉时效实体权力的同时,均规定了相应的法定程序对行使这种实体权力进行程序性的限制,以保证上述有关的实体权力公正、公平地行使而不至于被滥用。

毫无疑问,我国新刑法中所规定的上述程序性规范,并不是立法者画蛇添足之举,而是体现我国刑法中罪刑法定原则不可或缺的一个重要内容。因此,在刑法中规定上述程序性规范不仅是罪刑法定原则的当然要求,也是保证刑事司法活动贯彻落实罪刑法定原则的重要保障。

（四）在我国刑法司法解释中尤应注意防止规避程序法规则的司法解释

司法解释,是司法机关进行司法活动的一个重要方面,也是司法活动的一个必要形式。从以往的司法实践看,我国司法机关在刑法司法解释中,违背罪刑法定原则的司法活动主要有两种表现形式:一是以司法解释的方式突破实体法的规定,造成逾越实体权司法;二是以司法解释的方式规避程序法的规定,造成逾越程序权司法。在这两种越权司法现象中,我国刑法学界似乎更加注重前者,而忽视后者。在修订刑法的前后,我国刑法学界不少学者在力主确立罪刑法定原则的同时,对我国司法实践中存在的违反罪刑法定原则活动的现象进行了抨击和反省,特别是对类推解释表示了严重的关切和忧虑。如有的学者提出:司法实践中出现的以类推解释代替类推制度来处理本应通过类推核准的案件之倾向,值得注意。司法类推解释势必导致司法权对立法权的侵犯[1],但是,有所缺憾的是,很多学者并没有从程序法意义上来考虑有关的司法解释有违罪刑法定原则的问题。

实际上,就在被这些学者批评的有关司法解释中,恰恰反映了规避程序规则因而违反了罪刑法定原则的问题。例如,1985 年由最高人民法院印发的关于破坏军婚罪的 4 个案例,将 1979 年《刑法》第一百八十一条规定的破坏军婚罪的客观构成要件从与现役军人的配偶同居或者结婚通过类推解释扩展为"与之长期通奸,破坏军人婚姻家庭,造成军人夫妻关系破裂的严重后果"[2]。再如,1985 年由"两高"发布的关于挪用公款以贪污论处的司法解释,同样是以类推解释的方

---

① 陈泽宪.刑法修改中的罪刑法定问题[J].法学研究,1996(6):84-90.

② 中华人民共和国最高人民法院公报[J].1986(3):8.

式将贪污罪的客观构成要件扩展为可以包括挪用公款。① 再有,1989 年由"两高"联合发布的《关于执行〈关于惩治贪污罪贿赂罪的补充规定〉若干问题的解答》,将受贿罪的主体由国家工作人员类推扩展为包括已经离、退休的国家工作人员。② 上述 3 个司法解释规范,对原有犯罪构成的内涵都作出了超乎立法原意和规范含义范围的规定,无疑属于类推解释而不是扩张解释。

　　然而,笔者在此却不能同意有的学者提出的对上述类推性质的司法解释逾越了司法机关的实体权,或者侵犯了立法权的观点。因为,1979 年《刑法》一方面并没有规定罪刑法定原则,另一方面还规定了刑事类推制度。这就意味着,立法机关授权司法机关可以在法无明文规定的情况下对某种严重危害社会的行为予以定罪和处刑。而刑事类推制度的实施,当然离不开司法机关在处理具体刑事案件时对法律条文的类推解释。没有类推解释就不可能有刑事类推适用。换言之,类推解释是司法机关行使类推适用权的一个当然组成部分。笔者认为,上述司法解释的错误之处只是在于,类推解释只能是司法机关在审理具体刑事案件中对某个法律条文的解释,也就是说它只能表现为对个别刑事案件的具体司法裁量权而不是对某一类刑事案件的抽象司法解释权。因此,准确地说应当认为上述类推性质的司法解释在实质上是规避了对其程序权的限制,或者说只是程序越权解释而不是实体越权解释。因为,即使是按照 1979 年《刑法》第七十九条的规定,虽然立法机关在刑事立法上赋予了司法机关刑事类推权,但同时为了防止司法机关滥用这种权力,在立法上又做出了严格的程序性限制,即地方各级人民法院所作出的任何类推判决的刑事案件都"应当报请最高人民法院核准"。也就是说,刑事类推的司法权依法只能是一案一报,逐级核准。可是,当上述类推司法解释制定发布后,对于有关的按照类推解释定罪的刑事案件就不再需要一案一报,逐级核准了。可见,上述类推性质的司法解释,实质上是规避了立法上对司法机关的程序权的严格限制,逾越了司法机关的程序权。

　　正是鉴于以往那种相当普遍存在的以类推解释代替刑事类推的现象,在这次修订 1997 年《刑法》的过程中,刑法学界的绝大多数学者理所当然地主张摒弃刑事类推制度并力倡在刑法中确立罪刑法定原则。今天,在刑法上确立了罪刑法定原则的情况下,司法机关已经不再享有刑事类推适用的实体权力,当然也就不再享有类推解释的权力。如果司法机关再以类推解释来对法无明文规定的行为定罪判刑,就将是逾越了实体法上的司法裁量权,而不再是逾越程序权的非法

---

　　① 最高人民法院刑事审判一庭. 刑事审判手册(第一册)[M]. 北京:人民法院出版社,1990:185.

　　② 王怀安. 中华人民共和国法律全书(增补本)[M]. 长春:吉林人民出版社,1990:12.

司法行为。因此,只有在新刑法生效实施后出现的类推解释,才具有侵犯立法权的性质。

以此观之,本文所引的上述《解释》中关于特别减轻处罚如何适用法律的规定,其违背罪刑法定原则的性质应当说主要表现在它规避了立法上对司法机关行使特别减轻处罚权的程序权的限制方面,而不在司法机关没有特别减轻处罚权而强行越权去行使这种权力。因为,无论是按照1979年《刑法》还是1997年《刑法》,人民法院都享有在法定刑以下予以特别减轻处罚的实体权。虽然如果依此实施,可能在某个具体的案件中,会给被告人以更轻的处罚,似乎"有利于保障人权",但却可能由此埋下司法恣意妄为的祸根和隐患,为日后更为张显地逾越罪刑法定原则洞开城门,从而使罪刑法定原则成为一纸空文,给我国刚刚初步形成的人权保障刑法机制造成无可挽回的损害,并最终将摧毁由罪刑法定原则奠基而构建的整个社会主义刑法大厦!

综上所述,笔者认为,我国新刑法中确立的罪刑法定原则,与其他国家一样,不仅具有实体法上的意义,而且也具有程序法上的意义。因此,在大力推行和一体遵行罪刑法定原则的今天,我们既要注意防止司法机关逾越实体法规定的违背罪刑法定原则的司法行为,更要注意防止规避程序法限制的违背罪刑法定原则滥权之举,使罪刑法定原则真正成为我国刑事司法活动中遏阻越权司法的界石与鸿沟,更好地发挥其"保障人权"的历史和现实功能。

小额多笔网络电信售假和诈骗犯罪取证问题研究

何邦武 *

一、小额多笔网络电信售假和诈骗犯罪的取证现状

当守法的民众在享用互联网时代网络商品交易及金融服务的便捷时,犯罪——这一人类社会天生的毒瘤也在其中滋生蔓延并呈几何级数的增长势头。但令人尴尬的是,在网络犯罪行为和公权力惩处之间,后者似乎永远处于一种被动、滞后的调适状态中,立法的适度超前性已然完全失效,既有的侦查手段和法律制度仿佛落入了"道高一尺,魔高一丈"的魔咒。本文所欲探究的网络小额多笔犯罪问题即是一例。

所谓小额多笔网络电信售假和诈骗犯罪(以下简称"网络小额多笔犯罪")是指,通过网络销售假货或虚假网店进行诈骗的行为。其共同特点是,犯罪者将每一笔交易或诈骗的数额控制在较小额度内,但交易或诈骗对象是不特定的多数,乃至人数众多。犯罪者的预期是此种方式不易引起交易平台和警方的注意,或者即使注意到也因取证的困难而难以进行有效侦查和追诉,从而可以逃避法律的惩罚。

网络小额多笔犯罪共同的难点即分散且人数众多的受害人陈述无法获取,从而犯罪数额无法查证。尽管公、检等各方对于此类行为的社会危害性和行为的可罪罚性不乏共识,但终因这一证据问题而被迫放弃追诉。可以想见,法律规则的"具文"化将使此类犯罪更加泛滥。而更加令人棘手的是,在现行证明理念下,这种网络电信的网络小额多笔犯罪又不可能求助立法,通过规定某种新的取证方法予以解决,因为无论何种方法,其面对的对象都是多数且分散于各地甚至

* 何邦武,南京航天航空大学法学院教授,法学博士,主要研究方向:刑事诉讼法学、证据学、法律史学。本文系作者主持的国家社科规划课题:"近代中国证据法学知识体系形成研究"(14BFX068)阶段性成果及浙江大学互联网刑事法律研究中心 2016 年课题阶段性研究成果。

境外的。立法的无解性、既有法律制度的无效性与犯罪行为的必罚性,客观上呼吁理论研究者和制度实践者应重新思考现行的证据制度、证明理念及其实践方式,分析其中的原因,寻找在既定制度内的解决路径,以此完成对此类犯罪行为的追惩,实现刑事证据理念及制度的内在超越。

二、小额多笔行为难以取证并定罪量刑的原因

需要申明的是,在有关电子数据的研究和实践中,确曾需要注意到对象的独特性,因而应对其搜集、存储等关乎证据资格和证明力的手段和方法予以充分关注,并进行有异于其他种类证据的研究和相应的实践操作。此一方法可名之为电子数据搜集运用理论研究及实践的内在视角。但同样重要的是,研究者也应具备相应的外在视野,即能够出繁入简,在以电子数据为主要犯罪手段的犯罪行为侦查取证中,寻找其中潜存的犯罪侦查取证的一般原则等刚性要素,及其对电子数据搜集与运用的影响。

归纳言之,有关网络小额多笔犯罪中电子数据侦查取证问题的研究及实践,只有兼及取证的一般原则乃至现行证据调查模式这些外在要素,以及电子数据作为特定种类证据,在侦查取证中应具备的规则、理论和技术要求,以此在二者之间进行另一种意义上的"目光的往返流转"①,才能明了此类犯罪中的证据和证明原理,并使侦查取证程序中搜集的各类证据(包括电子数据)最终符合法庭的证据调查要求。小额多笔难以取证并定罪量刑的主要原因不是在电子数据搜集自身,而是在如何将电子数据与其他证据结合起来,形成有效的证据链并证明案件事实,因此,本文的研究重心着重在"外在视角"的理解与运用。

在外在视角所关涉的诸要素中,侦查程序的基本原则尤其是强制侦查原则在电子数据侦查取证中的影响,因为涉及证据资格问题,尚能为理论研究及实践操作者所关注。但印证模式对其的影响,关注度则相对不足。而从本文前述各案亦即小额多笔行为侦查取证的共同难点来看,其背后更主要的原因,显然集中在印证模式所固守的理念对侦查取证的影响中。正是受到印证理念的潜在约束,才使此类犯罪难以入罪量刑,且此一理念还形成一种叠加效应,固化了侦查取证过程中的某些"传统"的做法,并因之影响整个诉讼实践。

印证是我国司法实践中奉行的一种证明模式,其具体运作模式为,法官在采

---

① 此论出自卡尔·恩吉施(Karl Engisch),原系法律适用中,法官在事实与法律之间的类型化思维的切换及定准,即"在大前提与生活事实间之目光的往返流转"。舒国滢.寻访法学的问题立场——兼谈"论题学法学"的思考方式[J].法学研究,2005(3):10-12.援引于此旨在说明一般侦查和证明理论与特定种类的侦查手段之间的相互摄取。

信某一证据以及根据全部证据认定案件事实时,必须注重证据之间的相互印证,即单个证据必须得到其他证据的印证,据以认定案件事实的证据必须全部相互印证。总之,重视各类人证的言辞、供述,并以之印证搜集到的其他种类的证据,是印证的根本特征。① 该模式注重证明过程中偏重集体经验的"外部性"而非偏重个体感受的"内省性",强调证明的外部可感知性而不是所谓的"内心确信"。这种证明模式在客观上提高了证明的标准,以致在信息有限的司法环境中司法实践很难达到该证明标准。

现行印证模式的产生固然受到多重因素的影响,但既有的证明标准理念是根本性因素。我国现行的刑事证明标准立基于一种实事求是的认识理论,后者的基本要素为可知论、实践是检验真理的唯一标准和追求客观真实。

受上述认识理论制约,我国的证明标准理论主张,"我国证据制度要解决的核心问题是如何保证司法人员能够正确认识案件事实,亦即如何保证其主观符合客观",提出"要忠于事实真相……务必查明起初情况,还事实的本来面目"②。与之相应,不少学者对两大法系的证明标准持强烈的批判之音,并自负地认为我国"客观真实"的证明标准科学可靠,高于前二者,可以防止两大法系证明标准的恣意。因为通过现行标准,法官的主观认识可以也必须符合客观发生的事实,这样就可以保证认识事实的客观性、唯一性。在刑事诉讼实践中,"案件事实清楚,证据确实充分"已经成为刑事判决书的经典和必要的表述。现行《刑事诉讼法》第五十五条承继此前的规定,要求对被告人定罪和处以刑罚需要达到"证据确实、充分"的证明标准。为使该标准更为详尽,作为对确实、充分原则的"解释性立法",排除合理怀疑原则走入中国的刑事诉讼法典中。不过,令人尴尬的是,作为形容性短语的排除合理怀疑和结论唯一,自始即因其拟态性特征而无法实现确定性,对于证明主体而言,则是一种能排除合理怀疑的"心理体验",且极易沦为认识中的相对主义。

在另外两种修正的并以之与前者对立的"法律真实""程序真实"观中,仍然

---

① 笔者认为,龙宗智教授的印证观点似不甚明了。从其前引论文所举的案例看,应该是将没有直接证据而只有间接证据但已形成证据链的证明方式也混入其所说的印证模式中了,如此一来,则举凡使用间接证据形成证据链以证明某一事实的证明方式皆可纳入印证模式之中,这应该不是龙教授的初衷。同样的问题也出现在《最高人民法院关于适用〈中华人民共和国刑事诉讼法〉的解释》中,根据该解释第一百四十条的规定,"没有直接证据,间接证据同时符合下列条件的,可以认定被告人有罪:(一)证据已经查证属实;(二)证据之间相互印证,不存在无法排除的矛盾和无法解释的疑问",值得重视。印证不可取,但间接证据形成证据链的方式是理论和实践鼓励的方法。有关此问题的详尽分析容笔者另文展开。

② 分别参见陈一云.证据学[M].北京:中国人民大学出版社,2000:94-95.常怡.民事诉讼法学新论[M].北京:中国政法大学出版社,1989:71.

认为证明的目的是客观真实,而标准是融主观性、客观性与法律性为一体的"法律真实"或"程序真实"。此类真实观仍然与"客观真实"一样,坚持真理的客观性和认识的至上性(可知论),同样滑入认识论中主观与客观对立的二元论,无法触及我国证明标准问题的本质即心证究竟是如何形成的实质,没有正视证明标准的主观性,"不能为证明标准、证据规则提供正当性"①。显然,在证明标准从"客观真实"到"法律真实"或"程序真实"的表面变迁背后,是各种主张虽异词却同理即秉持相同的分析进路和理论背景的同质轮回:各种证明标准的主张都以相同的认识理论为始基,以认识主体与认识客体为二元对立的两极,信奉本质主义的真理符合论,维系着对所谓客观真实的信仰。

过于理想化且绝对主义的证明标准,催生了将案件"坐实"——一种不能以"内心确信"或"排除合理怀疑"为已足——的动机。而其实现的路径则是取得反映案件事实某一方面直接信息的载体——"供""述"等各类言辞证据并以之印证其他证据或互相印证。不仅如此,正在推进的一系列司法改革中,有关冤假错案终身追究制的规定和实施,无疑又为现行的侦查、起诉和审判行为套上了一道新的紧箍咒。虽然该制度有着防止冤假错案和提高司法公信力的良好预期,但在证明标准、审判模式的理念及制度没有根本改变之前,该制度的出台实施,实际上也带来了更多的负面效应。司法实践部门将在证据的搜集、审查和判断上更加谨小慎微,以便进行严格的"印证",不敢"越雷池一步",防止危及自己的职业生涯和声誉。可以想见,既有的印证模式遇到冤假错案追究终身制后的叠加效应。对此,理论与实践部门已经有了较强的质疑之声。②

以上述印证模式及其影响下的取证方式,反思前述案例中侦查起诉部门搜集证据的困境及最终选择放弃追诉的事实,可以发现,在诉前证据的准备上,侦、诉部门正是遵循印证模式,试图通过分散各地且人数众多的被害人的陈述"印证"网络平台和银行系统相关数据的一一对应,以便做实犯罪数额。由于是小额多笔,犯罪嫌疑人即使自己自愿供述了犯罪的数额,也无法提供准确的信息,因此,通过网络平台数据和银行交易信息印证犯罪嫌疑人供述的犯罪数额的方法实际上不可行。其结果,由于能够对应出来的数额或依据犯罪现场的货物价值

---

① 王敏远.一个谬误、两句废话、三种学说:对案件事实及证据的哲学、历史学分析[M].王敏远.公法(第4卷).北京:法律出版社,2003:172.关于客观真实和法律真实的论争,还可参见王敏远,等."证据法的基础理论"笔谈[J].法学研究,2004(6):106-112.此外,陈光中.诉讼中的客观真实和法律真实[N].检察日报,2000-07-13(3).李浩.论法律中的真实——以民事诉讼为例[J].法制与社会发展,2004(3):31-40.等学者的论述中也有讨论。

② 具体分析可参见张玉洁.错案追究终身制的发展难题——制度缺陷、逆向刺激与实用主义重构[J].北方法学,2014(8):153-160.

总额达不到实体法中明确规定的犯罪数额,或者由于被害人分散和不确定而无法印证,检察部门不得已选择放弃追诉。此其一。

其二,印证的思维和办案理念还造成了侦查取证模式的"路径依赖",成为阻止小额多笔案件成功追诉的又一重要原因。由于遵循印证的模式,侦查实践中奉行的是由供到证、证供合一的取证模式。由供到证的侦查模式强调获取言词证据尤其是犯罪嫌疑人口供是第一位的、先导性的,然后以此为基本,再获取实物证据。实践部门对此模式的经验体会是:"由供到证模式的优势是一旦取得口供就能较为轻松地展开案件的纵深侦查,可在一定程度上节省人力、物力和办案时间等司法资源,但是一旦无法获取口供或被告人、证人改口,案件就会半途而废,诉讼程序要走回头路,必然造成诉讼成本浪费。而且过于倚重犯罪嫌疑人口供和各种人证,可能会导致刑讯逼供的发生。"[①]正是鉴于由供到证取证模式的弊端,为了防止和化解"由供到证"的取证模式的危害,有人遂提出了所谓的"由证到供"或者"证供并重"的取证模式。"由证到供"的侦查模式强调优先获取各种实物证据,然后以此为基本,再获取口供等言辞证据。而所谓"证供并重",则是因应具体案情灵活处置证供关系,不以某一方为重心,或者由证到供,或者由供到证,因具体案情无限循环,交叉往复。但笔者认为,无论是"由证到供"还是"证供并重",该两种模式实际上仍然是前者即"由供到证"取证思维的延续,即取证过程始终不脱离对口供获取的诉求,将案件侦破倚赖于口供等言辞证据。所以,放宽对当前证供关系模式考察的视角,现行于侦查实践中的上述三种模式实际上又都是一种,即都建立在将其他证据与口供等言辞证据进行印证的办案理念上。其结果是,三种模式都将导致或者诉诸逼供以获取证据,从而侵害相对人的人身权利和诉讼权利,或者因无法侦查证据而放弃侦查追诉。

同时,重视"供"的获取,还导致取证思维的逐渐固化,忽视甚至妨碍了对本应足以形成证据链的其他间接证据的搜集。以某网络交易平台举报的贩卖假冒Vans鞋案为例,某市警方对于平台提供的300万元交易数据不作为案件假货的销售金额认定,认为需要以买家(受害人)的口供和货物鉴定印证。此案最终因买家分布在全国各地,办案成本太高而现场发现的嫌疑人人均售假不足15万元而作出取保候审的处理。[②] 如果侦查部门能够舍弃本案中的证供关系相印证的

---

① 范荣生."理性看待由供到证向由证到供转变的提法". [EB/OL]. [2016-05-15]. http://www.yangzhou.jcy.gov.cn/baoying/ReadNews.asp? NewsID=264.

② 本案出自笔者调研中得到的某网络交易平台提供的信息,因涉及商业隐私等内容,故均隐去网络交易平台及具体办案机关名称。

办案思维模式,对网络平台 300 万元的交易信息辅之以物流平台的发货信息、假货生产基地一线工人生产、包装情况的记录或类似证据,将能够证明案件事实的间接证据形成一个完整的证据链条,该案本应可以定罪量刑的,即使达不到 300 万元,但超过 15 万元的入罪额应该没有问题。

此外,网络小额多笔犯罪行为的取证困难还有出于司法成本和诉讼效率考虑的无奈。对证供关系相印证的取证思维模式的固守,使人证的言辞证据(包括犯罪嫌疑人供述)成为必须搜集的对象。然而,此类犯罪如果继续沿用搜集被害人陈述等人证言辞作为印证证据的取证模式,实际上也就预设了问题的无解性。为寻求突破,有公安部门在实践中采用网络视频让被害人作证,以取得证据。但是此种方式仍然需要确定被害人及其地址等,如果被害人地处偏远且交通、通信都不便利,或者是境外被害人,网络作证仍然面临技术、司法协助等难题,办案的实际工作量仍然庞大,巨额的司法成本、费时日久的取证,常常使公安部门不得不选择放弃。

即便舍弃证供相印证理念下的取证方式,通过搜集其他间接证据形成某种证据链以确定罪与刑,也同样面临司法成本和效率的挑战。可以设想,在固有的网络电子数据容易灭失、变易等风险之外,间接证据链的形成本身已是一项浩繁的工程。其中,对犯罪数额这一关键证据的确定还将存在较大的不确定性。如果考虑到案多人少、专业人才缺乏、错案终身追究制等因素,实践部门临案却步的心态应不难理解。①

三、小额多笔行为成功取证以定罪量刑的可行性路径

网络小额多笔犯罪具有毋庸置疑的刑事必罚性,否则,在网络和信息发达的当今时代,将会产生放大的负面示范效应,对个人、家庭及社会等的危害性极为危重。而从前文分析的原因来看,既有的侦查取证思维模式必须被突破,并代之

---

① 司法实践中,通过间接证据形成证据链以证明犯罪事实的困难分析及解决路径,可参见阮堂辉."证据锁链"的困境及其出路破解——论间接证据在我国刑事诉讼中的独立定案功能[J].中国刑事法杂志,2006(4):68-74.侦查一线警力不足是很长时间存在的现象,以致侦查部门常常疲于应付。笔者在与一些市、县、区的公安部门座谈时,该问题屡被提及。笔者认为,除却机关因文牍之风而导致的警力配置不当的因素,警力不足确属客观存在的现实,这在非户籍人口比例较大的沿海经济发达地区和内地中心城市,应是不争的事实。关于专业知识不足,这里只举笔者在与某电商平台人员座谈时得到的消息,应可说明:公安部门侦查人员去查封某用于非法运营活动的服务器时,一冲进房间,即将电源切断,以为可以固定犯罪证据,并没有想到这样的结果是帮助销毁了正在运行的某些数据。而所谓错案终身追究制,实际上已成为悬在公、检、法人员头上的达摩克利斯之剑,影响至深。

以新的侦查理念及取证模式,若非如此,此类行为的惩治将永远停留在理想与愿景之中而难以付诸实践。同时,还应考虑到网络小额多笔犯罪行为的个性,通过引入认罪协商制度,在公正与效率之间作出理性的抉择,以免出现"非正义的迟来正义"。

首先,转变证明理念,摒弃印证的思维模式。印证模式的转变应从证明标准的转换开始,而证明标准的理念变更,则离不开认知理论自传统向现代认知理论的转换。

现代认知理论在理性主义的普遍认知能力受到挑战、知识的主体性得到认同、认识不再以是否与客体相符为衡量标准的新情势下,摒弃了传统的认识理论及与其相关的存在绝对主义真理的独断论,即认为认识是对外部世界的摹写,其正确性就在于与外部世界相吻合,转而认为知识只具有相对确定性。知识的进步不是证实,而是不断地证伪从而无限接近真理的过程。我们应当"放弃终极知识源泉的观念,承认一切知识都是人的知识;承认知识同我们的错误、梦想和希望混在一起"①。而获得知识的途径,是由理性主体经由对话协商的民主模式(哈贝马斯)。即在所有对话的参加者机会平等、言谈自由、没有特权、诚实、免于强制的条件中,通过理想的程序条件和严格的理由论证获得。② 法律论证模式即系商谈模式在法律实践中的具体运用。而在诸多关于法律论证的理论中,德国法哲学家罗伯特·阿列克西的法律论证理论更是其中的佼佼者,值得借鉴。

---

① 卡尔·波普尔.猜想与反驳:科学知识的增长[M].傅季重,等,译,杭州:中国美术学院出版社,2015:38.

② 哈贝马斯在对伽达默尔诠释学进行修订的基础上,引入商谈模式理论,重新解释了所谓的"正确性"标准,认为规范性判断的正确性是无法在真理的符合论的意义上来解释的,原因在于,权利是一种社会构造,不能把它们实体化为事实,正确性意味着合理的、由好的理由所支持的可接受性。在自然法和宗教观念不再被普遍接受的"后形而上学"时代,能够证成法律的正当性(legitimacy)和有效性的唯一基础,便是理性的、符合对话(商谈)理论要求的民主的立法程序和司法程序。司法程序的产品是司法判决,一个司法判决的正当性或合理可接受性(rational acceptability),不仅取决于判决所适用规范本身的正当性——这取决于作为规范证成对话(商谈)的立法程序是否符合理性对话(商谈)标准和要求,而且取决于作为规范适用对话(商谈)的司法程序是否符合理性对话(商谈)的标准和要求,如是否做到体现诉权平等,公开审判,公布判决理由等。这种商谈理论,将"司法判决的合理可接受性同论据的质量连接,而且同论辩过程的结构相连接"。哈氏以程序性理念为核心,借助程序和沟通的前提,释清了法律的合法性,并论证了这样一个推定:立法的和法律适用的过程导向一个理性的结果。可参见哈贝马斯.在事实与规范之间[M].童世骏,译,北京:生活·读书·新知三联书店,2003:277.陈弘毅.当代西方法律解释学初探[J].中国法学,1997(3):111.

在理论渊源上,阿氏以哈贝马斯的"商谈模式(对话性论证模式)"和"交往共识"理论为宗。阿氏法律论证理论的核心是通过程序性技术(论证的规则和形式)来为正确性要求提供某种理性的(可靠的、可普遍化的或可以普遍接受的)基础,试图在其设定的限度内于普遍实践论辩和法律论证领域走出"明希豪森困境"。其理由是,理性不应等同于百分之百的确实性,只要遵守了一定的讨论(论辩)规则和形式,那么规范性命题就可以按照理性的方式来加以证立,讨论的结果就可以成为理性的结论。阿氏为此设置了系统的证立性程序和规则。阿氏法律论证理论的核心,就是其自述的"实践正确性程序理论",经由此程序,弥合"(知识)确实性之墙"的裂隙,从而使中国语境中较为耳熟能详的"(知识的)客观性"转化为结论的可接受性。①

无可否认,阿氏理论对完善自由心证过程中的认识论基础和重新审视关于证明标准的含义,将具有积极的建构意义。因为,在心证的形成上,"从演绎证明到对话证明,从'封闭'到比较'开放'的推理形式,从不容置疑的权威到在不同解决方案之间辩证选择,已成为一种趋势,尽管这一趋势是在各种法律传统或法律制度内部发生的,是渐进的而非突发的"②。与此相适应,求助于所谓理性和孤立的认识个体的印证方式必须被废弃,对证明标准的解读也应从理性个体不断穷理尽性的"真理认知"转向群体的基于对话和构建的"真理共识"。而如何经由制度实践证明标准理念的转变,显然需要精细的制度设计,限于篇幅,本文不拟展开讨论,容另文撰述。

其次,与印证理念转变相适应,变更取证方式,重视间接证据的搜集。通过间接证据编织成证据链证明案件主要事实时,首先需要厘清的是,一个关于主要事实的完整证据链应当如何形成?易言之,证明某一犯罪主要事实时,应当搜集哪些间接证据即为已足?由于在证明的逻辑运思上,运用间接证据证明案件主要事实是一种依据证据进行"推断"的过程,由此面临的问题是:作为推断的基础事实,是否需要再以更基础的事实证明,如此层层递进后,最基础事实又如何确定,方可摆脱"无穷倒退"的困境?实践中的"证明你妈是你妈"就是一个虽然从常理看似荒唐却又不失其现实逻辑合理性的例证。

需要说明的是,实践中完全依靠间接证据的证据链形成案件主要事实是

① 舒国滢.走出"明希豪森困境"(代译序)[M].//阿列克西.法律论证理论:作为法律证立理论的理性论辩理论.舒国滢,译,北京:中国法制出版社,2002:序言7.
② 舒国滢.走出"明希豪森困境"(代译序)[M].//阿列克西.法律论证理论:作为法律证立理论的理性论辩理论.舒国滢,译,北京:中国法制出版社,2002:序言7.

一种纯然假设的情况,案件主要事实或多或少总是有一些直接的证据。① 本文讨论的小额多笔案就是如此,因此,间接证据在实践中主要起拾遗补阙的作用。即便是纯然使用间接证据的案件中,也应当与直接证据的使用一样,根据证据可采性的要求,决定间接证据的取舍,而不宜对间接证据的采用提出更高的要求。例如,美国《联邦陪审团工作指南》即明确规定:"法律并未在直接证据或者间接证据的价值或重要性方面做出任何区分,对于间接证据的确定性要求也不应高于直接证据。"②并在 1954 年联邦最高法院的判决中予以明确承认,即:间接证据与直接证据在证明案件中具有同等地位,适用排除合理怀疑的标准。同时取消了运用间接证据定案时法官须向陪审团作证明标准特别指示的规定。③

廓清了间接证据使用中的观念及制度障碍后,回到正常情况下间接证据使用的法理,笔者认为,比较而言,在某一案件中可能有海量的间接证据,取证中应更多关注其与待证案件事实的关联性,因此本文就间接证据的其他属性姑且不论。证据的关联性描述了向法庭提交的证据与某一案件中的关键命题或可证明的命题之间的逻辑关系,是证据与待证事实之间的逻辑关系。④ 但即使是有关联性的证据,也不能悉数搜集,必须进行必要的拣选。美国《联邦证据规则》第403 条所确立的平衡检验原则不无借鉴意义,即"证据虽然具有关联性,但其证明价值不及所含有的不公正的偏颇、导致争点混淆,或者有误导陪审团的危险,或被认为是不当拖延、费时或不必要的重复举证时",也可以排除该证据。⑤ 总之,间接证据的关联性主要建立在逻辑性、合理性、良好的意识以及准确判断的基础之上。

上述关于关联性的诠释,由于概念的天然模糊性特征⑥,可以预见,无论是经由"法律术语方案"的专业化提纯(一种近乎人工语言创制的努力),还是通过历史因果链条理论、本质属性理论以及"抽象的共同意图"理论所拱卫的"指称理论方案"实现语词指称的确定化,甚或根据"语法与解释规划方案"的逻辑演绎,对关联性这一概念的解析都面临着无法达致"唯一正解"(德沃金)

---

① 阮堂辉."孤证"或证据"一对一"的困境及其出路破解[J].湖北社会科学,2008(5):145-148.

② Edward J. Devit,Fed. Jury Prac. & Instr. § 12. 04(1992).

③ Holland v. United States,348 U. S. 121(1954).

④ Black's Law Dictionary(5th ed),p. 1160.

⑤ 嘉兰,等.执法人员刑事证据教程[M].但彦铮,等,译.北京:中国检察出版社,2007:351.

⑥ JACKENDOFF. Semantics and Cognition[M]. Cambridge:MIT Press,1983:117.

的难题。① 依笔者揣度,基于"语言模糊只是一种表象,其背后是常规实践方式或有效社会共识的缺乏"的认识②,解决关联性概念模糊的可行办法唯有求助于寻求关联性概念背后可能存在的共识,以此推演植根于其上的概念"所指"。凝聚在间接证据关联性概念背后的共识,可以是语词使用的环境、条件等诸多元素,但相关人员的"经验则",无疑是其中的基础性元素。所谓经验则(德语 erfarungssatze)系指"从经验中归纳出来的有关事务的知识或法则,包括从一般的生活常识到关于一定职业、技术或科学专业上的法则",而且经验则"并非具体的事实,而是在对事物进行判断的场合用来作为前提的知识及法则"。需要注意的是,经验则不能仅仅停留在个别人所特有的个别经验水平上,而应该是至少能获得相当一个范围的人们普遍承认的命题③,即一定范围特定职业人士的"共识"。

第三,引入辩诉交易制度。如前文所述,与有特定、明确且被害人数有定限的一般刑事案件不同,在网络小额多笔犯罪案件中,无论是传统的证供印证模式取证,还是经由间接证据的证据链构建模式取证,都面临着取证时的公正与效率之间如何衡平的难题,并因之最终影响到案件的起诉和审判。可以说,引入辩诉交易制度,通过控方与辩方律师之间的协商,以控方撤销指控、降格指控或者要求法官从轻判处刑罚为条件,来换取被告人的有罪答辩,并辅以其他证据,以起诉和审判小额多笔网络电信诈骗及售假案,将是走出其刑事诉讼困境的必由之路。尽管由于我国现行刑事诉讼体制在制度环境、公权力的理念等方面还存在着向刑事法治目标继续推进的现实障碍,有学者因之对该制度的引入主张持强烈的批评及质疑之声,但更多学者主张应理性对待该制度在我国刑事诉讼体制中的植入问题。而且,我国刑事诉讼从制度到实践,从"公开打折"到"黑市交易",诉辩交易、审辩交易的存

---

① 有关这几种释义方案的详尽讨论可参见陈坤.法律、语言与司法判决的确定性——语义学能给我们提供什么?[J].法制与社会发展,2010(4):61-72.

② 陈坤.法律、语言与司法判决的确定性——语义学能给我们提供什么?[J].法制与社会发展,2010(4):70.

③ 王亚新.对抗与判定:日本民事诉讼的基本结构[M].北京:清华大学出版社,2002:202.

在已是不争的事实。①

实践中,针对网络小额多笔犯罪,有地方司法部门已经开始了类似于辩诉交易的实践,可以从另一个方面反映援引辩诉交易制度的必要性与可行性。福建某地司法部门在犯罪数额认定上的做法是,根据全案事实,对有证据证明系专用于犯罪的银行账户,只要犯罪嫌疑人交代仅用于作案,辅以抽样取证的受害人材料印证,即可认定该账户的进账系团伙组织者、指挥者的犯罪数额。对参与者则可根据犯罪时间段、犯罪嫌疑人提成的记录并结合犯罪嫌疑人的供述予以综合认定。该实践经验得到其他地方司法部门的认同,并据此向所在地政法主管部门提出了适用建议。可以断言,在网络小额多笔犯罪中对辩诉交易进行制度性确认,避免因其无据性而导致无序性,不仅可以解决此类犯罪追惩中的困难,也是基于公正和效率均衡后的一种理性和可行的选择。

此外,由于网络犯罪取证尤其是通过间接证据形成的证据链模式的取证,涉及执法人员的素质、技术水平等多方面问题,对侦查人员的逻辑推理、经验判断以及概率运算等各方面能力的培训也是不可或缺的因素。鉴于诉讼制度的交互影响,同样的要求也适合于起诉、审判人员。

四、结论

本文力图在开放的视野中,通过将网络小额多笔犯罪取证问题置于刑事诉讼体制及刑事证明制度和理念系统中的研究,疏通刑事取证问题中所蕴含的技术理性及其与刑事证明制度和法理之间的关系,以此揭示该取证行为对整个刑事诉讼和证明制度的深度依存关系。而经由该取证制度的完善分析,则进一步说明了:具体刑事诉讼制度的完善不应单纯以该制度所具有的技术理性的厘清为已足,还应着眼于刑事诉讼的整个系统,关注刑事诉讼和证明的基本法理的研究,并将该法理转化为审前取证可资借鉴的技术理性,在形上学理与形下实践的互动中,实现具体取证问题的适洽解决。

---

① 有关辩诉交易在我国引入可能的弊端并主张杜绝者,可参见孙长永."珍视正当程序,拒绝辩诉交易"[J].政法论坛,2002(6):47-50.而主张有条件引入者,可参见龙宗智,潘君贵.我国实行辩诉交易的依据和限度[J].四川大学学报(哲学社会科学版),2003(3):129-131.以及龙宗智.正义是有代价的:论我国刑事司法中的辩诉交易兼论一种新的诉讼观[J].政法论坛,2002(6):4-7.值得注意的是,孙长永教授后来也就刑事诉讼中的审辩交易做了实证研究,并提出了相应的应对策略,从中可以看出其观念及态度的变化。参见孙长永,王彪.刑事诉讼中的"审辩交易"现象研究[J].现代法学,2013(1):135-137.

　　本文的论证视域虽然起始于特定种类的取证问题,但溯源其因果关系后,笔者复将论证视域切换至刑事证明制度的法理及其相关理念等视域。不过,视域的转换,仍然以聚焦的问题及其解决为旨归。而其间的逻辑,是笔者坚信,特定的取证行为仍无外于刑事诉讼的基本法理。借用古人的话,就是"理一分殊",其中的法理仍然并无二致。

　　理有穷而情无限,实践中的网络犯罪取证问题还会遇到更多的挑战。如何应对各类挑战,实现刑事诉讼的正义,本文的论证视角和运思逻辑或可视为一种可以尝试的新路。

电子数据新规，看起来并没有那么美

魏　巍[*]

随着电子信息技术的迅猛发展，越来越多的刑事案件涉及电子数据作为证据的问题。电子数据作为证据使用已经有较长的历史，但是作为法定的证据种类，却是从 2012 年修订的《刑事诉讼法》开始的。

在电子化产品极度普及的今天，电子数据浩如烟海。什么样的电子数据属于刑诉法意义上的电子数据呢？"两高一部"于 2016 年 9 月 20 日发布的《关于办理刑事案件收集提取和审查判断电子数据若干问题的规定》（以下简称《规定》）作了明确的解释。电子数据是案件发生过程中形成的，以数字化形式储存、处理、传输的，能够证明案件事实的数据。从概念中可以看出刑诉法意义上的电子数据有以下几个限定条件。

一是时间上的限定。要求电子数据是在案件发生过程中形成的。如果是在案发前后形成的电子数据，则不属于刑诉法意义上的电子数据。

二是存储形态上的限定。要求是以数字化形式储存、处理、传输，即要求以计算机技术中广泛采用的二进制数制来储存的数据。如果数据已经转变成了其他形态，则不属于《规定》中的电子数据范围。

三是证明对象的限制。电子数据要求证明的对象是案件事实。也就是说，证明程序性事实的电子数据不属于刑诉法意义上的电子数据。

《规定》对电子数据调取、审查、排除等方面做了详细的规定，为实践操作指了路径。我们在适用《规定》的过程中也发现了几个问题。

一、电子数据的范围过于狭窄

从字面来理解，电子数据要求在案件发生过程中形成，案件发生前后形成的

---

*　魏巍，浙江厚启律师事务所党支部书记、副主任、合伙人。

均不属于电子数据。但是在一些刑事案件中,案发前后的电子数据,能够反映嫌疑人(被告人)的动机、归案过程、悔罪表现等重要的信息。而且,按照《最高人民法院关于适用〈中华人民共和国刑事诉讼法〉的解释》第二百七十六条的规定,人民法院除应当审查被告人是否具有法定量刑情节外,还应当根据案件情况审查具体的影响量刑的情节,包括案件起因;被害人有无过错及过错程度,是否对矛盾激化负有责任及责任大小;被告人的近亲属是否协助抓获被告人;被告人平时表现,有无悔罪态度;退赃、退赔及赔偿情况;被告人是否取得被害人或者其近亲属谅解等。这些重要的情节,往往会成为案件中控辩双方争论的焦点,在一些死刑案件中,甚至可以影响被告人的生死。显然,在案发前后形成的能够证明上述事实的电子数据,理应成为《规定》规范的对象。

不仅证明案件事实的电子数据至关重要,证明案件侦查过程的电子数据也一样重要。程序正义是保障实体正义的必经之路,在程序正义越来越被重视的今天,仅仅将与案件事实有关的电子数据列入《规定》,也是不够全面的。

电子数据范围规定较窄,可能导致两个后果。一是侦查机关以此为理由拒绝调取对定罪量刑有重要关联的电子数据,导致取证不全面。二是侦查机关以不属于《规定》范围的电子证据为由,不遵守严格的取证规范,难以保证电子数据的真实性和合法性。

二、非侦查人员提取的电子数据如何确保合法性与真实性

《规定》中详细列举了侦查机关应当如何调取电子数据,并对电子数据的审查做了详细的规定。但实践远比《规定》来的丰富多彩。在某些案件中,侦查机关让涉案人员自己调取电子证据,涉案人员将电子证据打印出来转化成纸质载体转交给侦查机关作为证据使用。有观点认为,电子证据已经通过涉案人员的调取并转化为书证。侦查机关接受书证时,已经不需要按照《规定》的要求提取证据,只需要以调取书证的要求来调取。而书证的调取程序与电子数据的调取程序大相径庭,根本无法保证电子数据的真实性。

《规定》没有考虑到电子数据由侦查人员以外的人提取时,如何进一步核实其真实性的问题,也没有考虑到如何确保调取程序合法性的问题。实践中,控辩双方对此争议较大。

三、缺少主动审查的制度规定

与其他证据类型审查、判断时存在的问题一样,《规定》中提到当裁判者对证据的合法性及真实性产生疑问时,需要让侦查机关补正或作出合理解释。事实

上,这种等着侦查机关来说明解释的审查、判断方式是非常被动的。侦查机关往往以一纸"情况说明"来作解释,这种方式对于判断事实并没有多大的帮助。

在主张审判为中心及庭审实质化改革的大潮流下,法庭应当成为刑事诉讼的主导者。应当通过侦查人员出庭、法院调取电子数据等积极、主动的审核方式,对存有疑问的电子数据的合法性及真实性进行审查判断。如果对电子数据审查判断方式及取证程序违法时的惩罚后果跟不上时代的要求,即便调取的过程规定得再完美、再严格,也只能是一纸空谈。

信息时代下的刑法变革

叶良芳*

人类文明的发展史,从某种意义上说,就是一部科技发展史。人类文明的每次飞跃都源于科技的革命性进步,科技拓展了人类的活动空间,提升了人类的生产能力,丰富了人类的认知手段,改变了人类的社会结构。计算机技术的发展和互联网的普及将人类带入了信息时代,使人类的生产、生活和交互的范式发生了天翻地覆的变化。"社会不是以法律为基础,那是法学家的幻想。相反,法律应该以社会为基础。法律应该是社会共同的,由一定的物质生产方式所产生的利益需要的表现,而不是单个人的恣意横行。"①信息社会的到来及其对人类社会结构潜移默化的影响,对各国政府的社会治理提出了严峻挑战。其中,作为社会治理重要手段的刑法,对于信息社会各种失范行为应当如何应对,更是一个迫切需要研究的重大课题。

一、第二空间:网络空间的社会功能

在农业社会和工业社会,客观物理空间是人类社会实践的唯一空间。信息社会的到来,网络空间异军突起,打破了这种单一格局,成为人类社会实践的又一重要活动场域。对于这种新型的实践空间,一种观念曾经相当盛行,即它仅仅是一种虚拟空间。然而,实践表明,虚拟性只是网络空间的表象,现实性才是其真正的社会属性。正因为网络空间具有现实性,因而决定其不可能是一块完全游离于法律规制之外的"飞地"。

---

* 叶良芳,浙江大学光华法学院教授、博士生导师。

① 马克思,恩格斯.马克思恩格斯全集.第 6 卷[M].北京:人民出版社,1961:291-292.

（一）从过程上看，网络空间的虚拟是一种数字技术

关于虚拟的含义，理论界主要有以下两种对立的观点。第一种观点认为，"虚拟"，就是虚构、假设或者不符合事实。按照这种理解，虚拟空间就没有法律规制的必要性。第二种观点认为，"虚拟"，是指在网络创造出一种模拟、仿真的环境。按照这种理解，人类在网络空间中的活动能够产生在现实空间中同样的效果，因而需要法律规制。

上述第一种观点简单地将虚拟等同于虚假，将虚拟空间等同于想象空间，显然是对网络空间的误识。相比之下，第二种观点从存在形式的角度来理解虚拟，则更能触及网络空间的本质。虚拟的实质，是信息表达的数字化。在网络空间里，所有的事物和行为都被符号化了，没有现实空间的实体性和可感知性。简言之，网络空间的虚拟性，是指网络空间的数字化和非物质性。

虽然虚拟性是网络空间的首要特征，但网络空间同时又具有明显的现实性。在网络交互中，交互主体（本人）、交互客体（他人）、交互工具（计算机终端、系统服务器、网络传输介质、网络设备等）都是现实生活中的客观存在物，具有明显的现实性。在网络空间中，虽然一切场景、人物和行为都符号化了，但隐匿在这些虚拟符号幕后进行网络交互的主客体以及交互工具来自现实空间，受到各种客观物质条件的制约。申言之，网络空间如果要向外界宣告其"存在"，则必须倚赖于现实空间的各种"物质"来表达。

（二）从结果上看，网络空间的功效始终指向现实空间

"数字不只和计算机有关，它决定着我们的生存。"①网络空间的出现，引发了一场超越时空的革命，极大地拓展了人际交互的场域。网络时代是一个数字化时代，数字科学使人类的生产、生活、工作和娱乐等活动发生了巨大变化。网络空间和现实空间相互渗透、相互建构，共同成为人类社会交互的重要场域，是人类社会实践活动的"第二空间"。

相对于人类实践活动的"第一空间"的现实空间，网络空间是否具有完全的独立性，这是一个值得思考的问题。笔者认为，网络空间是人类创造出来的一种实践空间，必须依附于现实空间而存在，并不具有完全的独立性。网络本质上是人类发明的一种工具，通过这种工具，人类延伸了在现实空间的实践活动。然而，这种工具如果只是静止的存在（如电脑不开机、手机不联网），则将是纯粹的"虚拟物"，没有任何社会意义可言。而这种工具一旦被人类所利用，则必然又与

---

① 尼葛洛庞帝.数字化生存[M].胡泳,范海燕,译.海口:海南出版社,1997:15.

现实社会发生关联。此外,网络空间的依附性,还体现在发生在网络空间的交互行为的类型要少于发生在现实空间。网络空间的主题是数字化信息,只有交流和沟通这些数字化信息的行为,才可以在网络空间来实施。而物质的运动、位移和形变等纯粹的客观活动,则不可能在网络空间进行,如运输货物、收割庄稼等。

二、类型二分:网络犯罪行为的基本模型

技术世界被形象地称为"技术茧"——人类为自己编织的蚕茧。在网络空间这个"技术茧"里面,人们既可能从事合法行为,也可能从事不法行为,这取决于行为主体的行为目的。对这些网络不法行为进行准确的分类,并妥适地纳入犯罪圈,是对其进行有效的刑事实体法规制的前提。

(一)网络犯罪的特质是场域的特定性

技术的发展,不仅推动社会结构的转变,也创设了复杂的专业术语。从网络犯罪本身的称谓来看,就有一个不断发展变化的过程。在20世纪70年代,滥用计算机技术和数据的不法行为开始出现,人们将这种行为称为"计算机犯罪"。90年代,Windows 95操作系统、网景领航者、微软浏览器、以太网和拨号调制解调器等一系列技术的出现,个人计算机和互联网开始普及。于是,又出现了"网络犯罪"的概念,用来指称在网络空间发生的犯罪行为。

关于网络犯罪的定义,归纳起来,主要有以下几种观点:第一种观点认为,网络犯罪,是指利用计算机、网络或硬件设施实施的任何犯罪行为。[1] 第二种观点认为,网络犯罪,是指现实空间发生的犯罪向网络空间的渗透。[2] 第三种观点认为,网络犯罪,是指以计算机为媒介、通过全球电子网络实施的任何非法或不当行为。[3] 上述观点均有一定的合理之处,但也存在一定的缺陷。第一种观点指明了网络犯罪的技术特征,但未涉及其他内容;第二种观点指出了网络犯罪的发生场域,但外延过于宽泛;第三种观点强调了网络犯罪的社会属性,但技术设施过于受限。本文认为,要给网络犯罪下一个精准的定义,应从其本质特征,即其与物理空间的犯罪行为的根本区别入手。网络犯罪与现实犯罪的根本区别有两

[1] Symantec Corporation. What is Cybercrime? [EB/OL]. [2017-02-10]. http://us.norton.com/cybercrime-definition.

[2] Brenner. Is There Such a Thing as "Virtual Crime"? [J]. California Crininal Law Review,2001(12).

[3] Loader T. Cybercrime:Law Enforcement,Security and Surveillance in the Information Age [J]. Journal of Social Policy,2001(30).

点：一是实施场域不同，二是技术手段不同。一方面，网络犯罪的实行行为必须全部或部分发生在网络空间，而现实犯罪的实行行为则全部发生在现实空间。如上所述，网络空间具有对现实空间的依附性，网络犯罪行为不可能完全脱离现实空间而独立存在。另一方面，网络犯罪都或多或少地利用数字技术，而现实犯罪则与数字技术无涉。综上，笔者认为，所谓网络犯罪，是指利用数字技术，全部或部分的实行行为在网络空间实施的各种侵害法益的行为。

（二）网络犯罪的分类应以传统犯罪为参照

网络犯罪分类的困难在于，它并非一种具有显著个体特征的单一犯罪活动，而是在网络空间中发生的具有多种样态的不法行为的集合。笔者认为，从刑法应对的角度来看，网络犯罪分类的目的是明确对其定罪量刑的依据，因而以传统犯罪为参照来分类是比较合理的路径。具体而言，首先，审视网络犯罪行为和现行刑法中规定的犯罪行为是否属于同一类型，前者能否为后者所涵摄。如果答案是肯定的，这种网络犯罪就是传统犯罪的扩张；如果答案是否定的，则这种网络犯罪应是一种新型的不法行为，需要另行增设独立罪名。据此，可以将网络犯罪分为以下两种基本类型：一是传统犯罪的变形，二是传统犯罪的变异。对于前者，这类网络犯罪与传统犯罪的行为样态基本相同，区别仅在于犯罪工具或犯罪场域不同，因而可以并入现行刑法的罪名体系之中；对于后者，这类犯罪是网络空间中特有的一种犯罪，行为样态与传统犯罪仅有部分相同，因而不能为现行刑法的罪名体系所涵括。

三、并入和新设：网络犯罪行为的刑法规制路径

传统刑法是以现实空间中的犯罪行为作为规制对象的，对于网络空间中的不法行为，既不能旧瓶装新酒，故步自封，也不能饭囊莫辨，另起炉灶，而应在上述两分法（变形的传统犯罪和变异的传统犯罪）的基础上，采取相应的不同策略。

（一）充分运用扩张解释，对变形的传统犯罪予以司法犯罪化

网络空间中的绝大多数犯罪，其实质无非是物理空间中的犯罪行为在网络空间中的延伸或再现，披上网络的外衣而已。例如，盗窃、诈骗、伪造、敲诈勒索是网络犯罪的主要部分。因此，通过挖掘既有的刑法理论知识资源，充分运用扩张解释方法，适用传统犯罪的罪刑条款，解决这些网络不法行为的司法犯罪化问题。

扩张解释的路径是，将传统犯罪的构成要件置于网络背景下再阐释，以充分拓宽罪刑规范的涵摄范围，使之适应信息时代罪情的最新发展。"法律发现是一

种使生活事实与规范相互对应,一种调适,一种同化的过程。"①扩张解释的适用有一个基本预设,即待处理的网络不法行为,是已经为既有的罪刑规范所涵括的。因此,所要做的解释工作,就是在诸多罪刑规范中找出最相吻合、最相适应的一个。比如,2005 年 5 月 11 日最高人民法院和最高人民检察院联合颁布的《关于办理赌博刑事案件具体应用法律若干问题的解释》第二条规定,以营利为目的,在计算机网络上建立赌博网站,或者为赌博网站担任代理,接受投注的,属于刑法第三百零三条规定的"开设赌场"。根据这一规定,对于开设赌博网站的,可以开设赌场罪论处,这也是适用扩张解释的结果。赌场,根据《现代汉语词典》的解释,是"专供赌博的场所"。赌博犯罪早已有之,最初的赌场,都存在于现实空间。但在网络空间出现之后,人们足不出户也可以上网参加赌博。在这种背景下,将专门用于赌博的网站解释为赌场,也不会与国民的"前见"发生激烈的碰撞,因而也是一种合理的扩张解释。

(二)及时启动刑事立法,对变异的传统犯罪增设为新罪

刑法解释的困难之处在于,很难获得一个绝对正确、众口交赞的解释结论。因此,对于变异的网络不法行为,由立法机构创设新罪,以明确规则,消除争议,引导行为,是刑法应对网络犯罪的又一个必要路径。例如,对于侵犯网络虚拟财产的行为,能否以传统的财产犯罪论处,在刑法理论界存在严重的分歧,而分歧的焦点则在于虚拟财产是否属于刑法意义上的财产。肯定论者认为,虚拟财产属于刑法意义上的财产,主要理由在于:(1)虚拟财产主要通过个人劳动获得,而且存在财产投入;(2)虚拟财产可以通过实际金钱购买方式获得;(3)虚拟财产与现实财产之间存在市场交易。否定论者认为,虚拟财产不是刑法意义上的财产,主要理由为:(1)虚拟财产不具有普遍的价值,对于沉湎于游戏的玩家而言,虚拟财产可以价值千金,但对于局外人来说,可能不值一文;(2)虚拟财产是虚拟的,只能在特定游戏环境中存在,本身不具有价值;(3)虚拟财产的财富无法回收,当游戏服务器关闭时,玩家无法将游戏中获得的虚拟财产现实回收。② 司法实践中,对于侵犯虚拟财产的案件的定性处理,则更是五花八门。有的以计算机犯罪论处,有的以盗窃罪或诈骗罪等传统财产犯罪论处,有的则认为不构成犯罪。在笔者看来,侵犯虚拟财产的定性问题,关键并不在于虚拟财产是否具有价值,而

---

① 考夫曼.类推与"事物本质"——兼论类型理论[M].吴从周,译.台北:学林文化事业有限公司,1999:33.

② 赵秉志,阴建峰.侵犯虚拟财产的刑法规制研究[J].法律科学(西北政法大学学报),2008(4):153.

在于能否以传统的财产犯罪条款来处理新型的网络犯罪。所谓虚拟财产,是指存在于网络空间的、被部分社会群体赋予一定财产价值的电子磁记录。可以肯定的是,各国立法机关在最初制定财产犯罪的刑法条文时,都没有将虚拟财产纳入保护对象的范围。同样可以肯定的是,虚拟财产具有传统财产的价值属性。但是,虚拟财产和传统财产的区别也是明显的:第一,虚拟财产只能存在于网络空间,而不可能存在于现实空间;第二,虚拟财产的价值禀赋主体具有局限性,仅限于部分社会群体。财产的本质属性,在于其具有效用性,即具有使用价值和交换价值,而这又取决于人们采用相同的禀赋标准。然而,虚拟财产并不具有社会公认的禀赋标准,所以将其归属于传统财产是有障碍的。正基于此,将虚拟财产解释为刑法中的财产,就有类推解释的嫌疑。或许是考虑到这一点,对于侵犯虚拟财产的行为,绝大多数国家和地区都是通过修改刑法,扩大计算机犯罪的保护对象的范围或者增设独立的罪名来解决这一难题。

四、重刑思维:网络犯罪刑法应对应警惕的倾向

网络技术在促进社会进步的同时,也创设了大量的犯罪机会。与传统犯罪相比,人们对网络犯罪往往更加恐惧,因而极易主张对其严惩,体现出一种重刑化倾向。这是应当警惕的。对于网络失范行为,应当始终坚持危害原则,予以适度的立法犯罪化和司法犯罪化;在必要时,对现有的传统罪名还可以除罪化。

(一)网络犯罪并不当然具有较传统犯罪更严重的社会危害性

"什么是衡量犯罪的真正标尺? 即犯罪对社会的危害。"[①]正是行为中内含的这种社会危害的特质,立法者才将这种行为贴上犯罪的标签施以刑罚。有社会危害,才有犯罪;无社会危害则无犯罪;社会危害重,刑罚也重;社会危害轻,则刑罚亦轻。这是刑事立法的基本原理,毫无疑问,对于网络失范行为的犯罪化,亦应不折不扣地严格遵循。问题是,如何判断网络空间行为的社会危害性? 对于网络空间行为的危害性的判断是否应当采用和现实空间行为相同的判断标准和方法? 同样一种行为,当它发生在现实空间或网络空间时,其性质是否会发生变化,比如由无社会危害性的行为蜕变为有社会危害性的行为,或者由社会危害性较小的行为异化为社会危害性较大的行为?

第一,应当明确的是,网络空间只是为人类社会行为提供了新的活动场域,而不可能改变行为的性质。互联网技术的发展,使人类的社会活动拓宽至网络空间而不再局限于现实空间。然而,技术只能改变人类社会行为的存在样态,而

---

① 贝卡里亚. 论犯罪与刑罚[M]. 黄风,译,北京:中国大百科全书出版社,1993:67.

不能改变其法律性质。因此,在现实空间中没有社会危害性的行为,延伸至网络空间后,也不具有社会危害性;反之,现实生活中具有社会危害性的行为,在网络空间实施时,也不会丧失其社会危害性。有观点认为,网络空间的虚拟性决定其与现实空间具有根本性的差异,因此,现实空间中具有社会危害性的行为,如果置于网络环境之下,则将不具有社会危害性或只具有较轻微的社会危害性。这其实是对网络空间的属性的误读。应当明确,网络空间只是现实空间的补充,并不会改变行为的性质属性。

第二,相同的危害行为,当其置于网络空间时并不必然比现实空间具有更严重的社会危害性。不少学者认为,现实生活中的一种危害行为,如果在网络环境下实施时将会带来更重的社会危害性。有的学者虽然不完全赞同网络犯罪都是传统犯罪的升级版,都具有更严重的社会危害性,但仍认为部分网络犯罪比传统犯罪具有更严重的社会危害性。这些观点敏锐地捕捉到了网络犯罪的某些特性,但对其社会危害性的认识存在一定的偏颇。众所周知,评价行为的社会危害性的最重要标准是行为所造成的实然的危害结果,犯罪时间、犯罪地点、犯罪对象、犯罪工具、犯罪方法等通常都不是衡量行为的社会危害性的指标。网络空间本质上是现实空间的拓展和补充,当行为人将犯罪行为由线下延伸至线上时,实际上是使犯罪场所由单一的现实空间发展为由现实空间和网络空间并存的双层空间。显然,这只是一种犯罪行为实施场域的位移和转换,并未增加或减少行为可能造成的危害结果,因而原则上对行为的社会危害性不发生影响。至于信息散布型犯罪,在线上实施的社会危害性也并不必然大于在线下实施的社会危害性。正如论者所言,这类犯罪的社会危害性直接取决于受众人数和中止行为的难度两个因素,而这两个因素与行为在现实空间和网络空间实施并不具有必然的对应关系。信息散布型犯罪的社会危害性程度的决定性指标,是信息的实际受众人数,而非信息散布的场域。

第三,当网络空间被当作犯罪工具使用时,则可能会影响到行为的社会危害性的评价。根据密尔的危害原则,行为的社会危害性的决定因素是唯一的,即行为已经造成的、实然的损害结果。这是一个纯粹的客观理性评价。然而,各国的立法实践一再突破这一原则,即犯罪对象、犯罪时间、犯罪场所、犯罪工具和犯罪手段等因素也会影响到行为的社会危害性的主观感性评价。这些指标之所以能够添加进来,是因为其能够影响危害结果发生的概率,具有潜在的社会危险性。换言之,社会危害性的内涵已经由损害结果扩大为损害结果和损害结果发生的危险。鉴于网络的便捷性、匿名性和无时空性等特点,当其被当作狭义的犯罪工具来使用时,通常能够提升犯罪既遂的实现概率,因而会被评价为具有更高的社会危险性和社会危害性。然而,这一点,主要是从宏观上讲的,就个案而言则仍需具体的考察。例如,网络电信诈骗,由于采用"一对多""多对多"、隐身和匿名等方式,涉案金额大,侦破难度大,因而被认为较现实生活中的普通诈骗具有更严重的社会危害性。但这只是就网络诈骗和普通诈骗整体发案情况所作的对比,就个案比较,前者未必一定比后者具有更严重的社会危害性。因此,只有当网络这种犯罪工具确实比非网络工具更可能造成实然的危害结果时,才可以评判这种行为在网络空间实施时具有更严重的社会危害性。换言之,这些因素可能会影响到法官在量刑时在法定刑幅度内选择相对较重的刑种和刑度,而不应影响立法机关在立法时将现实空间不构成犯罪的行为规定为新罪或者将其配置较现实空间更重的法定刑。①

第四,对于在网络空间中出现的新的行为类型,则应审慎地判断其行为的社会危害性。网络空间是现实空间的延伸,在网络空间中发生的行为一般在现实空间中也能找到其原型,因而对网络空间行为性质属性的判断基本可以采用对现实空间行为的标准和方法。但是,网络技术的发展,也可能带来一些新的行为类型,这些行为难以在现实空间中找到原型。例如,人肉搜索、深层链接、网络翻墙、侵入计算机信息系统和提供网页制作技术等,虽然实施的行为主体是现实生活中的人,但这些行为基本属于纯粹的网络空间行为或者主要的实行行为发生在网络空间(现实空间实施的只是一些辅助、帮助行为)。由于这些行为难以在传统的现实空间中找到原型,属于全新的行为类型,因而对其社会危害性的判断应当整体地、独立地分析。

(二)生产力标准是网络犯罪行为除罪化的根据

互联网不仅是一种技术,更是一种思想,蕴含着自由、开放、合作和共享的精神。物理空间的某些犯罪行为(主要是行政犯),在网络空间背景下,加入互联网元素之后,其法益侵害性越来越淡薄,其违法性设定越来越不合理,与整个社会的创新发展要求越来越不相适应,成为社会生产力发展的障碍。在这种情形下,及时将其从犯罪圈中清理出去,则是一个与时俱进的立法抉择。

在刑法的诸多罪名中,非法吸收公众存款罪的正当性是一个最受非议的问题。该罪的保护法益(金融秩序安全)与市场经济的制度保障(契约自由)之间存

---

① 不少国家和地区的立法将网络手段作为法定刑升格的重要依据。对此,笔者持否定态度。这种立法不是站在被害人法益受侵害的角度,而是站在被告人能否顺利实现犯罪目的的角度来评价行为的社会危害性的,殊不妥当。这种手段的特殊性,只应影响到法定刑的司法适用,而不应决定法定刑的立法配置。

在严重的冲突,以至实践中任何一起典型的非法集资案件①的定罪处罚无不引起激烈的社会争议。为限缩该罪的适用范围,减少负面的社会影响,一些学者提出了对该罪的客观构成要件进行严格解释的主张,认为应当从非法从事资本、货币经营的角度认定非法吸收公众存款罪。如果仅仅是吸收社会资金,而未进行资本、货币经营,即使未经银行批准,也不应该认定为非法吸收公众存款。只有当行为人非法吸收公众存款,用于货币、资本的经营时(如发放贷款),才能认定为扰乱金融秩序,才应以本罪论处。②

论者的本意无疑是善良的,然而结论却难以成立。首先,从解释论来看,这一结论违反了体系解释原则。非法吸收公众存款罪是行政犯,对其构成要件的解释应有行政法上的根据。根据《商业银行法》第二、三条的规定,吸收公众存款和发放贷款是两项完全不同的业务;而该法第八十一条第一款仅规定"非法吸收公众存款、变相吸收公众存款"(并未规定非法发放贷款)构成犯罪的,依法追究刑事责任。因此,在对《刑法》第一百七十六条进行解释时,不应当将"吸收公众存款"和"发放贷款"混为一谈,而应作严格的区分。其次,从实践论来看,这一观点明显与现实案件的处理原则相悖。从2003年的孙大午案到2013年的曾成杰案,司法实践中无数的"典型的非法集资案件"都是以犯罪论处的,尽管借款实际是用于生产经营,并未用于违法发放贷款。但是,互联网技术的发展,使民间融资的模式发生了变化,传统的线下融资变成了线上融资,P2P、众筹成为民间集资的最主要手段。耐人寻味的是,对非法集资案件的处理模式也悄然发生了变化,出现了一定程度的松动和非犯罪化。

具体地说,对于互联网融资,如果资金链断裂,司法积极介入,最终通常会以非法吸收公众存款罪和集资诈骗罪论处;如果资金链没有断裂,则恪守司法克制主义,一般不予干预。这种适度的出罪化,其内在原因是什么呢? 对此,有学者指出,这是党中央、国务院在金融战略决策层面上的部署,表明了国家鼓励创新、支持互联网金融健康发展的态度。网络借贷中的P2P借贷,以及股权众筹融资这两种金融业态极具特殊性,由于二者发生于线上或线下,因此,所受到的法律评价迥然不同。③ 这里的"鼓励创新"只是表象,真正的动因在于,真正意义上的

---

① 所谓"典型的非法集资案件",是指借款人没有欺诈的意图(意思表示真实)、借款利率在法律允许的范围内、借款用于正常的生产经营、借款人具有偿还能力(资金链没有断裂)的案件。

② 周泽.对孙大午"非法集资"案的刑法学思考——兼谈非法吸收公众存款罪的认定[J].中国律师,2003(11):78.

③ 刘宪权.网络犯罪的刑法应对新理念[J].政治与法律,2016(9):7.

P2P 和众筹是有利于社会生产力发展的,因而应当鼓励发展,而不是早早地将其扼杀在摇篮里。这是一个治理理念的巨大进步,要归功于互联网力量对金融利益集团部门利益的撬动。这种进步还应再克一城,争取在立法中取消非法吸收公众存款罪这一罪名,因为无论是线上还是线下的民间集资,本质上都是有利于生产力发展的,不应该因为行为发生的场域不同而性质不同、处理不同。

五、结论

网络犯罪所带来的法律应对难题,不仅存在于刑事立法领域,而且还涉及刑事司法、刑事执法、犯罪治理等领域。犯罪等非法活动的发生,在时空上必须与日常生活各项活动相配合。亦言之,日常生活活动形态影响了犯罪发生的机会,而导致"直接接触掠夺性犯罪"的发生。① 网络空间的开放性、匿名性、便捷性、全球性、跨越时空性等特点,为上述三个因素的聚合提供了相当丰富的土壤。现实空间大量的犯罪向网络空间转移,且网络空间自身又不断衍生出新的犯罪类型,从而使网络犯罪成为当代生活的又一景观。此外,网络犯罪的技术性、跨国性和隐身性等特点,又带来一系列司法难题,如证据搜集、嫌疑归案、司法证明以及被害预防等等。可以说,网络犯罪对刑事法律的挑战,最大的不在实体法层面,而在程序法、犯罪治理层面。总之,对网络犯罪治理应当秉承刑事一体化理念②,推行协同共治模式,串联警察部门、司法机关、互联网企业、网络运营商和网民等社会各个环节,拓宽治理主体和治理手段,形成公私结合、部门联合、线上线下互动和国内国际配合的多维治理格局,以遏制网络犯罪不断蔓延的态势,还互联网天空一块洁净的环境。

---

① FELSON C M, Social Change and Crime Rate Trends:A Routine Activity Approach [J]. American Sociological Review,1979(4):588-589.

② 刑事一体化是我国著名刑法学家储槐植先生提出的主张,其核心观点:刑法和刑法运行处于内外协调状态才能实现最佳社会效益。实现刑法最佳效益是刑事一体化的目的,刑事一体化的内涵是刑法和刑法运行内外协调,即刑法内部结构合理(横向协调)与刑法运行前后制约(纵向协调)。内部关系,主要是罪刑关系,以及刑法和刑诉法的关系;外部关系,包括前后关系(刑罚之前的犯罪状况和刑法之后的刑罚执行情况)和上下关系(刑法之上的社会意识形态、政治体制、法文化、精神文明等,刑法之下的经济体制、生产力水平、物质文明等)。参见储槐植.刑事一体化[M].北京:法律出版社,2004:187,503.

中立帮助行为探微

张　伟 *

一、问题的缘起

日常生活中一种外表无害的"中立"行为,在客观上却可能对他人犯罪的实行起到了举足轻重的促进作用。不论是将上述行为称为日常生活的行为,抑或是冠以中立的行为之名,这都只是一个定义的角度问题。从法规范的角度,如何区别中立的帮助行为与帮助犯,或者说哪些表面无害的中立行为可以"入罪",其具体成罪的条件如何?相反,大量的日常行为不能作为帮助犯认定,其理论根据何在?这才是我们关注的焦点。

二、理论及其检讨

关于中立帮助行为是否成立帮助犯的问题,德日的刑法理论大体而言可分为全面肯定说与限制说。① 但从学者们论证的内容及其目的来看,重点在于寻求通过某种方法限制帮助犯的处罚范围。当然,德日刑法中也有学者认为,中立行为的实施者主观上对正犯者的犯罪意图有认识的情况下,仍然为其提供帮助,而该日常生活行为客观上促进了犯罪的实行的,可成立帮助犯。这种全面肯定中立行为成立帮助犯的见解在德日都是少数说,现今德日的判例和通说都立足于限制说,力图通过某种方法限制帮助犯的成立范围。② 限制说是目前德日刑法理论的通说立场,但是具体如何"限制",方法各异,也造就了盛大的学术争鸣

---

　　* 张伟,华东师范大学法学院副教授,刑法学博士、博士后,研究方向为中国刑法学、比较刑法学。

　　① 陈家林.外国刑法通论[M].北京:中国人民公安大学出版社,2009:610.
　　② 陈家林.外国刑法通论[M].北京:中国人民公安大学出版社,2009:610.

的场面。

从整体来看,可以将限制说划分为主观说、客观说以及折中说三大阵营。主观说者注重从中立行为的实施者的主观要素角度,诸如故意、动机等寻求限定帮助犯成立的根据;客观说者则侧重从行为的客观方面解释中立行为与帮助犯中的帮助行为之间的差异。而持折中说者目前多以客观归属理论为立论根基,依此论证中立帮助行为具体构成片面帮助犯的条件。

(一)主观说

主观说认为,应当立足于行为者的主观方面划定何种中立行为可成为帮助犯。根据不同论者采取的限定方法、主观方面侧重的要素的不同,主观说内部复分为促进意思有无说与直接故意、间接故意区别说两种观点。前者认为,为了成立帮助犯,不仅需要认识正犯的行为,而且还必须具有促进他人犯罪行为的认识与意思。后者认为,如果在中立的帮助行为中,行为人没有明确故意就不能成立帮助犯。例如,德国学者罗克辛(Roxin)明确主张,对正当职业行为与帮助犯的界分应该立足于行为的主观方面,具体应当以行为人对正犯者犯罪意图的认识情况为标准,区分为两种不同情况来研究:在行为人明确认识到正犯者的犯罪意图的情况下,帮助者对正犯的犯罪抱有直接故意的态度,所以除非帮助行为缺少犯罪的意义关联,否则都应以帮助犯论处。而在行为人仅仅是顾及正犯者可能会实施犯罪的场合,因为实际上间接故意的帮助在通常情况下会因为信赖原则的出现而被否定,故基本上不存在帮助犯成立的空间。①

笔者以为,主观说中不论是促进意思有无标准说还是区别说,都明确将间接故意的中立帮助行为排除在成立帮助犯的范围之外,这在结论上是可取的,但是支持主观说的论者并没有就此问题给出令人信服的理由,无疑是令人感到遗憾的。也正因为如此,不少学者对此予以批判,例如有学者认为主观说与德国现行法规定不符。② 该说重点突出中立的帮助者中具有积极促进正犯犯罪这一主观要素的见解无疑是值得重视的。但是,不容忽视的是,此说只重视行为的主观方面,不从行为的客观方面分析中立的帮助行为与符合修正的构成要件的帮助行为在成立帮助犯所要求的行为"外观上"的定型性的角度去判定非罪的中立帮助行为与帮助犯中的帮助行为之间的差异,这无疑是其致命的缺陷。

(二)客观说

在客观说内部,由于论者的角度不同,形成了社会相当性说、职业的相当性

---

① 陈璇.刑法中社会相当性理论研究[D].武汉:武汉大学,2009:183-185.
② 转引自陈家林.外国刑法通论[M].北京:中国人民公安大学出版社,2009:611.

说、利益衡量说以及共犯的构造论。社会相当性说主张,有时虽然行为对正犯产生了帮助作用,但他并没有违反社会共同生活的规则。对此,我们应当以社会相当性理论为出发点,认为即使某一行为导致了法益侵害结果的发生,但只要他完全处于正常的、历史形成的社会生活范围之内,就不具有构成要件符合性——他们是被社会所接受的相互作用行为。① 职业的相当性说是德国学者哈塞默(Hassemer)在社会相当性说的基础上提出来的,他结合中立帮助行为所涉及的各个职业领域,对社会相当性的判断标准进行了具体化和精确化的加工。② 利益衡量说认为,应基于立法论的考量从利益衡量的角度对帮助犯的客观要件进行限制解释,从而对中立帮助行为的可罚性加以限制。主张共犯构造论者认为,与正犯行为之间的距离是决定日常的行为是否构成帮助犯的重要标准。这种与正犯行为之间的距离是指从客观角度看该行为是在正犯实行之前还是之后实施的。

在笔者看来,上述客观说从行为的构成要件符合性角度论证中立的帮助行为非(犯)罪化的根据,这是值得肯定的。但是社会相当性说面临的最大的困境就在于其判断标准的模糊性。正如张明楷教授指出的,社会相当性是依照社会的实态与感觉进行判断,但这仍然只是显示了结论,没有明确具有社会相当性的判断标准。③ 为了克服社会相当性说判断标准上的模糊性,职业的相当性说应运而生。应该说,从客观行为的角度论中立帮助行为的非犯罪性,职业的相当性说是非常精细的,也是值得肯定的。但是,刑法中的行为永远都归属于行为者,剥离行为人的主观方面探究中立帮助行为成立犯罪或排除犯罪的条件明显是欠妥当的。利益衡量说虽立足于结果无价值的立场,认为应当对冲突的利益进行衡量,但由其理论的抽象性导致其缺乏具体的判断标准,因而不为大家所认同。

(三)折中说

从目前笔者占有的资料来看,持折中说的论者大多都是立足于客观归属理论来限定中立帮助行为可罚的范围的,故所谓的折中说实际上也就是客观归属说的代名词。客观归属论者主张从客观归属的角度论述由中立行为所进行的帮助行为的可罚性。其内部观点又各异,如假定的代替原因考虑说主张,应从共犯行为是否升高了正犯行为引起具体结果的危险性的角度加以判断。有学者则持以印象说为基础的主观说,认为犯罪的本质在于义务违反性、规则违反性即如果

---

① 陈璇.刑法中社会相当性理论研究[D].武汉:武汉大学,2009:193.
② 陈璇.刑法中社会相当性理论研究[D].武汉:武汉大学,2009:193.
③ 张明楷.法益初论[M].北京:中国政法大学出版社,2003:213.

引起了一般人认为对社会生活共同体存在一定的危险性的印象,也就产生了可客观归属的不被允许的危险。对基于确定的故意所实施的行为具有从犯性,基于不确定的故意所实施的行为则否定从犯性。而由日本学者山中敬一教授主张的事例类型说尤为引人注目。他根据正犯者与帮助者之间意思联络的有无,将帮助区分为有意思联络的帮助和片面的帮助。片面的帮助又分为真正片面的帮助和不真正片面的帮助。中立帮助就属于不真正片面的帮助,即属于正犯者知道帮助者客观的帮助行为,但不知道其主观的帮助故意的情况。再依照帮助者对正犯实施犯罪行为的认识程度为根据,分不同情况进行类型化的考虑。①

笔者以为,假定的因果关系从帮助行为客观上是否提升正犯行为对法益的危险角度论证中立的帮助行为的可罚性,这是实质的违法性论的立场,将中立帮助行为可罚与否的讨论构建在帮助犯违法性的根据基础之上是值得肯定的。但是脱离行为人主观认识与意志的假定的因果关系说实质上倒向了客观说,与后者一样犯了片面化的错误。与此同时,刑法中的因果关系都是客观的、具体的、有条件的②,这种条件关系的假定是不合理的。以印象说为基础的主观说也遭到了批判,有学者认为此说以行为无价为基础,不合理;是否知道犯罪计划并非划分确定故意与不确定故意的标准等。③ 在笔者看来,此说最大的关键在于其理论的基础存在疑问:将犯罪的本质求助于因义务的违反而导致的一般人认为对社会生活共同体存在一定的危险性的印象,难道刑法就是为了保护一般人的安全感吗?一般人没有意识到的危险是否就不作为犯罪处理了呢?理论根基的谬误决定了建筑其上的理论是经不起推敲的。最后,笔者以为,即使脱离了客观归属理论,上述共识也是可以达的,因为客观归责理论将因果关系与归责问题相区别,因果关系以条件说为前提,在与结果有条件关系的行为中,只有当行为制造了不被允许的危险,而且该危险是在符合构成要件的结果中实现时,才能将该结果归属于行为人。④ 在中立的帮助行为问题上,如果说完全适用客观归责理论,那么真正成为问题的应当是中立的帮助行为是否制造了法律所不允许的危险。换言之,当中立帮助行为制造了法律所不允许的危险的情况下,才有可能成立帮助犯;反之,则不然。而这个问题完全可以通过对帮助行为进行实质性解释与判断得到妥当的解决。所以,在解决中立帮助行为是否构成帮助犯及其范

① 张明楷.法益初论[M].北京:中国政法大学出版社,2003:618-620.
② 高铭暄.刑法学[M].北京:北京大学出版社,高等教育出版社,2000:84-85.
③ 山中敬一.由中立的行为所进行的帮助的可罚性[C].关西大学法学论集,2006,56(1):101.
④ 张明楷.外国刑法纲要[M].北京:清华大学出版社,2007:126.

围问题上,客观归责理论也并非必然的选择。

三、本文的观点

根据我国刑法通说,一切犯罪都是危害行为的客观要件与主观要件的统一体。这也决定了衡量犯罪成立与否的犯罪构成是一系列客观要件与主观要件的有机统一体。① 笔者赞成通说关于犯罪构成的一般理论,认为该理论同样适用于帮助犯。因此,在中立帮助行为是否构成帮助犯的问题上,我们认为应当坚持以犯罪构成理论为指导,以帮助犯的处罚根据为基础,分析行为的主客观方面以及行为的危害性即法益侵害性,进而厘定中立帮助行为成立帮助犯的范围。

(一)帮助行为的实质化

面临的首要问题就是如何从大量中立的帮助行为中筛选在刑法规范层面有意义的行为。对此,典型的帮助犯中的"为正犯者提供便利条件"的行为虽也为这种筛选提供了法律上的依据与参照,但是这在筛选中立的帮助行为成立帮助犯问题上总归有点"力不从心"。由此可见,从帮助犯的处罚根据角度考虑帮助行为的本质应当是切实可行的,这种立足于形式概念进而作实质考证的方式更符合实质的犯罪论的要求。有关帮助犯的因果关系的问题,德日刑法学界曾经有过激烈争论,大致形成了因果关系不要说、实行行为促进说、正犯结果引起说以及促进的因果关系说等观点。② 在此问题上,笔者主张,应当以实行行为促进说为基础,以正犯结果引起说为补充。因此,在对帮助犯的实质进行考证时,脱离正犯者的实行行为又是妥当的,而之所以处罚帮助犯,不仅因为共犯行为自身的规范违反性及对法益的抽象危险性,更是因为帮助行为促进了正犯的实行行为甚至由此导致法益现实的侵害。所以,帮助的实质在于通过帮助者的参与,使得法益遭到侵害的危险明显增大。在此意义上,将帮助犯的本质理解为危险犯是有其道理的。如德国刑法学者萨拉姆就主张,"可罚的帮助存在于帮助行为提高正犯行为成功机会这一点上……比较帮助者参与犯罪的前后状况,被禁止规范保护的法益,与没有帮助者参与的场合相比,能够明显地变得危殆化时,帮助者的行为对保护的法益就有危殆化"。③ 据此,笔者以为,从客观上讲,中立的帮助行为的参与极大地促进了正犯者的行为,使后者的实行过程明显方便的,可能成立帮助犯。

---

① 马克昌.犯罪通论[M].武汉:武汉大学出版社,2006:72.
② 山中敬一.刑法中的因果关系和归属[M].东京:成文堂,1984:170-180.
③ 山中敬一.刑法中的因果关系和归属[M].东京:成文堂,1984:211.

在判断中立行为是否为犯罪的帮助行为时,应当考虑由中立行为所提供的服务或商品的稀缺程度。换句话说,考虑该服务或商品在特定时空范围下替代率的高低。这种商品的替代率越高,则商品的提供行为成立犯罪的可能性就越低;反之亦然。也即商品或服务在特定时空中的替代率的高低与成立帮助犯的可能之间呈反相关关系。

考虑日常生活行为实施的特定时空范围有时是非常必要的。在特定条件下,表面上中立的日常行为可能会使法益的侵害加剧。例如贩卖菜刀等器具的商贩在看到距其不远的聚众斗殴后,仍然将菜刀等利器向斗殴中的任意一方出售,致使多人在此聚众斗殴过程中死亡。一方面,在上述场合,由于时空范围的限定,使得小贩所售的菜刀等利器成了"稀缺品",替代性急剧下降;另一方面,特定的时空条件,使得小贩的经营行为与聚众斗殴中的伤害行为紧密相关,甚至成为一体化的考虑对象。正是特定的时空条件以及在此场合中正在发生的事件,使得日常的经营行为急剧丧失"中立性"。

(二)帮助者应仅限于明确的认识

持主观说的论者以及部分的折中说者都强调从行为人的主观方面区分中立的帮助行为与可罚的帮助,这是值得肯定的。但是具体应当从主观方面的何种因素为考察的对象或重点上,不同学说的主张相去甚远。促进意思有无标准说认为要在认识正犯行为的基础上,还必须存在具有促进他人犯罪行为的认识与意思,实际上是主张直接故意的中立行为才能成立帮助犯。而未必的故意否定说仅从行为人的认识程度上厘定可罚的帮助行为,完全忽视了行为人的意志因素,这也是有欠妥当的。笔者以为,从主观方面考虑中立帮助行为与帮助犯的成立关系,从认识要素角度讲只能限定为明确的认识,即中立的帮助者清楚地知道他人即将或正在实施犯罪行为,其行为将客观上有利于正犯者实行行为的完成或犯罪计划的实现。从意志要素上看,以往排除间接故意成立帮助犯的观点的确是不合适的,这也是其学说遭到诸多批判的要因之一。我们认为,中立的帮助行为中行为人不仅存在对他人实行行为积极的追求态度这种直接故意,完全也有可能出现行为人对他人实施犯罪持漠不关心的放任态度这种情况。有关明知结果必然发生是否存在放任的可能这一问题,我国学界曾存在争论:有人认为在明知必然性的情况下只能是希望,不存在放任的心理态度。[①] 有人主张只要行为人是放任结果发生,不论行为人认识到结果的必然或可能,都是间接故意。这也是我国学界通说的观点,笔者持赞成态度。

---

① 陈兴良.刑法哲学[M].北京:中国政法大学出版社,1992:167.

根据中立行为中帮助者的对正犯行为的认识程度、帮助者对正犯行为及其结果所持态度可以概括出以下类型:(1)帮助者清楚地知道犯罪者的整个计划或者确定地知道行为人即将实施犯罪而提供帮助,且帮助者对正犯者的犯罪行为及其结果持积极追求的态度;(2)帮助者清楚地知道犯罪者的整个计划或者确定地知道行为人即将实施犯罪而提供帮助,但帮助者对正犯行为及其结果漠不关心;(3)帮助者只是根据正犯的人身特征、特定的时空条件推测正犯者行将实施犯罪或系某犯罪的实施者,且对其行为客观上可能会帮助正犯持积极的追求态度;(4)帮助者只是根据正犯的人身特征、特定的时空条件推测正犯者行将实施犯罪或系某犯罪的实施者,但帮助者对其行为可能会助益犯罪者持消极放任、漠不关心的态度。根据笔者的前述分析,上述(1)、(2)两种情形下可成立帮助犯。这是因为,在清楚地知道他人的犯罪计划后,知道自己的帮助行为会有力地促进犯罪的完成,且对犯罪的发生持积极的追求态度者,无疑构成典型的帮助犯;之所以持放任态度即漠不关心者也成立帮助犯是因为此种帮助一方面使法益的侵害危险化,另一方面行为人在清楚明白地了解到正犯者的犯罪计划及自己行为有助于正犯的完成后,仍然提供帮助,这已经违背了日常生活的目的:不论是日常生活行为抑或业务行为,其目的最起码都是正当的,即有益于社会共同体的,最起码是无碍于共同体成员生活安宁的,而认识到行为的有害性仍然施助已经背离了共同生活的目的。法律虽不能要求每个人都承担打击、预防犯罪的任务,但完全可以禁止每一个共同体成员实施有害共同体秩序与存在的行为,包括主观上追求个人生活目的但客观上有害社会的行为。(3)、(4)两种场合行为人则不成立帮助犯,理由在于:首先,综合考量各种细节情况,推测行为人是否行将实施犯罪或者系罪犯,这是公安、检察机关的任务,而非普通公民的义务。其次,如上所述,每个人的受教育程度、性格、社会敏感度差异较大,决定了其对相同的情况可能会得出相异的判断结果;甚至会出现,越敏感、喜欢思考的人成立帮助犯的可能性越大,而马虎大意、反应迟钝的人则不易成立犯罪这种荒谬结论。最后,在帮助行为实施时,行为导致的后果不能完全确定的情况下,根据行为人实施帮助时的主观态度认定成立帮助犯,这是心情刑法的表现。即使根据事后的证据证明行为人的帮助行为客观上的确有助于正犯行为的实施,但这是事后判断,与主客观相一致所要求的行为主义不符,明显违背了责任主义的要求。

四、情景预设及其定性

(一)提供饮食、住宿的情形

根据行为人所实施中立的帮助行为与正犯者犯罪行为之间的时间关联性以

及帮助者对正犯事实的认识情况,提供饮食或者住宿的场合一般分为如下两种情形:第一,帮助行为先于正犯的犯罪行为或者伴随着正犯行为的实施而发生;第二,当正犯者的犯罪行为结束后,帮助者对正犯者提供食宿。在第一种场合中,根据笔者的分析,由于提供食宿的日常行为对正犯的实行行为来说并不能起到实质的促进效果,或者说这种中立的帮助在与法益侵害的现实结果或者侵害的现实危险相关联的角度看,不能说前者对后者的发生具有重大的促进功效或者说由于并不存在正是因为提供食宿的行为极大地改变了正犯者的实行行为的进度或者使得正犯者的犯罪有了实质性的改变与影响,因此,缺乏帮助犯所要求的实质侵害性。在第二种场合,由于正犯者的行为也已结束,无须考虑中立的帮助行为是否与正犯者的犯罪结果之间存在因果关系,即不存在成立正犯者的共犯的空间;由于对犯罪的侦查、起诉历来是国家机关责无旁贷的使命,这一国家作用必须得到无障碍的贯彻实现,与此同时,国家也不希望任何人对业已犯罪者进行任何形式的援助,因为这都是不利于国家刑事司法作用的侵害。虽然在沿革上,往往把藏匿犯人者作为共犯来对待,英美刑法中至今仍认为这是共犯的一种,但是在最近的立法上,一般将之与共犯相区别,规定为独立罪。[①] 所以,在正犯者的犯罪行为业已结束后,在得知其犯罪事实后仍提供饮食住宿等帮助行为,由于是对新的法益进行了侵害,且法律对此类行为单独进行了立法上的评价,故可以成立隐匿犯人的犯罪。

(二)出租车运输的情形

在出租车司机获知他人行将实施犯罪而将其运输至犯罪地,方便他人犯罪的场合,依据出租车司机获知"乘客"犯罪计划的时间的不同,笔者将此情形具体分为下述两种场合:第一,司机在他人进入其出租车之前就已经获知他人的犯罪计划;第二,司机在乘客进入其出租车之后才获知乘客的犯罪计划或者得知乘客欲前往目的地实施犯罪。我们以为成立帮助犯的场合仅限于第一种,第二种场合中出租车司机之所以不应当成立帮助犯,盖因此种情形下,某人构成犯罪多系某种偶然的契机,也即由于出租车服务的替代性一般非常高,不能因为某个出租车司机运气不好,运载了一位杀人犯而成立杀人罪的帮助犯,此其一。其二,如果认定第二种情形中的出租车司机成立帮助犯,无疑是为该出租车司机额外科加了一份防止犯罪的义务,这是没有法律根据的。其三,在这种情况下,出租车司机是否还有选择"拒载"的自由值得思考,也即很多情况下出租车司机可能缺之选择"拒载"的期待可能性。

---

① 大塚仁.刑法概说(各论)[M].冯军,译.北京:中国人民大学出版社,2003:557.

(三)网络服务商的运营行为

网络服务者是指提供互联网接入服务等网络服务的单位,根据服务内容的不同,一般将网络服务者分为三类:第一类是网络内容提供者,是指自己组织信息通过互联网向公众传播的主体;第二类是接入服务提供者,是指为信息传播提供光缆、路由器、交换机等基础设施,或为上网提供接入服务,或为用户提供电子邮件账号的主体;第三类是网络平台提供者,是指为用户提供服务器空间,或为用户提供空间,供用户阅读他人上载的信息和自己发送的信息,甚至进行实时信息交流的主体。① 与帮助犯有关的问题是第二、第三类网络服务商是否能成为网络内容提供者实施犯罪如传播淫秽物品罪的从犯。笔者以为,网络接入服务提供者的服务对通过网络空间实施犯罪如传播淫秽物品的正犯者来说是必不可少的环节,也即前者的帮助行为是后者成立正犯必不可少的前提条件。当网络接入服务商确切知道他人行将实施犯罪而请求网络接入服务时仍对其予以援助,应当成立帮助犯。至于网络平台提供者能否成为诸如传播淫秽物品罪的帮助犯,笔者以为,问题在于网络平台提供者知道网络内容提供者传播的系淫秽物品后,是否有义务将其及时删除或清理,也即是否可能成立不作为的片面帮助犯。对此,笔者持肯定意见,即网络平台提供者在得知其运营的网络空间具有不健康的淫秽色情内容后,因肩负确保其网络服务空间的信息内容健康的职责,应当有义务将淫秽的信息及时清理。在这种情况下,如果网络平台提供者应为、能为而不为时,可成立帮助犯。笔者的上述结论也可以从"两高"于2004年9月通过的《关于办理利用互联网、移动通讯终端、声讯台制作、复制、出版、贩卖、传播淫秽电子信息刑事案件具体应用法律若干问题的解释》中得到辅证,该解释的第七条中明确规定:明知他人实施制作、复制、出版、贩卖、传播淫秽电子信息犯罪,为其提供互联网接入、服务器托管、网络存储空间、通讯传输通道、费用结算等帮助的,以共同犯罪论处。

① 皮勇.网络服务提供者的刑事责任问题[N].光明日报,2005-06-28.

先行行为保证人类型之否定

徐万龙*

先行行为之保证人类型的确立由来已久,但却未像同时代的"法律"与"契约"被刑法理论实质化的潮流所淘汰,而是在理论史上扮演着"顽强的角色"。① 先行行为不仅站稳了脚跟,而且适用范围不断扩大,与其他保证人类型之间的界限愈来愈模糊②,大有将监督型保证人地位取而代之的趋势。③ 然而,理论的重要性不断提高,争议也从未停止,"不仅是其存在而且还有其根据以及内容,在细节上都饱受争议而毫无得到解决的希望"④。其中,最大的纷争当属"这个先在行为必须具备什么质量,才能发挥保证义务根据作用?"⑤对此问题的不同解答,形成了两种先行行为理论。

---

* 作者系浙江大学光华法学院讲师,法学博士。

① 许逎曼.德国不作为犯法理的现况[G]//陈志辉,译.许玉秀,陈志辉.不移不惑献身法与正义——许逎曼教授刑事法论文选辑.台北:新学林出版股份有限公司,2006:641.

② 许玉秀.主观与客观之间——主观理论与客观归责[M].北京:法律出版社,2008:297.

③ 典型的如雅科布斯(Jakobs)教授将造桥铺路、买房子或公共设施、垄断市场、抱走流浪狗等行为都纳入先行行为之中(参见许玉秀.主观与客观之间——主观理论与客观归责[M].北京:法律出版社,2008:298)。罗克辛(Roxin)教授也认为先行行为的法理基础可适用于监督型保证人地位。参见罗克辛.德国刑法学总论(第2卷)[M].王世洲,主译.北京:法律出版社,2013:572。黄荣坚教授甚至将先行行为(危险前行为)当作唯一的保证人类型,认为父母生育小孩都是一种先行行为。参见黄荣坚.刑罚的极限[M].台北:元照出版有限公司,1998:48.

④ 罗克辛.德国刑法学总论(第2卷)[M].王世洲,主译.北京:法律出版社,2013:570.

⑤ 罗克辛.德国刑法学总论(第2卷)[M].王世洲,主译.北京:法律出版社,2013:573.

一、两种不同的先行行为理论

(一)因果的先行行为理论

因果的先行行为理论主张只要前行为与结果之间具有因果关系,行为人即负控制危险的保证人义务。此种理论深受自然主义思想的影响,"把因果关系看成是不作为的核心问题,就把出自先行行为的保证人地位适用于更广阔的范围之中,因为在这里,至少通过先行行为就能够立即与结果建立起一种因果联系来"①。但是,只要是社会中的人,他的行为就一定不仅仅涉及他自身,他的行为一定会对他人产生影响。② 所以,如果仅靠条件理论来确定保证人地位的有无,所认定的范围难免失之过宽。例如,母亲的儿子是杀人犯,在条件理论中,母亲也是被害人死亡的原因;如果将她认定为保证人,则无异于使原本已在因果关系理论中出局的"凶手的母亲",在先行行为理论中"借尸还魂"。③ 所以,纯粹的因果的先行行为理论已鲜有人主张。

这一理论最大的特征是"完全合法的行为"也可能是先行行为,例如正当防卫、紧急避险、意外事件以及制造容许风险的行为。一些学者担忧,若完全排除合法行为产生保证人地位的可能,法益保护就会存在漏洞。所以,他们并未完全放弃从因果关系的角度来刻画先行行为理论,但是在适用范围上对其作出了限制。

张明楷教授的观点接近于纯粹的因果的先行行为理论。其认为,"使刑法保护的具体法益面临紧迫的危险,是先前行为成为作为义务来源的实质根据"④。因此,只要前行为对法益造成了紧迫、现实的危险,就是刑法中的先行行为。若行为没有制造、增加危险或者制造、增加的是不紧迫或者微不足道的危险,行为人便无须控制危险。⑤ 对于危险的判断,张明楷教授所秉持的一贯是以客观因果法则为标准的"自然科学的立场"⑥,所以只要前行为客观地制造了针对法益的紧迫危险,不论行为的性质,不论危险能否被预见,亦不论危险是否为规范所容许,均为先行行为。意外事件、正当防卫、紧急避险以及制造法所容许风险的行为都被纳入其中,范围不可谓不广。

---

① 罗克辛.德国刑法学总论(第2卷)[M].王世洲,主译.北京:法律出版社,2013:535.
② 柯庆华,刘荣.论共同自由[M].上海:上海三联书店,2014:53.
③ 参见许玉秀.当代刑法思潮[M].北京:中国民主法制出版社,2005:741,脚注61.
④ 参见张明楷.不作为犯中的先前行为[J].法学研究,2011(6):145.
⑤ 参见张明楷.不作为犯中的先前行为[J].法学研究,2011(6):145-146.
⑥ 参见张明楷.刑法学[M].北京:法律出版社,2007:29.

(二)规范的先行行为理论

规范的先行行为理论主张,前行为必须具备某些"规范属性",才能成为适格的先行行为。"违背义务的危险前行为理论"认为,只有先行举止违反了义务,才需要为危险承担责任。[①]"义务违反"是对前行为的规范要求,合法行为即使制造了风险,也不是先行行为。所以,除了紧急避险这一"例外",意外事件、正当防卫以及制造法所容许风险的行为都被排除在先行行为的范围之外。虽然义务违反的判断标准略显模糊且缺乏操作可能性,但"违背义务的危险前行为理论"仍然获得了众多学者的支持。究其原因,是该理论将合法行为排除在外的做法具有相当的合理性,因为"法律不应要求行为人为一个本身(在行为当时来看)没有任何问题的行为承担责任,包括作为与不作为的责任"[②]。

罗克辛教授批评上述观点将适用范围收得太紧,主张在先行行为中适用客观归责理论:"当前行为可归责于行为人时,一个源于前行为的保证人地位总是——但也仅在此时是——可接受的。"[③]规范的归责取代事实的因果成为先行行为的成立标准:只有当前行为制造了法所不容许的风险,且所创设的风险在注意规范保护目的的范围之内,风险亦不由被害人自我答责时,才是适格的先行行为。[④] 根据这种客观归责说,意外事件、制造法所容许风险的行为都不是先行行为。令人生疑的是,罗克辛教授把正当防卫行为也排除在先行行为的范围之外。可是,正当防卫行为也是制造法所不容许风险的、客观可归责的构成要件行为,为何不是先行行为呢? 罗克辛教授的理由是,正当防卫所造成的风险是由被害人间接引起的,应由其自我答责。[⑤] 可是,将正当防卫当作自我答责的事项,相当于否定了其"构成要件行为"的性质,如此岂不是将正当防卫定位为构成要件阶层的而非违法阶层的排除事由了吗? 这将使罗克辛教授退回到他早已放弃的消极构成要件理论。[⑥]

---

① 金德霍伊泽尔.刑法总论教科书[M].蔡桂生,译.北京:北京大学出版社 2015:379.

② 王莹.先行行为作为义务之理论谱系归整及其界定[J].中外法学,2013(2):335.

③ 罗克辛.德国刑法学总论(第2卷)[M].王世洲,主译.北京:法律出版社,2013:574.

④ 罗克辛.德国刑法学总论(第2卷)[M].王世洲,主译.北京:法律出版社,2013:573-583.

⑤ 罗克辛.德国刑法学总论(第2卷)[M].王世洲,主译.北京:法律出版社,2013:581.

⑥ 罗克辛教授认为容许的风险、被害人承诺是阻却构成要件事由,但依旧将正当防卫、紧急避险、推定的承诺保留在违法阶层。参见许玉秀.当代刑法思潮[M].北京:中国民主法制出版社,2005:95.

二、先行行为理论的法理基础

（一）实用主义的考量

先行行为理论的支持者主张，如果否认先行行为型的保证人地位，一方面会使整个犯行的不法及罪责难以得到全面的评价，从而造成可罚性的漏洞；另一方面也会导致不纯正不作为犯正当防卫问题的处理陷入困境。所以，"可罚性漏洞的填补"与"正当防卫时间轴线的延长"这两个可欲的结果是先行行为理论的重要依据。

1. 可罚性漏洞的填补

可罚性漏洞的第一个典型范例，是第三人事后参与的共同犯罪问题。例如，"行为人甲基于杀害之目的将被害人砍成重伤，在其看到乙倒卧于血泊中的痛苦表情后，突然心生悔意而打算电召救护车。此时与此犯行（作为杀人）无关的第三人丙却极力劝阻甲，促使其放弃救助的念头，最后乙因失血过多而死亡"①。由于共犯的成立须以故意的不法主行为之存在为前提，如果否认先行行为型的保证人地位，甲在事后就不存在故意的不作为，那么丙的"教唆行为"便无法处罚。

第二个典型范例，是后续的不作为比前行为具有更高程度的"主观不法"。该范例有两种情况。第一种情况是，前行为仅有过失的主观不法，后续的不作为具有故意的主观不法。例如，甲过失导致某物体燃烧，原本可以轻易扑灭避免火灾，但甲故意不扑灭而引起火灾。② 第二种情况是，前行为既无故意也无过失，不存在主观不法，但后续不作为存在故意或过失的主观不法。例如，在大雨天的高速公路上，流浪汉躺在路中间的茅草堆下躲雨，货车司机无法预料这一情况，开车经过将其压成重伤，事后在后视镜里看到了重伤的流浪汉，竟扬长而去。对于这两种情况，如果对行为人仅以在先的轻度主观不法论处，似有放纵犯罪之嫌。

2. 正当防卫时间轴线的延长

例如，"行为人在登上某班机后，于机上安装了一枚定时炸弹，想要和其他乘

① 蔡圣伟.刑法问题研究（一）[M].台北：元照出版有限公司,2008：223.类似的例子，参见张明楷.不作为犯中的先前行为[J].法学研究,2011(6):142.罗克辛.德国刑法学总论（第2卷）[M].王世洲,主译.北京：法律出版社,2013：583.

② 张明楷.不作为犯中的先前行为[J].法学研究,2011(6):142.

客同归于尽。飞机上的其他人于飞机起飞后知悉此事,但无法找到炸弹,于是使用暴力逼迫行为人取出炸弹并解除设定"①。在此种情况下,积极的侵害行为早已结束,但结果的发生仍能被阻止;而只有承认先行行为能产生作为义务,乘客才可以针对行为人后续的不作为实施正当防卫。所以,承认先行行为理论,可以延长正当防卫的时间轴线,有利于更全面地保护法益。

(二)行为规范效力的坚持②

"因为你伤害了他,所以你必须救他",这是前行为保证人类型最原始的法理依据,也是人类最原始的因果思想。③ 大多数学者也认为"制造风险的人控制风险"是"天经地义""不言自明""其理甚明"④的。然而,用"天经地义"等词语一笔带过,只是想当然耳,并未认真解释"为何制造风险的人必须控制风险"。

有的学者试图从"行为规范效力"的角度来解释上述论断。罗克辛教授指出,"法秩序既然普遍地要求所有的受规范者必须防止自己制造出威胁到他人法益的危险,那么就没有理由在我们制造出一个如此的危险之后,反而不必去防止这个危险进一步地发展成实害"⑤。更具体地说,既然行为规范在法益侵害发生之前发挥着保护法益的效力,"那么在行为规范没有被遵守的情形,法秩序就更应该继续坚持这一行为规范的效用",而坚持的方式是"透过防果义务的赋予以及适用裁判规范来宣示被抵触的行为规范一如以往地有效",如此方能恢复被行为人扰乱的法秩序所事前划定好的平等关系。⑥ 简言之,"事后救助法益"被当作确证行为规范效力与恢复法秩序的有效方式。

---

① 蔡圣伟.刑法问题研究(一)[M].台北:元照出版有限公司,2008:225.张明楷.不作为犯中的先前行为[J].法学研究,2011(6):148.在后文中,本文将其简称为"飞机案"。

② 该说仅适用于"规范的先行行为理论",而不能解释"因果的先行行为理论"。因为,因果先行行为理论中的一部分并未触犯行为规范。

③ 许玉秀.主观与客观之间——主观理论与客观归责[M].北京:法律出版社,2008:313.

④ 张明楷.不作为犯中的先前行为[J].法学研究,2011(6):142.罗克辛.德国刑法学总论(第2卷)[M].王世洲,主译.北京:法律出版社,2013:571.黄荣坚.《刑罚的极限》[M].台北:元照出版有限公司,1998:2.

⑤ 参见罗克辛.德国刑法学总论(第2卷)[M].王世洲,主译.北京:法律出版社,2013:572.

⑥ 参见蔡圣伟.刑法问题研究(一)[M].台北:元照出版有限公司,2008:234-235.

三、对上述法理基础的批判

(一)实用主义的考量实无必要

笔者认为,上文所总结的两个典型范例中的可罚性漏洞均不存在。在第一个范例中,丙无须借助甲的不作为就可单独成立故意杀人罪。众所周知,故意杀人罪是不定式犯罪,并不存在固定模式或方法。"'杀人行为'有各种可能的外观,那么全部杀人行为的共同特征,也就是'行为'。严格说起来,通说'杀人行为'中的'杀人'两个字是多余的。"①所以,通过"说话"劝阻他人救助法益从而阻止法益好转的"作为"②,也是"杀人"行为的一种,丙可直接构成故意杀人罪的单独正犯。其次,范例中的论证犯了"因果倒置"的逻辑错误。论者先断定丙的"教唆行为"应受到惩处,再倒推出甲的不救助具有可罚性。但是,"教唆行为"的可罚性是以正犯行为的可罚性为前提的。所以,只有先论证甲是否会因先行行为而负担作为义务,之后方能判定丙劝阻行为的可罚性。

在第二个典型范例的第一种情况即"过失的前行为+故意的不作为"中,整个犯罪进程自始至终只存在一个因果流程,那就是由先前过失行为所开启的因果流程。但是,先行行为理论仅凭不作为的故意,就改变了这一段单一的因果流程的特质,甚至将之切割成两段。③ 这一做法的正当性值得怀疑,因为,仅凭主观要素是无法改变因果流程的;若无任何客观因素介入,便人为地将一段因果流程切割成两段并分别予以评价,是一种过度评价。所谓的"不作为的故意",也只是单纯的"事后故意"而已,不能成为主观归责的依据。其实,欲完全评价"过失的前行为+故意的不作为",根本无须借助先行行为理论。当过失前行为与故意不作为侵害"同一法益"或具有"阶层关系的法益"时,仅就最终结果论以过失犯便足矣。"只要当某一结果是包含在过失犯罪的构成要件之内的,则该过失犯罪不能转化为同一行为的故意犯罪。"④例如,甲过失致乙重伤,竟放任不管,致使乙失血过多而死。在该例中,甲的行为只构成过失致人死亡罪,而非不作为的故

---

① 徐伟群.通往正犯之路:透视正共犯区分理论的思路[J].台大法学论丛,2011,40(1):354.

② 阻止法益好转趋势的行为应评价为"作为"而非"不作为"。参见张明楷.刑法学[M].北京:法律出版社,2011:149.徐万龙.实质不作为概念研究——以法益为核心的架构[J].汕头大学学报,2014(6):83.

③ 参见许玉秀.主观与客观之间——主观理论与客观归责[M].北京:法律出版社,2008:302-303.

④ 陈兴良.教义刑法学[M].北京:中国人民大学出版社,2010:253.

意杀人罪。当过失前行为与故意不作为侵害"不同种类"的法益时，只需就两个不同的结果分别认定为过失犯，再以想象竞合处理即可。例如，在生产过程中，甲违规运输易燃危险品，不幸起火，致使他人严重烧伤，之后，甲故意放任火势变大，使得厂房严重毁损。在该例中，对甲应以危险品肇事罪与失火罪的想象竞合论处。

第二个典型范例的第二种情况的关键问题是危险的判断方法。一般而言，危险的判断以"一般人认识＋行为人特别认识"的事实为基础。① 在此方法中，危险与危险的认识、认识可能性是糅合在一起的：如果某一客观危险不可能被认识到，那么就相当于没有危险。② 在第二种情况中，行为人对前行为既无故意又无过失，这意味着前行为以及其所产生的危险是一般人与行为人都无法预见到的意外事件。③ 既然不存在认识可能性，危险也就不存在了。而一个不具有危险性的行为，自然不是危险前行为或先行行为。笔者赞同这种危险判断方法。因为，刑法调整的是人的行为，如果行为人对危险不具有认识可能性，那就无法基于理性避免结果的发生。此时，结果的发生纯粹只是"偶然"而不是行为人的"作品"，刑法无须判定行为人做错了（不法），更无须非难行为人（罪责）。

解决不纯正不作为犯中的正当防卫问题，也无须借助先行行为理论。行为人安装了炸弹之后，积极的身体动作虽已结束，但危险状态仍然持续着。只要危险尚未被消除，法益还有被挽救的余地，不法侵害就仍然"正在进行"④，乘客本来就有权针对"'用炸弹袭击'这一作为"进行正当防卫。对此，张明楷教授持不同观点，认为本案中防卫的对象不是作为，而是不作为，所以必须借助先行行为理论。"一方面，针对作为行为的防卫只能是使其不再作为，而本案中的防卫并

---

① 参见陈兴良.判例刑法学（上卷）[M].北京：中国人民大学出版社，2009：370.周光权.刑法总论[M].北京：中国人民大学出版社，2007：272.赵秉志.犯罪未遂形态研究[M].北京：中国人民大学出版社，2008：147.

② 参见陈璇.论客观归责中危险的判断方法[J].中国法学，2011（3）：150.

③ 一般的观点认为既无故意又无过失的行为可能是不可抗力或意外事件。但不可抗力所导致的风险，是由不可抗拒的原因引起的，行为人受到外力的作用，完全丧失了自由意志，并不存在法律上（不仅是刑法上的）的行为。所以，不可抗力与行为是互斥的概念。有不可抗力，也就不可能有先行"行为"。参见陈兴良.教义刑法学[M].北京：中国人民大学出版社，2010：98.

④ 参见陈兴良.正当防卫论[M].北京：中国人民大学出版社，2006：102.黄荣坚.基础刑法学[M].北京：中国人民大学出版社，2009：150.施特拉腾韦特，库伦.刑法总论Ⅰ——犯罪论[M].杨萌，译.北京：法律出版社，2006：165.耶赛克，魏根特.德国刑法教科书论[M].徐久生，译.北京：中国法制出版社，2001：409.罗克辛.德国刑法学总论（第2卷）[M].王世洲，主译.北京：法律出版社，2013：409.

不是让行为人不再作为,而是让其实施某种'作为'(说出炸弹所在位置或者解除炸弹)","另一方面,对不作为犯的防卫限度明显不同于对作为犯的防卫限度。在上例中,不可能按先前安置炸弹的作为确定防卫限度"。① 就第一条理由而言,笔者认为,强迫行为人为一定"作为"并不必然意味着是在防卫"不作为"。正当防卫中消除危险的方式有两种:一种是被害人自己消除危险,另一种是被害人让行为人为一定"作为"去消除危险。但是,只要"危险"是由"作为"制造的,那么这两种方式都是针对"作为"的防卫。例如,行为人拿着炸药包向被害人冲来,当被害人用枪直接将行为人击成重伤时,这是针对"拿着炸药包冲来"这一"作为"的正当防卫;另外,被害人也可以用枪指着飞奔而来的行为人,并大声警告他,如果不往后退(作为),就会开枪击毙他,在这种情况下,被害人的防卫对象也是"拿着炸药包冲来"这一"作为",而非"不后退"这一"不作为"。同理,在飞机案中,乘客防卫的是"用炸弹袭击"这一作为,而非"不拆除"这一不作为。

退一步讲,即使承认飞机案中的防卫对象是"不作为",第二条理由中"对不作为犯的防卫限度"的说法也不正确。张明楷教授指出,"在作为犯中,防卫行为可能是致人死亡的方法;但在不作为犯中,不可能是使行为人死亡的防卫方法","在上例中,只要行为人说出了炸弹的位置,就不能再防卫了"。② 然而,依笔者之见,不作为犯与作为犯在防卫限度的问题上并无二致,都是"有效地制止正在进行的不法侵害所必需的限度",都须"根据案件的具体情境,考虑行为的相当性与结果的相当性"③。所以,假如某一"不作为"可能致数十人死亡,严重后果如斯,防卫人自然可以采取"任何方式"胁迫行为人履行作为义务,其中包括有致死风险的方式。就算死亡风险真的演变成死亡结果,也仍旧在防卫限度内。④

(二)刑罚是坚持行为规范效力的唯一方式

笔者认为,在行为规范被违反之后,继续坚持规范效力的方式应是适用制裁规范,而非创设、适用另一个行为规范(保证人义务)。蔡圣伟教授认为:"基于均衡正义的观点,为了促使行为人自行恢复被他扰乱的平等关系,法秩序绝对有正

① 张明楷.不作为犯中的先前行为[J].法学研究,2011(6):149.
② 张明楷.不作为犯中的先前行为[J].法学研究,2011(6):149.
③ 陈兴良.教义刑法学[M].北京:中国人民大学出版社,2010:361.
④ 例如,在飞机案中,乘客将行为人擒住,但行为人死活不说出炸弹的位置。其中一位乘客在左轮手枪中装入一颗子弹,想通过"俄罗斯轮盘赌"的方式胁迫行为人说出炸弹的位置。假设当死亡的概率上升到1/3时(也就是连开了三次空枪之后),行为人会因为心理崩溃而说出炸弹的位置。然而不幸的是,当乘客开第二枪时,子弹飞出,造成行为人的死亡。在这一案例中,即使承认乘客是在对不作为进行正当防卫,防卫也并未过限。

当的权限在刑法上赋予行为人作为(恢复)的义务。"①该观点明显混淆了行为规范与制裁规范的作用。行为规范的作用在于指引公民如何行为,只有制裁规范才能维持规范的有效性、恢复被扰乱的平等关系。而作为义务是行为规范,它无法发挥制裁规范的作用。假如作为义务真能如蔡教授所言"恢复被扰乱的平等关系",那么在行为人履行作为义务之后岂不是可相应地减免刑罚?② 然而事实并非如此。反倒是,假使行为人不履行义务,要"拟制成法益受到两次侵害,甚至是两个法益受到侵害"③。

被破坏的行为规范效力只能通过刑罚制裁予以修复。④ 依照积极的一般预防理论,犯罪和刑罚像是发话与回答,犯罪是对规范和对规范实际有效性的条件的否定性的态度决定,而刑罚则是精神上对犯罪行为作出了无价值的评价,目的在于确证规范的效力、重建被干扰的法秩序。⑤ "刑罚要表达的是社会现实没有因犯罪行为而改变,评价一种行为是合法或违法的法定规则仍然没有改变,继续有效。"⑥所以,当先行行为触犯行为规范时,只要将前行为认定为不法并对行为人科处相应的刑罚,这就已经充分地向国民宣示了行为规范的有效性,并恢复了被扰乱的平等关系。

四、结论

只制造了客观危险但并无规范层面危险的先行行为(意外事件与可容许风险),是规范上完全正当的行为,行为人无须为一个正当的行为及其后果负任何责任。当先行行为制造了规范层面的危险时,直接将整个因果流程中的风险与

---

① 蔡圣伟.刑法问题研究(一)[M].台北:元照出版有限公司,2008:235.

② 注意,履行作为义务虽然通常与前行为犯罪的中止行为重合,但是两者没有必然的逻辑联系。例如,当行为人为防果行为时,业已着手不作为犯的实行,则这个中止(防果)行为就只会阻却不作为既遂犯的成立,而不会完全阻却不作为犯的成立,此时构成前一犯罪的中止与不作为犯的中止。参见蔡圣伟.刑法问题研究(一)[M].台北:元照出版有限公司,2008:243.

③ 许玉秀.主观与客观之间——主观理论与客观归责[M].北京:法律出版社,2008:228.

④ 参见乌尔斯·金德霍伊泽尔,陈璇.法益保护与规范效力的保障——论刑法的目的[J].中外法学,2015(2):550.

⑤ 参见雅科布斯.行为责任刑法——机能性描述[M].冯军,译.北京:中国政法大学出版社,1997:42.

⑥ 帕夫利克.人格体主体公民:刑罚的合法性研究[M].谭淦,译.北京:中国人民大学出版社,2011:51.

风险结果归责于先前的行为即可;一旦实现了此种归责,行为人就完全负担了自由的成本,被前行为所破坏的行为规范之效力也由此得以坚持。所以,由先行行为产生的作为义务,是不应加诸行为人的负担。

另外,从刑事政策的角度看,通过确立先行行为保证人类型,来保护那些因先行行为处于危险之中但仍有挽救机会的法益,也全然没有必要。刑法已然设置了充分的规定来鼓励前行为人主动消除危险:在犯罪中止中,减免刑罚的规定完全能正面鼓励前行为人采取必要手段阻止风险结果的实现;在过失犯中,行为人主动防止结果产生,更是能直接阻却犯罪的成立。因此,也就没有必要再通过先行行为理论从反面威吓行为人,令其阻止结果实现了。

功能责任论中责任和预防的概念

——兼与冯军教授商榷

王　钰[*]

　　受苏联刑法的影响,在我国,刑事责任被长期视为"犯罪的法律后果"[①]。"罪—责—刑"的刑法结构,将刑事责任的概念和功能限制在联结犯罪与刑事责任的纽带这样的角色上。这个体系存在的根本问题是刑事责任无法实体化,其内容较为空洞。[②] 从以犯罪构成为根据的刑事责任向以主观可谴责性为内容的责任主义的转变,以冯军的《刑事责任论》(法律出版社 1996 年版)一书的出版为标志。[③] 冯军教授在责任领域的研究对我国刑法理论的拓展起了重要的推动作用,其发表于《中外法学》2012 年第 1 期的文章《刑法中的责任原则——兼与张明楷教授商榷》,进一步深化了责任理论的研究。该文在有限的篇幅内将宏大的责任论中的主要问题做了既全面又细致、既注重理论又结合实例的有个人鲜明特点的论述。但是该文在给笔者很多启发的同时,也激发了一些疑问。所以笔者撰写本文,补充介绍规范责任论和功能责任理论以及责任和预防的关系,并提出一些异议,以求教于冯军教授。

　　冯文主要分为三个部分,即"责任观念的演变""责任和预防的关系""责任原则的贯彻",但对"责任观念""责任""责任原则"这几个关键概念之间的联系和区别没有进行阐述。这些概念的德语表述在德国刑法教义学语境下有各自清晰而明确的含义,但翻译成中文后,因为缺少背景知识体系的支持和学术传承中的共

---

　　*　王钰,浙江大学光华法学院副教授。

　　①　冯军.论刑法中的"责任"概念[M]//冯军.比较刑法研究.北京:中国人民大学出版社,2007:16.

　　②　陈兴良.从刑事责任理论到责任主义——一个学术史的考察[J].清华法学,2009,3(2):16.

　　③　陈兴良.从刑事责任理论到责任主义——一个学术史的考察[J].清华法学,2009,3(2):21.

识，所以很容易导致对这些概念内涵的理解不到位。在研究责任这个命题之前，有必要对各个概念作出解释和区分。

如果说构成要件该当性规定了违法、有责类型，是一个定性判断的过程，那么责任就是一个有内在量的变化、横跨可罚性判断的犯罪论和研究量刑规则的刑罚论的教义学范畴。所以这样一个刑法技术性概念既是犯罪论中要讨论的问题，也是刑罚论必不可少的组成部分。在这个意义上责任就可分为定罪责任（Strafbegründungsschuld）和量刑责任（Strafzumessungsschuld）。① 在定罪责任概念下讨论的是责任能力、禁止错误和期待可能性等的问题。在量刑阶段涉及的责任问题主要体现在责任是不是量刑的唯一基础，从而产生了点的理论和幅的理论之争。

责任观念是责任原则的基础，不同的责任观念下，运用责任原则的结果会有不同。所以归根结底，责任观念决定了国家刑罚权的基础和界限，关系到刑罚处罚合法性的问题。②

一、规范责任论和实质责任论

今天在德国一个被广泛认可的责任观念是规范责任论（Normativer Schuldbegriff）。③ 规范责任论认为责任并不是行为人的主观本身，而是对行为人主观的评价，区分了"评价的对象"和"对象的评价"两个价值判断不同的阶层，因此奠定了今天德国刑法犯罪阶层体系的基础。规范责任论并不是一个已经被淘汰的理论，它的重要性会在本文中进一步提出。规范责任观念是针对心理责任观念的缺点而提出的，所以无可避免地要对它和心理责任论进行对比。

因为在规范责任论的讨论中责任经常被定义为"可责难性"。④ 那么接下来要回答的问题是，责任和可责难性这两个概念是什么关系。虽然这两个概念经常是替代使用的，但是它们不能完全等同，因为可责难性是责任的后果，而不是责任本身，这个情况跟"违法性"和"不法"这两个概念的关系类似。可责难性是指"会如何"，而责任是指"是什么"，责任是可责难性的上位概念。如果进一步

---

① Lenckner/Eisele, in: Schönke/Schröder, 28. Aufl. , 2010, Vor § § 13 ff, Rdn. 111 f.

② 责任观念、责任概念和责任论这几个词汇都对应"Schuldbegriff"，所以在本文中是交替使用的。

③ 梁根林. 责任主义原则及其例外——立足于客观处罚条件的考察[J]. 清华法学，2009, 3(2): 40.

④ Vorwerfbarkeit, 本文译成"可责难性"。另有译法为"非难可能性"，参见冯军. 论刑法中的"责任"概念[M]//冯军. 比较刑法研究. 北京：中国人民大学出版社，2007: 16.

问,为什么行为是"可责难的",那么必然牵扯出一个实质的可责难性前提,也就是实质责任概念的问题。

实质责任概念要解决的是,符合什么前提条件才可判定行为人有责任。

(一)思想责任

责任是法不允许的思想这个观点是由格拉斯(Gallas)提出的。该学说认为责任是通过违法行为所表现出的行为人反对法秩序的态度。行为人通过他的行为将作为刑罚前提的法所不允许的思想表现出来。[①] 通过态度的有价值和无价值性,行为人对于法所提出的要求所具有的整体观点就很明显了。

这个理论还是没有脱离形式化的定义,因为它本身并没有提供一个标准来说明什么样的行为人的思想是法律不允许的。只要当立法者承认一个行为的可罚性的时候,行为人态度的法不允许性就可以存在了。思想无价值本身如果不通过行为无价值表现出来,是没有可谴责性的,而当行为无价值被肯定之后,行为人的思想无价值自然而然就存在了,行为无价值的大小也决定了思想无价值的大小,所以思想无价值就沦为附庸或形式概念,本身并没有区分功能。并且法不允许的思想这个定义也不能解释为什么要处罚无意识的过失,因为这时行为人根本没有形成态度,所以也谈不上存在"恶的思想"。

(二)他行为可能性

这个学说认为,如果行为人可以避免做出违法行为但还是实施了该行为,他就是有责任的。但是所谓的"他行为可能性"是建立在人有自由意志的前提下的。而人拥有自由意志是无法在科学上被证明的假设。鉴于"他行为可能性"的无法验证,该论者又用"平均人的他行为可能性"替代之。[②] 但是这样的解释并没有将问题消除或者简化。因为,首先,社会平均人做出他行为的可能性也是无法在科学上被证明的;其次,这样的取代设置了另一个问题,即什么时候行为人才能和社会平均人等价。所以一个本来属于行为人个人归责的问题,变成了探究平均人的认识和行为能力问题,背离了责任所应讨论的问题。

(三)生活方式责任

另外一种学说认为刑法责任就是"生活方式责任"或者"性格责任"。[③] 该学

① Gallas, Zum gegenwärtigen Stand der Lehre vom Verbrechen, ZStW 67 (1955), 1, 56.

② Lenckner, Strafe, Schuld und Schuldfähigkeit, in: Göppinger/Witter (Hrsg.), Handbuch der forensischen Psychiatrie Bd. 1, 1972, S. 3 ff.

③ Cerezo Mir, Der materielle Schuldbegriff, ZStW 108 (1996), 9, 9 f.

说认为每个人都要对他的存在方式负责任,因为每个人对他之所以成为这样的人负有责任。性格责任的代表人物之一费格雷多·迪亚士(Figueiredo Dias)主张,"责任就是行为人通过不法行为表现出的个性;当他在一个行为中表现出与刑法价值相悖的个性特点时,他就是有责的"①。但是这个学说忽略了,责任是指单个的、需要被处罚行为的责任,而不是泛泛的行为人责任。另外更有疑问的是,个人性格是否能通过一次犯罪行为被反映出来。这样一种由错误的生活方式或性格为基础的责任,对外部人来说是不明显的。所以为了认识行为人生活方式中的不当,除了刑事追诉过程中发现的证据外,还要调查个人过往的生活状态。这样一来,刑法的对象就变成调查这个人的人品如何、性格怎样,而不是去追究他做了什么。如果一个人平素的生活方式和性格无可挑剔,那么即使他犯了罪也没有责任,反之没有犯罪的人也可能因为不良的生活作风被诬告成功。所以这个学说也没有说服力。

另外有两种影响力较大的关于实质责任概念的学说,因为它们将刑罚目的带入责任概念讨论,给刑法理论带来了变革性的冲击,已经超出了规范责任论的范畴,被称为功能责任论,所以本文用两个独立的章节分别介绍。一个是以雅科布斯为代表的学者所主张的功能责任概念,另一个是以罗克辛为代表的学者主张的"规范的可交谈性"理论以及负责性概念。

二、雅科布斯的功能责任论

该学说从积极的一般预防的角度出发,认为当违法行为存在,并且主观没有背离行为的不法时,行为人的责任就存在。② 行为人的意志构成具体情况并不重要,对于有无责任的判断至关重要的是,是否社会因不法行为产生了明显法忠诚的缺失。

雅科布斯深受卢曼(Luhmann)的系统理论的启发③,他认为犯罪行为是"有缺陷的交流"(Fehlerhafte Kommunikation),而刑罚是对其的"自我校验"(Selbstvergewisserung)。④ 导致罪过的不是人的意识,而是在体系中的交流。⑤

---

① Figueiredo Dias, Schuld und Persönlichkeit, ZStW 95 (1983), 220, 240.

② Jakobs, Strafrecht AT, 2. Aufl., 1993, 17 Abschnitt, Rn. 4.

③ 参见 Luhmann, Soziale System: Grundriss einer allgemeinen Theorie, 1984; Jakobs, Das Strafrecht zwischen Funktionalismus und "alteuropäischem" Prinzipiendenken, in: ZStW 107 (1995), 843.

④ Jakobs (Fn. 20), S. 844.

⑤ Jakobs (Fn. 20), S. 867.

在这个系统中,每个个人,不管是行为人、受害人还是法官,都通过规范集合起来构成社会。这样"负责"这个概念的意义和构成要通过它的作用来定义,也就是为了从规范的角度巩固一个"失落的期望"。① 需要刑法处罚的犯罪应该被看作违反了个人在社会系统中应该扮演的角色,而跟行为人可能具有的主观情节并没有关系。②

这样雅科布斯就将责任通过纯粹的目的来定义。根据雅科布斯的说法,责任仅仅是"一般预防的衍生品",应把责任理解为"训练法忠诚"以及"获得整体的规范信任"。③ 责任的问题就不再是研究行为人心理的或意愿的方面,而是变为社会概念,从保护社会的角度来说明刑罚的合理性。所以责任就是一个跟意志自由不相关的规范性的归因。

责任即"缺乏法忠诚",而责任要由行为人来偿还。不是行为人对行为的个人关系和心理概括决定了"责任",而是被行为引发的、巩固规范的必要性给予责任内容。责任要在讨价还价中确定,比如有多少社会强制力可以加在行为人身上,行为人的不安分品质必须在多大限度内被国家和社会和第三人接受。④ 但将责任通过刑罚的预防目的来规定这个观点遭到了普遍的反对,因为用预防代替责任使得责任的实体内容全部丧失,并且责任原则也失去了自身的意义。同时,并不存在一个标准来判断某种刑罚对增强民众的法忠诚是不是必要的。所以这样的责任概念是无法被确定的。

三、罗克辛的负责性阶层(Verantwortlichkeit)

罗克辛并没有称自己的观点为"功能责任论"。相比于雅科布斯将整个责任的概念用一般预防来替代这样比较极端的做法,罗克辛采取了一个中间观点。他试图将责任和预防作为相互制约的综合体来打造。体系性概念责任是以人的规范可交谈性为基础,补充进预防性处罚必要性的因素,他将这一综合体称为负责性。行为人具备负责性的前提是,首先存在有责任的行为,其次有处罚这个行为的预防必要性。

罗克辛认为不加入刑罚目的的责任是"虽然有规范可交谈性还是做出不法行为"。规范可交谈性是指认识不法的能力和控制行为的能力,它以人类的决定

---

① Günther,Schuld und kommunikative Freiheit,2005,S. 41.

② Lüderssen,Das Strafrecht zwischen Funktionalismus und alteuropäischem "Prinzipiendenken. Oder:Verabschiedung des,alteuropäischen" Strafrechts?,ZStW 107 (1995),877,884.

③ Jakobs,Schuld und Prävention,1976,S. 22.

④ Jakobs (Fn. 19),§ 17,Rdn. 21.

自由为前提,但该决定自由不是一个无法证明的假设,而是建立在经验科学可以验证的结论之上的决定自由。① 负责性的前提是,首先存在责任,其次处罚这个行为符合刑罚目的,后者在责任的基础上进一步限制了刑事负责性的范围。

罗克辛的学说是从法教义学角度紧密结合立法所提出的。他认为规范责任论所谓的可责难性仅仅是一个必要的却不充分的有责性的前提。因为规范责任论无法解释,例如为什么防卫过当行为虽然被评价为有责任,但是不受处罚(《德国刑法典》第33条规定"防卫人由于慌乱、恐惧、惊吓而防卫过当的,不负刑事责任")。他认为这些一般被归结在责任项下讨论的条款只有由刑罚目的学说来补充方能得到更好的教义学解释。②

他进而认为有些免责事由,比如紧急避险、防卫过当根本不建立在他行为可能性的否定之上,而是基于纯粹的刑事政策的考虑而排除可罚性的。③ 如果行为人由于强大的动机压力不能被期待遵守规则,并正巧更强的规范忠诚没有被期待,这时刑罚在一般预防和特别预防的角度看都不需要。但是在免责的紧急避险中,如果行为人是消防员或警察就不能免责,因为立法者基于刑事政策原因认为一般民众的行动自由的减少是可以接受的,但是消防员避险行为违反了职务义务,虽然他们的行动自由也降低了,还是要处罚。因为社会依赖于这些人员来保护法益,所以有必要采取较大力度限制他们的动机自由。因此立法者并不是因为行为人的决定自由全部丧失而不处罚,而是只要这个自由严重减低,从预防的观点看来,刑罚威胁对法益保护不必要时就可以放弃处罚。如果以前的观点认为依现行法进行刑事处罚是因为行为人要对他的所作所为负责,那么罗克辛对这个问题的观点恰恰是相反的,他认为之所以行为人要对其行为负责是因为有处罚他的必要性。④

罗克辛认为刑罚不仅只有在有预防必要性时才可以施加,并且要在责任的范围之内。由预防观点来决定处罚的界限这一规则并不能将责任原则取而代之,因为由责任来划定的可罚性范围更准确、严格,也更符合法治国家精神。相反,由预防性决定的犯罪圈更多地导致不明确的结果,因为人们关于预防效果并没有一个确定的认识,并且一般预防和特殊预防之间也常常相互冲突。更关键的一点是预防都倾向于扩大处罚范围,所以单独以预防为处罚依据,在一个自由

---

① 参见 Roxin,Strafrecht AT I,4. Aufl. ,2006,§ 19,Rdn. 36 f.

② Roxin,Kriminalpolitik und Strafrechtssystem,1973,S. 10,33.

③ Roxin (Fn. 32),§ 19,Rdn. 3.

④ 参见 Roxin,„Schuld"und „Verantwortlichkeit"als strafrechtliche Systemkategorien,FS-Henkel,1974,S. 181 ff.

法秩序中是不能接受的。①

四、我国刑法的责任立场

本文认为保留"责任"独立的意义,并用预防观念补充责任的做法比将责任用一般预防代替要合理得多,所以也就不能同意冯文在责任和预防关系一章中观点,即责任完全可以被预防替代,两者具有相同的本质。②

加入预防思想的功能责任论是德国学者紧密结合立法提出的,标志着德国刑法犯罪论部分正渐渐从罪责报应刑法向预防刑法发展。但由于德国立法者在量刑规定部分显得格外保守,明文规定行为人的责任是量刑的唯一标准(第 46 条),所以学说中的刑罚论迟迟没有预防刑法的迹象。③

相比而言,一个有趣的现象是,我国《刑法》在总则犯罪论部分没有预防刑法的痕迹,但在量刑规定中有大量的减免刑罚的规定,则是明显加入了刑事政策的考量,特别是包含了预防的思想。而且在分则部分也有个别罪名在犯罪成立的设定上超出了罪责报应原则可以解释的范畴,明显加入了基于刑法目的的考量因素。

比如我国《刑法》第二十条第二款规定:"正当防卫明显超过必要限度造成重大损害的,应当负刑事责任,但是应当减轻或者免除处罚。""应当负刑事责任"说明已经构成犯罪,防卫过当只是在量刑阶段要减轻或免除处罚的情节。而按照《德国刑法典》第 33 条,防卫过当的不成立犯罪。所以在我国,防卫过当不影响定罪责任,只减轻量刑责任。在这种情况下应当减免刑罚,显然是从预防的角度必然得出的结论。

我国《刑法》分则第二百零一条第四款规定:"有第一款行为,经税务机关依法下达追缴通知后,补缴应纳税款,缴纳滞纳金,已受行政处罚的,不予追究刑事责任;但是,五年内因逃避缴纳税款受过刑事处罚或者被税务机关给予二次以上行政处罚的除外。"就像冯文列举的理由那样,如果行为人第一次被税务机关查办有偷逃税款行为,在符合补缴税款以及受到行政处罚等条件时不构成犯罪:"只要行为人通过事后行为充分表达了对禁止逃税的刑法规范的尊重,那么,就可以不对其动用刑罚;相反,即使行为人被迫补缴了应纳税款,由于在其多次逃

① Roxin,Zur jüngsten Diskussion über Schuld,Prävention und Verantwortlichkeit im Strafrecht,FS-Bockelmann,1979,S. 279 ff.

② 冯军.论刑法中的"责任"概念[M]//冯军.比较刑法研究.北京:中国人民大学出版社,2007:56.

③ Schünemann,a. a. O. ,S. 187 f.

税的行为中表达了对禁止逃税的刑法规范的否认,也要对其动用刑罚。"①冯文的论述虽然成立,却是从特别预防的角度论述的,并不是雅科布斯功能责任论所主张的一般预防角度,因为一般预防目的旨在培养一般人的规范忠诚,而不是行为人个别的规范忠诚。按照雅科布斯的理论,在这种情况下,因为行为人已补交税款并已受到行政处罚,满足了法社会的期待,巩固了公众的法忠诚,没有一般预防的必要性,所以没有刑罚处罚的必要性。但是冯文从特殊预防角度的论证也非常有道理,这就证明了罗克辛的观点,即在责任之后加入特殊预防和一般预防的考量来进一步限制可罚性范围是合理的。

正因为我国刑法犯罪构成理论中没有采用预防观点,没有像德国刑法那样做出类型化的免责事由的规定,所以冯文的研究以及列举的案例都主要从量刑角度展开,并没有谈到在犯罪成立阶层中定罪责任与预防的关系。

当中国刑法将预防观念大量用在刑事量刑规则时,德国刑法在量刑方面并没有将预防的思想贯彻。通说认为,根据《德国刑法典》第46条,行为人的责任是量刑的唯一标准。法院判决也同意这一学界公认的标准,即所处刑罚不能高于或低于与责任相适应的刑罚范围。② 但由于德国联邦法院支持"幅的理论",认为与责任适应的刑罚是有一个区间的,所以在这个量刑区间内预防性的刑罚目的就可以被考虑进去,从而影响量刑。"与责任相适应的刑罚界限不能被向上突破。各种刑罚目的,比如积极和消极的特殊预防、一般预防和保持法社会中对法律的忠诚,只在与责任适应的刑罚幅度内发挥作用,也就是可以在具体确定刑罚时,在责任确定的上限和下限之间加大或减小处罚力度。"③这一司法实践总结出的量刑原则也与罗克辛的学说十分协调。④ 因为罗克辛不主张用预防直接代替责任,而是肯定了责任的独立价值,预防目的奠定了刑罚的必要性,责任限制了刑罚的容许性⑤,预防必要性所要求的刑罚不能突破责任确定的范围。

我国《刑法》第五条规定的量刑原则是:"刑罚的轻重,应当与犯罪分子所犯罪行和承担的刑事责任相适应。"这一总的量刑原则通过一定的解释,就可以与现代预防刑法的观念相适应。本文认为,"所犯罪行"对应的是行为的不法以及行为人的责任,因为行为人虽然有规范可交谈性,但还是做出不法行为,他违反

① 冯军.论刑法中的"责任"概念[M]//冯军.比较刑法研究.北京:中国人民大学出版社,2007:61.

② Schünemann,a. a. O. ,S. 158 f.

③ BGHSt 7,88 (89);BGHSt 20,264 (267).

④ Roxin,Sinn und Grenzen staatlicher Strafe,in:Strafrechtliche Grundlagenprobleme,1973,S. 20 ff;ders. Festgabe für H. Schultz,SchwZStR. 94 (1977),463,476 ff.

⑤ Schünemann,a. a. O. ,S. 187.

法秩序的程度决定他责任的大小。行为人的责任与所犯罪行是一一对应关系,不受外部参数影响。"承担的刑事责任"要从行为不法外部,也就是从刑罚目的的角度评价,是否应该对行为人进行处罚以及刑罚应该轻缓还是严厉。"所犯罪行"决定了责任,从而限制了处罚范围。在行为人责任的范围内,从对行为人的处罚是否有一般预防和特殊预防的效果来看,如果预防的要求高,要承担的刑事责任就大,处罚就重;如果预防的要求低,刑事责任就小,处罚就应该轻。这样我国刑法规定的量刑原则就完全符合预防刑法设想(责任和预防目的同时对量刑起作用)。①

五、对法条的另一种解释

刑法释义学(德国所称的教义学)不能脱离法律文本本身进行解读。我国立法没有在总则犯罪成立的部分给预防以地位,而是将预防的目的运用到量刑情节中。我国刑法犯罪论中,原则上还是坚持规范责任论的,只是在分则的个别条文中突破了规范责任论的范围,将预防的必要性纳入犯罪成立的前提。只有在分则具体条文存在的前提下,才可以借由缺乏预防必要性而排除负责性,从而否定犯罪成立。

关于冯文列举的我国《刑法》创造性运用功能责任论的例子,本文认为第四百四十九条对战时缓刑的规定体现的并不是功能责任论,而是军事刑法区别于普通刑法的特殊之处。军事刑法服务于特殊的国防和军事利益,适用于特殊的犯罪主体,军事刑法处罚的目的也不同于普通刑法。因为军人具有保卫国家的义务,尤其在战时更是担负着一般公民不具有的责任,如何处罚和赦免军人在战时具有重要的战略意义。所以军事刑法尤其是战时刑法对普通人没有一般预防的作用。可罚性前提是出于刑法以外的目的性考虑。在这个意义上该条规定类似于客观处罚条件的反面,即刑罚排除事由(Strafausschließungsgrund),只要立功行为客观存在,就阻却犯罪成立。但特殊之处在于,刑罚排除事由的存在否定犯罪成立,而该条是在已成立犯罪之后(即宣判之后),再撤销原判不认为是犯罪。这种立法方式在普通刑法中不能采用,因为这会对法院判决的公信力和权威性造成损害。

冯文认为醉酒驾驶行为应该在行为人没有反对法规范的有效性,也就是没有预防必要性的时候自动出罪,比如为了给母亲买药而醉酒驾驶。② 本文认为

---

① Schünemann,a. a. O. ,S. 187 f.

② 冯军. 论刑法中的"责任"概念[M]//冯军. 比较刑法研究. 北京:中国人民大学出版社,2007:65-66.

该结论有所不妥。如前文所述,预防的效果不能经验性而要规范性地理解,所以任何阻却负责性事由都要有法律依据;如果承认超法规的阻却负责事由,该事由也要在学理和实践中达成共识并得到类型化。我国刑法中没有法定阻却负责性事由,学界更没有一致认定的超法规的阻却负责性事由,所以在判断行为人是否有负责性时不可以任意否定其预防必要性而排除犯罪。冯文列举之案例,如果在母亲病情较重的情况下违法醉酒驾驶去买药,成立紧急避险,阻却违法性,从而不构成犯罪。

六、结论

预防的思想被运用到犯罪论体系中是当代预防刑法与以往的罪责报应刑法相区别的标志。然而怎样基于预防改造犯罪论,特别是改造责任理论,存在有两个影响力较大的学说。

雅科布斯认为"责任由一般预防构成并通过预防来测量"[1]。罗克辛主张责任在形式上完全保留,不加入刑罚目的的责任是"有规范可交谈性的不法行为"[2]。但是他不认为这样的责任理论可以解释现行法规定,在责任之外还有一些因素对于刑罚苛责是必要的,他认为这些因素就是刑罚目的。

如果采用预防代替责任的观点,其实是消除了责任的实体内容,从而瓦解了责任原则,从而无法达到像冯文第三部分主张的那样,在立法、司法和刑事理论各方面坚持责任原则的效果。坚持责任原则,首先要有独立的责任内容,而不能将责任和预防循环论证式相互替代。罗克辛主张的加入预防观念的负责性范畴对具体条文的解释力更强,保留责任概念更有利于坚持责任原则,所以应该被采纳。

在把握各种责任观念的实质后,会发现我国刑事立法在犯罪论阶段基本上持规范责任论的立场,责任是行为人负责的唯一依据,预防的效果不能影响犯罪的成立,只有在量刑时才会予以考虑。概括来看,各种责任观念之间既有承继关系又有竞争关系,从心理责任论到规范责任论再到功能责任论并不是最晚近的就最先进,如果一个理论观点本身非常先进,但是对本土法律文本和实践的解释力不强,移植过来也是水土不服的。立足本国法律传统,借鉴和结合舶来理论的优势,解释和解决本土问题才是推进刑法学科发展的必由之路。对于采纳哪种责任观念这个问题,本文仅做了初步的探讨,希望起到抛砖引玉的作用,邀请更多的人参与到这个问题的研究和讨论之中。

---

① Jakobs (Fn. 26),S. 9;ders. (Fn. 19),§ 17,Rnd. 18 f.
② Roxin (Fn. 32),§ 19,Rnd. 36 f.

第二部分
信息时代刑事法的解释

刑事远程审判的法理基础

封利强 *

一、刑事远程审判:在争议中推进的改革尝试

近年来,随着互联网技术的发展和法院信息化建设的推进,越来越多的法院开始探索刑事案件的远程审判。然而,作为一个新生事物,我国的刑事远程审判尚未形成成熟的模式,仍然处于尝试和摸索阶段。并且,目前理论界和实务界对于这种尝试存在诸多争议。与实务部门日趋强烈的探索热情相比,理论界对于刑事远程审判原理的研究相当滞后,难以为刑事远程审判实践提供足够的理论指导和智力支持,主要表现在两个方面:一方面,研究成果在数量上偏少;另一方面,在目前的研究中,人们对技术问题和法律问题的探讨往往纠缠不清,而且讨论技术多于法律,对法律问题的探讨还比较肤浅。实际上,正如学者所言,电子诉讼建设和发展过程中所出现的大多数问题都是法律问题,而不是技术问题。[①]因此,我们应当厘清技术问题和法律问题,强化对刑事远程审判相关法律原理的探索,以便早日将刑事远程审判纳入法治轨道。

我国法院系统对刑事远程审判的探索早在 10 年前就开始了。在法律没有明文规定的情况下变更传统的审判方式显然有违法之嫌。然而,从近年的司法改革来看,很多类似的探索,例如刑事和解、附条件不起诉等,都是先由实务部门开展试点,再不断总结经验,进而上升为立法。这已经成为我国司法改革的一种常态化的路径。当然,从 2014 年全国人大常委会授权最高人民法院、最高人民检察院在 18 个城市开展刑事速裁程序的试点,到 2016 年全国人大常委会授权最高人民法院、最高人民检察院在 18 个城市开展认罪认罚从宽改革的试点,地方司法机关的探索逐渐被纳入法制轨道。不过,在刑事远程审判的探索中并不

---

* 封利强,浙江工商大学法学院教授。

[①] 王福华.电子法院:由内部到外部的构建[J].当代法学,2016(5):23-35.

存在类似的授权。《刑事诉讼法》对刑事远程审判没有作出任何规定。目前只有2016年9月最高人民法院出台的《关于进一步推进案件繁简分流优化司法资源配置的若干意见》的司法解释才明确规定,"对于适用简易程序审理的民事、刑事案件,经当事人同意,可以采用远程视频方式开庭"。这一司法解释的规定是否违背刑事诉讼法的原则和精神仍然是不无疑问的,并且,该规定划定的适用范围相当窄,实践中的很多刑事远程审判活动仍然游离于该司法解释的规定之外。因此,刑事远程审判至今仍然是一种饱受争议的审判方式。

二、刑事远程审判的内涵界定

自进入网络时代以来,人类社会的生产和生活方式已经发生了深刻的变化。我国司法机关在这一背景下也在逐步改变传统的工作方式。《最高人民法院关于民事诉讼证据的若干规定》就在第七十六条明确规定,"证人确有困难不能出庭"的,经人民法院许可,证人可以提交书面证言或者视听资料或者通过双向视听传输技术手段作证。如今,除了证人通过双向视听传输技术手段作证,网上立案、庭审直播、电子送达等运用网络技术来开展诉讼活动的现象已经十分普遍。诉讼活动的各个环节都有可能实现网络化。比如,据报道,"吉林电子法院包括诉前准备、立案缴费、预备开庭、开庭审理、结案执行、判后工作等六大项29个小项应用模式。利用电子法院,百姓打官司可不到法院,律师千里之外也能参与'隔空庭审',法官可全天24小时受理案件,自开通上线以来受到各方好评……电子法院适用案件类型,包括一审、二审民事,行政诉讼案件,并向简单的刑事案件等不断扩展"[①]。

那么,我们应当如何给"刑事远程审判"下定义呢?如果某个刑事案件的审判活动只涉及远程网上提交材料、远程庭前讯问或者证人远程视频作证等,算不算远程审判呢?笔者认为,我们对"刑事远程审判"这一概念的界定不应过于宽泛,否则不利于对远程审判原理的深入探究。鉴于庭审是审判的核心环节,只有诉讼主体在法庭以外的地点通过网络参与庭审的,才应当被视为远程审判。因此,所谓"刑事远程审判"是指,刑事诉讼主体不在同一物理空间参与庭审活动,而是通过双向视听传输的方式实施法庭调查和法庭辩论行为的审判活动。

对于何谓"刑事诉讼主体",学界存在着不同意见。笔者认为,我们可以参考民事诉讼主体的界定方式,将刑事诉讼主体界定为对诉讼的发生、变更和终结发挥决定性作用的单位或个人。据此,只有法院、公诉人、自诉人和被告人是刑事

---

① 佚名.吉林司法走进e时代[J].领导决策信息,2015(48):22-23.

诉讼主体,而附带民事诉讼的原告人和被告人是附带民事诉讼部分的诉讼主体。有学者指出,"非诉讼主体包括:(1)被害人以及被害人的法定代理人和诉讼代理人;(2)辩护人;(3)证人、鉴定人、翻译人员;(4)可能出现的其他的参加诉讼的人"①。笔者同意这一界定,但认为辩护人只是受被告人委托维护其合法权益的人,所以,也不属于诉讼主体。由此,被害人在法庭以外通过视听传输技术进行陈述或者参与辩论的,证人在法庭以外通过视听传输技术作证的,鉴定人在法庭以外通过视听传输技术提供鉴定意见的,翻译人在法庭以外通过视听传输技术提供翻译的,以及辩护人或代理人通过视听传输技术向法庭发表辩护或者代理意见的,均不属于严格意义上的"刑事远程审判"。

可见,刑事远程审判是指控、辩、审三方中至少一方不在传统的物理法庭上参与庭审。以传统的眼光来看,如果被告人不到庭参与庭审的,往往被视为缺席审判;同时,2012年修正的《刑事诉讼法》也已经取消了检察机关在简易程序中可以不出庭支持公诉的规定。但是,在新的时代背景下,控辩双方中的一方或者双方通过网络远程参与法庭调查和法庭辩论已经成为可能。当然,在共同犯罪中,同案被告人中的一人或者数人通过网络远程参与法庭调查和法庭辩论的,同样属于刑事远程审判。从目前的实践来看,最为典型的刑事远程审判是法官、检察官、辩护律师仍然在法庭上参与调查和辩论,而被告人则在看守所的视频讯问室通过视听传输设备参与庭审。

刑事远程审判与电子司法、电子诉讼等概念之间的关系如何?这也是需要予以澄清的问题。笔者认为,电子司法和电子诉讼是比较宽泛的概念,泛指一切借助电子计算机技术来实施的司法行为和诉讼行为。因此,刑事远程审判应属于电子司法和电子诉讼的下位概念,两者是包含与被包含的关系。此外,换个角度来看,远程审判与电子司法和电子诉讼的强调重点也有所不同。远程审判所强调的是通过视听传输技术远程参与庭审,而电子司法和电子诉讼所强调的是司法工作的数据化。所以,两者的侧重点不一样。前者更多涉及程序公正、人权保障、审判公开等法律问题,而后者更多涉及法庭信息化建设等技术问题。

三、刑事远程审判的法理依据

当前学界对刑事远程审判的研究较少,但由于民事远程审判与刑事远程审判具有某些相通之处,因此,有关民事远程审判的研究成果可资借鉴。从现有研究成果来看,人们对于远程审判的正当性和可行性存在较大的争议。

---

① 吴杰,宋英辉,洪道德.刑事诉讼主体论[J].中外法学,1991(4):28-31.

有的观点认为,远程审判是大势所趋,并不违背传统诉讼所奉行的基本诉讼原则。比如,有学者指出,只要在实际操作中能够合理地运用网络技术并合理地约束当事人的行为,对审判原则的各种要求并不必然会被违反,在某种程度上甚至是对对席判决的促进。① 甚至有的学者认为,当运作条件成熟后,诉讼行为所需要的硬件设备已经全部到位,这意味着传统的庭审行为将被废弃,取而代之的是视频庭审。②

有的观点则认为远程审判构成了对传统诉讼原则的挑战。例如,有学者指出:"在实现法院电子化后,许多诉讼程序问题将大大不同于现在。例如,诉讼文书的电子送达、交换以及电子案卷的出现与书面原则的冲突与协调;通过视频会议等进行调查取证、审前程序、开庭审理,对开庭审理的直接原则、言词原则和公开原则的挑战;电子法庭时代的证据提出审查方式,以及电子文件的格式转换、证明责任、证据采信规则,等等。因此,随着电子法庭的出现,有必要全面审视和修改诉讼法。"③有学者更明确地指出,电子司法有难以克服的弊端,高昂的成本会加剧司法资源的非均衡性,司法知情权与国民的隐私权之间始终存在尖锐的冲突与矛盾,电子化司法压制直接言词原则与辩论全趣旨的适用空间。④ 还有的学者认为,远程审判违背了司法的剧场化趋势。论者指出,远程庭审的"阿喀琉斯之踵"在于法庭审理过程价值(或曰程序正义)的缺失之虞。现代法理学认为,司法正日益体现出一种"剧场化"的形态——在一个特定的空间(法庭)内,庭审活动是由法官、检察官、律师和当事人等参与"角色表演"的活动。也即,法庭空间被赋予了特殊的符号意义。⑤ 另外,还有的学者认为,远程审判构成了对传统司法文化的冲击:"现行法庭传统布置和服饰可给诉讼程序增加正统性、庄严性和权威性,而电子法庭将丧失这一点。它会切割当事人、证人、法官和律师的社会联系。虽然保障了司法公正,但也冲击了当事人直接见面和证人应亲自出

---

① 张峰,滑冰清.电子法庭与传统民事诉讼法理的冲突与协调[J].河南师范大学学报(哲学社会科学版),2013(1):46-49.

② 高育玲.试论民事诉讼程序的电子化运作[J].中共乐山市委党校学报,2015,17(4):85-89.

③ 冯琳.电子法庭审判模式的法理学思考[J].法治论丛(上海政法学院学报),2008(3):15-21.

④ 宋朝武.电子司法的实践运用与制度碰撞[J].中国政法大学学报,2011(6):62-76,159.

⑤ 张亮.应倡导"远程提审"而非"远程庭审"[N].检察日报,2011-04-13.

庭的观念。"①有鉴于此,不少学者主张对远程审判的适用予以严格限制。比如,有学者指出:"视频技术只能在当事人无法参加庭审时作为例外的程序保障手段使用,而非笼而统之地适用于一般案件……庭审环节不应作为电子诉讼的重点,视频庭审只应被作为例外对待"②。

由以上分析可见,当前多数学者和实务工作者对远程审判持审慎态度,甚至带有一定的排斥心理。值得注意的是,上述论断大多是针对民事远程审判而提出的,具体到刑事远程审判,则可能出现更多反对的声音。有学者指出:"一般认为,民事诉讼相对于刑事诉讼与行政诉讼更适宜信息通信技术的应用,这与民事诉讼活动的协同性、交互性较强有关。相形之下,刑事诉讼的目的在于行使国家刑罚权,行政诉讼的目的在于处理公法上的权利义务关系,两者的程序保障要求显然高于民事诉讼,它们发展电子诉讼的适宜性不及民事诉讼。"③因此,我们有必要对刑事远程审判的法理依据展开深入分析。

在笔者看来,上述学者对远程审判的戒备心理在很大程度上是不必要的。其中有的学者没有以发展的眼光看问题,更多的学者则是夸大了远程审判对传统诉讼原则以及诉讼文化等方面的影响。

首先,远程审判并不会从根本上动摇传统的诉讼原则。刑事远程审判不过是传统刑事审判的网络形式,传统的诉讼法原则、规则和制度会以新的面貌出现,仍旧发挥着作用。例如,在直接言词原则的实现方面,法官可以通过视听传输技术来直接审理案件,控辩双方通过视听传输技术来以言词方式进行举证、质证和展开辩论;在审判公开原则的实现方面,即使控辩双方或者其中一方不到法庭参与庭审,也并不妨碍公民进入法庭借助视听传输技术来旁听案件;在辩论原则的实现方面,虽然控辩对抗变成了"隔空对抗",但这对于辩论的效果影响不大;在交叉询问规则方面,控辩双方仍然可以在法官的主持下借助视听传输技术来对被告人、被害人、证人以及鉴定人进行交叉询问;在对席判决制度方面,只要控辩双方借助视听传输技术参与了庭审即可视为"到庭",并不构成"缺席判决";在传闻规则方面,传统上不出庭陈述的证言通常被视为传闻,但在网络时代,只要借助于视听传输技术向控、辩、审三方同时进行陈述并接受控辩双方交叉询问以及法官的询问,即使远隔千里,也不会构成"传闻"。

其次,远程审判并不违背司法的"剧场化"原则。问题的关键在于,我们应当

---

① 冯琳.电子法庭审判模式的法理学思考[J].法治论丛(上海政法学院学报),2008(3):15-21.

② 王福华.电子诉讼制度构建的法律基础[J].法学研究,2016,38(6):88-106.

③ 王福华.电子诉讼制度构建的法律基础[J].法学研究,2016,38(6):88-106.

摒弃对"剧场化"的狭隘理解。学者指出:"剧场是一个间隔的、不透明的空间——一个规限的空间。剧场建筑的'墙体'分割出'剧场之内'和'剧场之外',阻隔了剧场内外的活动的直接交流……'演员'与'观众'的角色与活动也完全地分离:演员在舞台表演,观众在看台观赏,两者的角色与活动不能互换……从总体上讲,司法的剧场化的真正价值在于它们通过'距离的间隔'来以法律的态度和方式处理'法律的问题'。"①可见,学者所谓的"剧场化"旨在强调审判活动的专业化,同时强调审判活动不受外来的干扰。而这一点在远程审判中同样是可以通过互联网技术来实现的。

最后,在远程审判中,法官同样可以身着法袍,手持法槌,所缺少的只是法院的建筑和法庭的设施所体现的司法文化内涵。这种象征意义对于提升司法权威和公信力来说自然是不无价值的,但是,我们也应当认识到,审判的内容重于形式,并且,我们也应当以发展的眼光来看待所谓的仪式感和象征意义。例如,古代官员的乌纱帽具有某种象征意义,但随着时代的发展,这种具有符号意义的物品逐渐被人们摒弃了。

由以上分析可见,刑事远程审判的适用所面临的主要是观念上的障碍。实际上,在网络时代,"法庭"的内涵和外延都需要作出相应的改变。法庭不再是一个物理空间的概念,正如"市场"早已不是物理空间概念一样。将"法庭"这一概念从物理空间概念扩展到虚拟空间概念是大势所趋。伴随着人们对"法庭"理解方式的转变,很多观念障碍也就不复存在了。

当然,对远程审判的过度推崇也是不适当的。我们必须承认,与传统审判方式相比,远程审判方式在控、辩、审三方的互动交流效果上会打折扣。我国裁判者自古以来奉行的"五听"审判方式在远程审判的背景下会面临一定的实现障碍。虽然在信息技术和网络技术高度发达的背景下,图像和声音的传送可以达到越来越逼真的效果,但是面对多个屏幕画面,无论是法官,还是控辩双方,都可能感到眼花缭乱。在目前的司法实践中,有些地方法院在刑事远程审判中还实现了对屏幕画面的智能切换,"审判法庭通过语音激活方式进行界面切换,即审判法庭中法官、公诉人、辩护人任何一人发言,镜头就随时切换到发言者身上,确保被告在看守所远程审判法庭接收的声音和画面同步"②。然而,笔者认为,在这种情况下,当画面被切换到发言者身上之后,未发言的被告人的面部表情和肢

---

① 舒国滢. 从司法的广场化到司法的剧场化——一个符号学的视角[J]. 政法论坛, 1999(3):12-19.

② 邵天一,黄华,张杨清. 对"网络远程审判模式"的调查与思考[J]. 中国审判,2010 (9):88-90.

体语言便难以被法官捕捉到了,因此,很容易使裁判者错过重要的情态证据信息。目前实践中检察机关在批捕和审查起诉工作中采用远程讯问也较为普遍。对此,最高检侦查监督厅负责人曾指出,"远程提讯因受拍摄视角、屏幕切换等技术性原因的限制,办案人员可能无法全面、连贯地获得对犯罪嫌疑人心理的清晰认知。也就是说,承办人通过屏幕不能对犯罪嫌疑人的心理活动进行完全把握与分析。鉴于其局限性,远程讯问不能完全取代现场讯问"①。

因此,从某种意义上来讲,远程审判是一种"蒙着面纱的审判",在功能上不可能与传统的面对面审判方式完全等同,更不可能彻底取代传统的审判方式。在通过网络进行视听传输过程中不可避免地会出现视听信息的减损,同时也可能因网络状况造成互动交流的障碍。这种"隔空的对话"可能会给控、辩、审三方之间的交流带来"隔靴搔痒"之感。其中,受影响最大的莫过于在刑事审判中处于不利地位的被告人。因此,远程审判方式对于被告人的程序保障与传统审判方式相比是有一定差距的。有鉴于此,在我国未来的刑事远程审判立法中,应当赋予被告人程序选择权。这就要求法院在开庭前履行相应的告知程序,以确保被告人知情且同意采用刑事远程审判方式,并且,如果被告人在接受远程审判的过程中,认为视听信息的减损或互动交流的障碍已经妨碍其行使诉讼权利,则可以随时请求法庭变更审判方式,改用传统的审判方式来重新审理。

---

① 徐日丹,李跃.远程讯问:向科技和管理要质效[N].检察日报,2013-05-17.

不纯正不作为犯的中国命运

——从快播案说起

高艳东*

一、引言:不纯正不作为犯有无边界?

(一)错误逻辑:不履行管理义务＝积极传播

2016年9月13日,北京市海淀区人民法院一审,认定快播公司及公司CEO王欣等4人构成"传播淫秽物品牟利罪",对该公司处1000万元罚金,对王欣判处3年6个月有期徒刑。2016年12月16日,北京市第一中级人民法院二审裁定,驳回上诉,维持原判。法官认定王欣等构成"传播淫秽物品牟利罪"的主要理由:一是"快播公司负有网络视频信息服务提供者应当承担的网络安全管理义务";二是"快播公司具备承担网络安全管理义务的现实可能但拒不履行网络安全管理义务"。

判决书论证了王欣没有充分履行管理义务,如果据此认定构成不作为犯罪——"拒不履行信息网络安全管理义务罪"(最高3年),理由充足。该罪是2015年才确立的罪名,法不溯及既往,不能适用此罪。但是,判决书把拒不履行管理义务等于传播淫秽物品牟利罪(最高无期),把"传播淫秽物品牟利罪"作为不纯正不作为犯,将王欣拒不履行管理义务的不作为评价为传统的作为犯。这一论证思路,存在法理障碍。

(二)通说立场:不纯正不作为犯的范围无边界

判决书的立场,也反映了目前刑法学界对不纯正不作为犯的共同态度:只要

* 高艳东,浙江大学光华法学院副教授。本文系司法部课题"量刑对定罪的反作用力研究(13SFB2019)"和"中央高校基本科研业务费专项资金资助"项目的阶段性成果。

可以由作为构成的犯罪,原则上就可以由不作为构成。

快播案是司法实践中不纯正不作为犯泛滥的一个缩影。虽然目前学界也在争论"丈夫见妻子自杀不救"是构成遗弃罪还是不作为故意杀人罪,但是,对不作为可以构成故意杀人罪、强奸罪等,并无争议。把一些轻罪理解为不纯正不作为犯,问题尚不严重,但认为不作为可以构成故意杀人罪、传播淫秽物品牟利罪等重罪,会出现重罪适用范围过宽、违反中国立法模式、重回以社会危害性定罪等问题。

二、法益保护 vs 行为危险:中国重罪的蓝本是作为

(一)不纯正不作为犯的法益保护是社会危害性的翻版

刑法的本质,是法益保护,还是行为禁止? 如果认为刑法的本质是法益保护,不作为与作为造成的法益损害完全相同,两者等值,则不纯正不作为犯有可罚性。如果认为刑法的核心是行为危险性,那么,不作为缺乏暴力性、攻击性,无法与作为等值,不纯正不作为犯没有存在的余地。

1. 法益侵害等值＝社会危害性相当

主张处罚不真正不作为犯的学者,都在偷换概念,把行为危险性偷换为法益损害性。

首先,在方法上,大陆法系学者想从行为危险性等值的角度,论证不真正不作为犯的可罚性(当然无法成功)。如大塚仁教授指出:"应当相对于杀人行为的不作为,必须具有与绞杀、刺杀被害人同样的犯罪性。即,与作为一样,不作为也需要包含着能够实现犯罪的现实危险性。"①从实行行为的危险性角度来考察不作为的可罚性,完全正确。如果比较"见妻落水不救"与"绞杀、刺杀"的行为危险性,只能认为,两者无法等值,"见妻落水不救"不是不作为杀人罪。

其次,在其他犯罪中,学者们普遍注意到了以行为危险性、而不是法益侵害性,来判断犯罪。如在讨论以危险方法危害公共安全罪时,学者们非常注意某些行为的危险性是否与爆炸、放火相当,在司法实践中,如盗窃窨井盖、将高楼走廊的落地玻璃偷走致使孩子摔死等,在法益损害上与放火、投毒没有区别,但行为危险性太小,因而学者均否认成立以危险方法危害公共安全罪。换言之,某些作为的危险性都难以成立犯罪,何况不作为? 如果没有直接危险的不作为可以构成放火罪,那么,任何作为都可以构成以危险方法危害公共安全罪。

---

① 大塚仁.刑法概说(总论)[M].冯军,译.北京:中国人民大学出版社,2003:141.

最后，在不作为犯的评价结论上，大陆法系学者都背离了自己的立场（因为从行为危险性无法论证等值性），以法益侵害的相同性来论证不作为的可罚性。如西田典之教授认为，"刑法出于何种观点引入了这种不作为犯理论呢？这无疑是出于保护法益的要求"[①]。这种法益保护思想，就是社会危害性理论的翻版，无论法益保护，还是社会危害性，都是从危害后果等值的角度论证不作为的可罚性，而忽视了刑法的核心是行为危险性。

2. 危险的不纯正不作为犯：无行为亦可罚

对法官而言，判断行为性质困难，寻找义务根据容易。对公民而言，我可以控制我的行为，但我无法控制我的义务。一旦定罪以法益侵害、社会危害性为标准，就脱离了实行行为的限制，即便在因果关系上设定其他限制条件，刑罚大棒也会变得无拘无束，基本可以做到"指哪打哪"。

中国学者往往按照德日理论来判断作为义务，这会出现严重问题。因为德国有见危不救罪，且刑罚很低，只"处1年以下自由刑或罚金"。换言之，像冷漠的哥见到强奸不救、房东不救擅入庭院者等案件，在德国即便肯定了救助义务，也可能根据具体情况认定为"见危不救罪"等微罪。而中国没有见危不救罪，一旦肯定不纯正不作为犯，在危险紧迫且义务人有间接故意时，上述案件的义务人都将被认定为故意杀人罪、强奸罪或组织淫秽表演罪等；一旦认定冷漠的哥有救助义务，就要成立强奸罪，这明显和司机的行为危险性、人身危险性不符合。

3. 刑法本质是禁止危险的行为，而不是法益保护

刑法的本质特征不是保护法益，而是惩罚、禁止以某些特定方式侵害法益的行为。在不作为犯问题上，学者都忘记了刑法的补充性、不完整性、片段性。从法益侵害性的角度看，过失犯可能比故意犯对法益的侵害更严重，但我们不可能把过失犯等值于故意犯。刑法的主要目标，是禁止暴力以及可能引发暴力的行为。传统重罪，是以行为危险性为蓝本存在的，是行为主义刑法；而现代轻罪，是以法益保护为出发点设立的，是结果导向的刑法。

（二）中国的重罪立法模式是禁止行为危险

纵观世界各国，法条的表述方式有两种：法益保护＋行为禁止。

1. 法益保护的立法模式

西方一些国家对某些重罪采取了法益保护的立法模式，法条强调法益损害

---

① 西田典之. 日本刑法总论[M]. 刘明祥，王昭武，译. 北京：中国人民大学出版社，2007：87.

性,弱化了行为危险性。据此,只要侵犯了法益,可以宽泛解释实行行为,包容不作为的余地更大。

以杀人罪为例。如《意大利刑法典》对杀人罪的规定是"任何人引起一个人死亡,处……"而不是"杀人的,处……"这样的规定,是说明犯罪是一种事实,而不仅仅是一种行为。① 《加拿大刑法》第 222 条规定:"以任何方式直接或间接使人死亡,为杀人罪。"总体看来,这些国家对杀人罪的规定,使用了"引起""造成""致使"等术语,与中国刑法中"过失致人死亡的"的过失犯规定一样,强调的是法益损害——"致人死亡",而不是强调行为危险性——故意杀人。把杀人罪描述成"致使他人死亡",解释空间巨大,就有了容纳不作为的余地。

2. 中国立法模式:法益保护＋行为禁止

首先,中国刑法立法模式,对多数故意犯,是以实行行为为中心,强调行为的危险,而不是法益损害后果。相反,对某些行政犯、多数过失犯,采取了法益保护主义立场,立法不规定实行行为,而只规定损害后果。

此外,中国刑法对故意犯的规定,是只把积极作为规定为实行行为。而很多西方国家,把作为与不作为并列规定为实行行为。

其次,在中国立法模式下,重罪需要行为定性,轻罪需要法益定性。杀人、强奸、抢劫等重罪,是以具体行为形象进入公众脑中和立法者心中的。相反,过失致人死亡罪、聚众扰乱社会秩序罪等轻罪,属于"法益保护需要",其行为形象相对模糊,构成要件的行为定性相对宽松,更多是考虑保护社会的需要。

总之,中国刑法中的重罪,属于典型的"只记叙有积极作为所引起的结果的情形,对可期待的因不作为而不加以阻止结果的发生,则不予记述"②的立法模式。把"作为"当蓝本的重罪条文,解释空间很小,没有不纯正不作为犯的容身之地。

3. 行为禁止型立法模式否认不纯正不作为犯

首先,法益保护和行为禁止两种立法模式,对不真正不作为犯会采取不同态度。以杀人罪为例,按照法益保护型立法,把儿子落水父亲不救,解释为"故意致使他人死亡",不违反术语的最大射程;但按照行为危险型立法,把儿子落水父亲不救,解释为"故意杀人",则超过术语的最大射程。

其次,法益保护和行为禁止模式立法,对不作为的处理结论不同。例如,精

---

① 帕多瓦尼.意大利刑法学原理[M].陈忠林,译.北京:法律出版社,1998:26.
② 耶赛克,魏根特.德国刑法教科书[M].徐久生,译.北京:中国法制出版社,2001:731.

神病劫匪当着丈夫的面劫持妻子,把刀架在妻子脖子上,要求丈夫交出手表,否则杀妻,丈夫想借机杀妻娶小三,故意不交出手表,致使妻子被杀。

站在法益保护立场,丈夫的行为直接导致了妻子死亡,行为方式和危险性并不重要,都成立故意杀人罪。站在行为危险性角度,丈夫不给手表(不作为)、当面报警(作为),没有攻击、加害他人生命的性质,不是故意杀人罪,只能进行规范评价,成立过失致人死亡罪。

(三)中外差别:不纯正不作为犯的拟制规定

1.有拟制规定,德日处罚不纯正不作为犯不违反罪刑法定

德日的刑法总则中,设立了把不作为按照作为处罚的拟制规定。《德国刑法典》第13条规定:"不防止属于刑法构成要件的结果发生的人,只有当其有依法必须保证该结果不发生的义务,且当其不作为与因作为而使法定构成要件的实现相当时,才依法受处罚。"《日本刑法》第12条规定:"负有义务防止犯罪事实发生的人,虽然能够防止其发生但特意不防止该事实发生的,与因作为而导致的犯罪事实相同。"

在分则中,德日刑法也经常采用拟制规定,把不作为与作为并列规定为实行行为。例如,《德国刑法典》第123条"非法侵入他人住宅"规定:"非法侵入他人住宅、经营场所或土地,或用于公共事务或交通的封闭的场所,或未经允许在该处停留,经主人要求仍不离去的",把"不离去"这种不作为拟制为"侵入"。相反,中国刑法"非法侵入住宅罪"没有把"经要求仍不离去"拟制规定为"侵入"(侵入),就不能直接认为,不作为可以直接构成"非法侵入住宅罪",否则就违反罪刑法定(后文有不同解释)。

总之,德日刑法有了上述拟制规定,不纯正不作为犯与罪刑法定的矛盾就消解了。而在中国,法官把不作为解释为作为,属于"创设"构成要件。

2.没有拟制规定,中国处罚不纯正不作为违反罪刑法定

中国刑法采用的是法国、比利时的立法模式,总则不设拟制性规定;只能以分则特别规定为限处罚不作为。《法国刑法》总则中没有规定不作为的可罚性,因而,对不作为的处罚只以分则明文规定为限。而且,《法国刑法》分则对不作为的可罚性也特别描述了罪状,如伤害罪明确规定了予以处罚的不作为行为方式。

有无拟制规定,决定了中、德、日在处罚不纯正不作为犯的正当性不同:德日法官把不作为解释为作为,是扩张解释;中国法官把不作为解释为作为,是类推解释。概言之,不能简单地把德日不纯正不作为犯理论照搬到我国,必须注意中国重罪以行为危险性为核心,刑法总则无处罚不作为的拟制规定等立法背景。

三、中国刑法应严控不纯正不作为犯的范围

(一)中国文化传统给定了一些重罪的作为本质

在中国传统文化中,杀人、伤害、盗窃、抢劫、强奸等传统自然暴力犯罪,很难以不作为方式实施。在中国文化中,故意杀人罪只能由作为构成。战国时期的《法经》规定"杀人者诛",刘邦入关时约法三章"杀人者死"。从法定刑推测,这些法谚中的"杀人",都是暴力杀人。很难想象,丈夫对妻儿见死不救,属于要处死刑的"杀人"。

对杀人、伤害等这些最基本的刑法术语,做出符合历史、文化的解释,是主权在民、文化传承的基本要求,"法律规范如同其他社会规范一样,是选择的产物。它同样要承受建立在各自社会公规的指导原则对其连续性的考验"①。

(二)立法者预设了一些重罪的作为形象

从我国现行刑法的不同条文中,可以推导出:杀人、伤害、抢劫、强奸等犯罪,都是暴力的积极作为,不能由不作为构成。

首先,从绑架罪的规定中,可以推出杀人、伤害,只能由作为构成。我国刑法的"绑架罪"规定:"……犯前款罪,杀害被绑架人的,或者故意伤害被绑架人,致人重伤、死亡的,处无期徒刑或者死刑,并处没收财产。"这里的"杀害""伤害",只能是积极暴力行为,而不能是消极的不作为。例如,人质被绑后受惊吓,引发了心脏病,虽然医院就在附近,但行为人不送医、不打120,导致被害人死亡。按照通说,这种行为也是不作为的故意杀人罪,要适用该款,最低判处无期徒刑,这明显违反罪刑相适应原则。

其次,从累犯规定可以看出,杀人、强奸等自然犯只能由积极作为构成。我国《刑法》第八十一条规定:"对累犯以及因故意杀人、强奸、抢劫、绑架、放火、爆炸、投放危险物质或者有组织的暴力性犯罪被判处十年以上有期徒刑、无期徒刑的犯罪分子,不得假释。"该条也确认了故意杀人、强奸、抢劫等是积极作为的暴力犯罪。

最后,从特殊防卫制度可以推出,杀人、抢劫、强奸、绑架等,只能以作为的方式构成。《刑法》第二十条规定:"对正在进行行凶、杀人、抢劫、强奸、绑架以及其他严重危及人身安全的暴力犯罪,采取防卫行为,造成不法侵害人伤亡的,不属于防卫过当,不负刑事责任。"根据立法原意,杀人、抢劫、强奸、绑架,属于严重的

---

① 霍贝尔.原始人的法[M].严存生,等,译.北京:法律出版社,2006:15-16.

暴力犯罪,只能以积极暴力方式实施,而不能以不作为的方式实施,没有成立不纯正不作为犯的余地。

总之,立法者不断强调,杀人、强奸、抢劫等是暴力犯罪;在刑事政策中,中央机关在严打等行动中要求严惩"故意伤害""拐卖妇女""两抢一盗"等。显然,在立法者和决策者脑海中,杀人、强奸、盗窃等自然犯罪,都是积极的暴力犯罪。而丈夫对妻子落水不救、见火情不救,不是暴力犯罪,不是立法者设想中的故意杀人罪、放火罪。

四、传播淫秽物品牟利罪应排除不作为

(一)以刑制罪,确立"重罪只能作为"规则

从历史、语义、法条中,我们推导出一些自然犯罪,只能由作为构成。此外,还有哪些犯罪只能由作为构成?

1. 确立"重罪只能作为"规则,防止滥用不纯正不作为犯

笔者认为,法益保护要求扩张不纯正不作为犯,人权保障则要求否定不纯正不作为犯,当下解决之道只能是折中路线。在中国,应当通过"以刑制罪"的思路,来限定犯罪的行为方式,对设有无期徒刑、死刑的重罪①排除不作为,有条件地允许轻罪成立不纯正不作为犯。理由如下。

一是我国立法只是对重罪采取了以行为危险性为核心的立法模式,对于过失犯、行政犯等轻罪,多采取了法益保护的立法模式。法益保护模式的立法,可以包容不纯正不作为犯;而行为危险性立法模式,不能包容不纯正不作为犯。

二是重罪应当遵循严格的罪刑法定,轻罪可以宽松化。罪刑法定的核心是保障人权,而重罪伴随重刑,对国民自由影响最大。对于故意杀人罪,在解释上当然要慎之又慎,否则会出现灾难性后果;单纯杀人犯、强奸犯的称谓,足以剥夺一个公民的社会空间。而对过失致人死亡罪等轻罪,即便出现解释上的宽松,其危害后果也相对轻缓。

2. "重罪只能作为"不能有例外,但可以有差别

一方面,有些重罪条文貌似包含不作为的方式,如诈骗罪的语义包含了"隐瞒真相"的不作为,中外学者都认为诈骗罪可以由不作为构成。笔者认为,中国

---

① 在发达国家,最低刑为1年以上有期徒刑的都可以称为重罪,但这不符合中国公众的观念。中国人更习惯于以最高刑来判断重罪与轻罪,本文所言的重罪,限于最高法定刑为无期徒刑及以上的罪名。

诈骗罪的最高法定刑(无期)比国外高很多,在这一背景下,必须严格解释中国诈骗罪的行为方式。学者认为的不作为诈骗,多数因为有积极接受钱财的行为,完全可以按照作为犯评价。

另一方面,同样的行为,如果被分别规定为重罪和轻罪,那么,对于轻罪,可以成立不纯正不作为犯。"刑法独立性"原则,允许同一术语在不同法条中有不同含义。例如,抢劫罪的"暴力"和暴力干涉婚姻自由罪的"暴力",含义不同。具体到不纯正不作为犯,《日本刑法》将杀人罪规定为不同罪名,其中"参与自杀和同意杀人"最高法定刑只有七年。如果我国未来采取这种立法模式,那么对于重罪杀人的行为方式,需要严格限制,排除不作为的适用;对于轻罪,就可以成立不作为。

3.司法解释对"传播"的立场也是"重罪只能作为"

2003年"两高"《关于办理妨害预防、控制突发传染病疫情等灾害的刑事案件具体应用法律若干问题的解释》规定:"患有突发传染病或疑似传染病而拒绝接受检疫、强制隔离或者治疗,过失造成传染病传播,情节严重,危害公共安全的,属于过失以危险方法危害公共安全罪。"在行为方式上,"拒绝接受检疫、强制隔离或者治疗"属于不作为,造成后果时,如果患者对结果持间接故意,应该构成"(故意)以危险方法危害公共安全罪"。

但司法解释明确将这种不作为传播方式,降格处理为轻罪——"过失以危险方法危害公共安全罪"。这实际就是一种"以刑制罪"的思路,把重罪严格限定为作为,禁止不纯正不作为犯的滥用;而对轻罪,则肯定了不纯正不作为犯。

(二)以缩小解释克服传播淫秽物品牟利罪的立法缺陷

"传播淫秽物品牟利罪"是可判无期徒刑的重罪,这一立法与时代相悖,必须严格限制其行为方式,否定不纯正不作为犯。

1.对淫秽物品的严刑峻法不合时宜

随着开放程度加深、网络普及度提高,淫秽物品不再是洪水猛兽。在绝大多数国家,淫秽物品的主要危害是未成年人观看或公开展示。在对淫秽物品容忍度逐渐升高的全球背景之下,我国对"传播淫秽物品牟利罪"设置了远高于故意重伤的无期徒刑,明显过重。在立法修改前,必须限制本罪的行为方式,缩小其适用范围。

2.以点击率确定传播者的量刑,有结果责任之嫌

首先,互联网犯罪是非接触性犯罪,这会降低行为人的违法意识。相对于线下传播,网上传播由于受到的目光压力较少,所反映出行为人的反规范意识也较弱,可谴责性较弱。其次,点击率会超出行为人的控制,据此定罪可能造成客观归罪。根据司法解释,1个淫秽文件点击量超过1万次,即构成本罪;而达到25倍,即点击量超过25万次,就属于应当判处10年以上乃至无期的"情节特别严重"。而在互联网普及的时代,很容易出现点击数过25万次的情形,对传播者就要处10年以上有期徒刑,过于苛刻。

总之,"传播淫秽物品牟利罪"有恶法之实,学者要尽量缩小该罪的适用范围,弥补规范与现实之间的鸿沟。

(三)对"两高"的司法解释进行限缩性解读

"两高"《关于办理利用互联网、移动通讯终端、声讯台制作、复制、出版、贩卖、传播淫秽电子信息刑事案件具体应用法律若干问题的解释(二)》第四条规定:"以牟利为目的,网站建立者、直接负责的管理者明知他人制作、复制、出版、贩卖、传播的是淫秽电子信息,允许或者放任他人在自己所有、管理的网站或者网页上发布的,依照《刑法》第三百六十三条第一款的规定,以传播淫秽物品牟利罪定罪处罚。"这一司法解释被陈兴良教授解读为肯定了该罪的不作为传播方式,"虽然司法解释没有对行为方式进行具体规定,但从刑法理论上分析,这是一种不作为的行为方式"[1]。

1.法律解释必须考虑互联网发展的时代背景

如果肯定网络服务者明知有淫秽信息,不履行管理义务,都是不作为的传播。那么,几乎所有的网站都可能构成不作为犯罪:明知有淫秽照片而不履行管理责任,是不作为的传播淫秽物品罪;明知有人以发红包方式赌博,也是不作为的开设赌场罪;明知有假货而放任销售,构成不作为的销售伪劣产品罪。事实上,销售、开设赌场,只能由作为构成,当然排除了不作为。

2.学理限缩,实现规范正义

准确理解该司法解释,要注意两点。

第一,"明知……是"不等于"明知……会"。"明知他人制作、复制、出版、贩卖、传播的是淫秽电子信息"中的"明知……是",是"明知必然是",明知必然是而放任是直接故意;这不同于《刑法》第十四条中"明知……会"("明知可能会是")而放任的间接故意。由于"明知必然"就不存在"放任",因而,该司法解释中的"放任",在语义上是"放纵"。而且,这里的"明知他人制作……的是"是一种包含对象的具体认识(直接故意),不是笼统地知道网站上可能有淫秽物品的抽象认

---

① 陈兴良.在技术与法律之间:评快播案一审判决[N].人民法院报,2016-09-14(3).

识(间接故意)。

第二,"允许或者放任"的是"发布",而不是"存在"。如果管理员放任淫秽信息"存在",则可以认为,司法解释肯定了传播淫秽物品牟利罪的不作为方式——明知存在而不删除。但是,在司法解释中,允许或者放任的行为是"发布"。在"发布"之前,网站就要明知是淫秽信息,不可能是源于网民告知的情况。则可以断定,"允许发布"时"明知"是因为淫秽信息所有人明确告知(发布者告知是淫秽信息,双方是共谋故意)、"放任发布"时"明知"是因为网站管理人亲自看过(发布者没有告知是淫秽信息,但管理者先看过后,自己发现是淫秽信息,再同意发布)。

换言之,"明知是淫秽视频而放任发布",是网站管理员先看过淫秽视频,再放纵、纵容(同意)他人发布,这是共同犯罪。"允许"与"放任"都是经过了管理员同意的发布,只不过"允许"是共谋发布,是共谋的共同犯罪;而"放任"是同意发布,是普通的共同犯罪。两种情形下的网站管理者都是作为。

综上,无论是对传播淫秽物品牟利罪的法条,还是司法解释,都应当理解为作为。

五、余论:不要让德日教义学迷住正义的双眼

快播案背后的深层原因,是德日刑法教义学在处理中国案例上的无力。如果快播案发生在德国,按照不纯正不作为犯处理可能是正确的。但是,中国不纯正不作为犯的立法模式与德日有根本差别,传播淫秽物品牟利罪的立法正当性存在重大缺陷。在这些背景之下,一味用德日刑法理论解决中国问题,只会南橘北枳。虽然笔者对德日刑法理论知之甚少,但基本态度从未改变:好好学习,认真评判,不做教义学的信徒。精美的德日教义学,是一条通向奴役之路。即便有些德日理论可以为中国所用,但一定要有大历史观,经常跳出教义学的围墙,想想过去的坎坷,看看远方的危机。只可惜,一些年轻学子只顾低头走路,匍匐在德日刑法的碑文下,读一段卖一段,朝圣别人的文字而忘记了自己的名字。

网络服务提供者不作为犯罪的罪与罚

楼伯坤　唐　玲[*]

一、网络服务提供者基本理论及其犯罪类型

(一)网络服务提供者的含义

网络服务提供者是一个含义非常宽泛的概念。在当今互联网高速发展时代,由于不同服务商在网络运行中担负的功能不同,其承担的刑事责任也会有所不同。因此,要探讨网络服务商的刑事责任,首先必须明确网络服务提供者的具体范围。从文献资料分析可见,刑法理论关于网络服务提供者的具体范围有二分法和三分法两种形式。二分法认为网络服务提供者包括网络连接服务提供者和网络内容服务提供者;三分法在二分法的基础上,增加了网络平台服务提供者作为主体之一。笔者认为,网络服务提供者是为用户提供互联网服务的群体的总称,所以二分法将网络平台服务提供者排除在外是不科学的。本文赞同三分法为基础,认为网络服务提供者是指为网络用户提供网络连接、网络内容服务以及网络平台的单位或个人。

(二)网络服务提供者犯罪行为的类型

1.作为的犯罪行为形式表现

第一,利用信息网络实施或帮助实施违法行为。此类刑事责任主要是针对网络内容的提供者而言的。这类主体通过设立网站为用户提供各种信息服务,这些用户包括公司、机构和自然人。利用信息网络实施违法行为主要是指在互联网上建立淫秽网站、网页,为用户提供淫秽站点链接服务,或者传播淫秽书刊、

＊　楼伯坤,浙江工商大学教授,博士生导师,刑法学博士;唐玲,浙江泽厚律师事务所实习律师,法学硕士(刑法犯罪学方向)。

影片、音像、图片,实施诈骗、提供犯罪方法等行为,并以此营利的;利用信息网络服务帮助实施违法行为主要是指利用他人的违法行为,如张贴淫秽图片、文书、影像等,来提高自身网站的点击率以获得广告费。对于利用信息网络提供不法内容而牟取利益的行为,对网络不法内容提供者追究刑事责任是毋庸置疑的,而对于利用信息网络服务帮助实施违法行为的网络内容服务提供者是否应当追究刑事责任目前仍然存在争议。有的学者认为,如果网络服务提供者对明知他人利用自己的网站实施犯罪,而积极或者放任提供网络服务,包括服务器托管、网络存储空间、通信传输通道等帮助,那么网络服务提供者应当被追究刑事责任。但也有不少人持反对意见,认为网络内容服务提供者的刑事责任追究不符合刑法的谦抑性,有阻碍互联网发展之嫌。笔者认为,网络内容服务提供者的刑事责任是否应予追究,应当综合考虑其主观方面与客观方面对犯罪发生的实质性影响程度,而不能偏颇。

第二,为违法行为提供技术支持。此类犯罪行为针对的主要是网络连接服务提供者。网络连接服务提供者是指提供线路用户与网络相连的单位或个人,主要是通过出租或允许使用等方式向用户提供衔接通道,以技术手段对用户提供衔接支持。那么如果网络连接服务提供者为违法行为提供技术支持,是否属于犯罪并需要承担刑事责任呢?有的学者认为纯粹技术支持是一种中立行为,不应当负刑事责任,同时也有学者认为网络连接服务提供者实质上明知他人接入网络是为了实施犯罪,仍然为其提供接入服务,那么所涉及的就是共同犯罪的责任承担问题。[①] 笔者认为,任何时候刑法都应当具有谦抑性,技术支持行为的性质是单纯提供技术服务,正如电信公司提供信号服务一样,如果手机电话诈骗行为不能追究电信公司刑事责任的话,那么技术支持行为也应当按此对待。

2. 不作为的犯罪行为形式表现

第一,违反监管义务的不作为。网络服务提供者作为负有网络安全管理义务的主体,应当利用网络技术手段对违法信息进行监控,在发现违法信息传播或者用户隐私信息泄露等情况下进行有效的制止,才能进行免责。反之,网络服务提供者在已知违法信息出现的情况下,能够制止而没有制止,造成严重的危害后果,就属于典型的不作为犯罪。

第二,怠于行使技术措施的不作为。网络服务提供者为网络终端用户提供传输技术享受其他终端提供的下载或者在线视听服务的网络不法行为,如符合社会危害性和应受刑罚处罚性双重犯罪特征亦可被纳入犯罪圈,其对网站信息

---

① 陈洪兵.中立的帮助行为论[J].中外法学,2008(6):931-957.

怠于采取技术措施进行监管的行为亦能犯罪化,可构成不作为犯罪。这点在网络著作权犯罪领域得到了法律拟制规定的支持。《信息网络传播权保护条例》(2013 年修订)第十八条、第十九条指出:对于违反该条例的行为,构成犯罪的,网络服务提供者应依法被追究刑事责任。在其他领域,如侵犯人身权利、破坏网络监管秩序、侵犯财产权的案件定性中,网络服务提供者实施的不作为犯罪,可根据实行犯的犯罪行为,对其在犯罪中所起的作用和所处的地位加以综合考量,确定罪名及其应承担的刑事责任。

二、网络服务提供者不作为犯罪构成条件分析

对网络服务提供者是否构成不作为犯罪,首先应从不作为犯罪的构成要件进行分析。不作为犯罪构成要求行为人有履行某特定行为的义务却没有履行,最终促成或导致法益侵害结果发生的事实。按照我国刑法理论,不作为犯可分为纯正不作为犯和不纯正不作为犯两种类型。纯正不作为犯是指刑法明文规定只能由不作为构成的犯罪。在这种情况下,刑法往往明文规定作为义务的主体和不作为的客观行为。在我国目前的刑法体系中,尚未对网络服务提供者明文规定不作为的刑事责任。因此,本文所指网络服务提供者不作为刑事责任是指网络服务提供者不纯正不作为的刑事责任。

通说认为,构成不纯正不作为犯罪须具备三个基本条件:一是作为义务产生的根据,即首先应在刑法理论上确定负有防止结果发生的特别义务的依据;二是作为可能性,即在负有作为义务的同时,必须有能力履行该项义务;三是结果回避可能性,即能够履行义务,但客观上不存在避免结果发生的可能性时,则不以不作为犯论处。

(一)网络服务提供者作为义务产生的根据

我国法律体系中关于网络服务提供者作为义务的主要规定有:2009 年《全国人民代表大会常务委员会关于维护互联网安全的决定》第七条、2013 年《信息网络传播权保护条例》第二十三条。这些规定均从民商责任角度规定了网络服务提供者在"明知"的前提下,对互联网上的违法犯罪行为应采取移除等相关措施。当网络服务提供者违反作为义务达到刑法规定的严重的社会危害性的强度时,这些义务可能上升为刑法上的作为义务。当网络服务提供者可以采取措施防止严重危害社会的结果发生而不履行作为义务时,则可能构成不作为犯罪。

（二）网络服务提供者作为义务的可能性

网络的无地域性、开放性导致网络中每时每刻都有亿兆的数据在流动。如果要求网络服务提供者对所有数据进行鉴别、控制，进而对违法犯罪数据采取删除等措施，既不现实，也不利于网络空间的自由发展。因此，笔者认为，网络服务提供者的作为义务，应以采取当前的技术措施不会实质性增加网络服务提供者的运营成本或系统与网络的负担为限，如果超过这个限度，才可能会不合理地增加网络服务提供者的技术负担，不利于网络技术的健康发展。其中，"当前的技术措施"，应采用传统的期待可能性理论进行判断，即根据行为人标准进行判断，在网络行为当时的具体技术条件下，期待网络服务提供者作出合法行为有无可能性。

（三）网络服务提供者作为义务的结果

按照我国刑法关于不作为的犯罪理论，只有当行为人履行作为义务可以避免危害社会的结果发生时，其不作为才可能成立犯罪。如果网络服务提供者通过技术措施阻止了网络用户的犯罪行为，网络服务提供者的不法性和可责性被阻却；而当网络服务提供者采取了不会实质性增加网络服务提供者的运营成本或系统与网络的负担的当前技术措施，危害社会的结果仍然无法避免时，不应追究网络服务提供者的不作为刑事责任。

三、网络服务提供者不作为犯罪的刑事责任分析

（一）刑事责任的认定边界

1. 刑事责任的罪界

犯罪边界决定刑事责任边界，因此我们必须分清楚刑事责任与行政责任、民事责任的区别，从而正确认定犯罪、厘清刑事责任的罪界。民事责任、行政责任和刑事责任虽然在一定层面上扮演着实现社会正义、维护社会秩序的角色，但由于不同法律部门具体价值目标不同，制度设计不同，权利保护角度不同，它们之间的差异也是十分显著的，这也是我们需要分清刑事责任与民事责任、行政责任边界的着力点。①

首先，民事责任、行政责任和刑事责任产生的前提不同。民事责任由民事主

① 杨忠民.刑事责任与民事责任不可转换——对一项司法解释的质疑[J].法学研究，2002(4):131-137.

体违反民事义务的行为所引起;行政法律责任是由违反行政法律规范的行为所引起;刑事责任则是由犯罪行为所引起的,犯罪行为的发生是刑事责任产生的前提,刑事责任与犯罪是一种必然因果联系,没有犯罪行为,就没有刑事责任。

其次,功能上存在差异。设定法律责任的目的在于通过使当事人承担不利的法律后果,保障法律上的权利、义务、权力得以生效,实现法的价值。法律责任的功能则是法律责任目的实现的路径。通常认为,法律责任的功能主要有三,即惩罚功能、救济功能和预防功能。作为法律责任的具体表现形式,民事责任、行政责任与刑事责任必然都承载着法律责任的三项功能,但三者各有侧重。民事责任主要体现为补偿功能和救济功能;行政责任主要体现在对行政行为造成的权利侵害进行救济功能和通过剥夺能力、减少再次实施违法行为可能性的预防功能;刑事责任拥有最严厉的制裁手段,以惩罚功能和预防功能为主要特色。

再次,责任的实现方式不同。民事责任的实现方式主要以恢复权利为基本形式,例如恢复原状、返还财产、赔偿损失、停止侵害、排除妨害、赔礼道歉等。行政责任的承担方式则包括两个层面:一是以违法的行政主体为主要适用对象的撤销违法行政行为、履行职务或法定义务、通报批评、赔礼道歉等;二是以违法的行政相对人为主要适用对象的罚款、拘留、责令停产停业、吊销营业执照等。也就是说,行政责任的实现方式主要是非财产性方式。而刑事责任则主要是通过限制、剥夺犯罪人的人身自由的方式实现。责任的实现形式不同体现了不同的责任性质。

最后,责任的严厉程度不同。这是由民事责任、行政责任与刑事责任的功能不同、责任的实现方式不同派生出来的。在三种责任形式中,民事责任的强制性最弱,其次是行政责任,刑事责任具有最强的强制性。也就是说,当民事违法、行政违法达到一定严重程度时,违法行为可能转化为犯罪行为,这意味着当追究民事责任、行政责任不足以有效维护社会的安全与秩序时,刑事责任就要担当起重任。

2.刑事责任的等级

对刑事责任分级,是为了更精确地把握认识刑事责任的思路,界定刑事责任的边界。一般而言,对刑事责任的考察可以分为两个阶段,即刑事责任的入罪阶段与刑事责任的承担阶段。① 刑事责任的入罪标准主要是指犯罪人主体因素的满足度,包括是否具有罪过、刑事责任年龄是否符合法律规定、是否具有刑事责任能力等。符合刑事责任入罪标准,说明其符合追究刑事责任的罪质条件,应当

---

① 冯军.刑事责任论[M].北京:法律出版社,1996:189.

被追究刑事责任,但最终是否实际会承担刑事责任还需要看是否符合刑事责任的承担要求。刑事责任的承担要求,是指犯罪人是否确实具有承担刑事责任的必要性,包括是否具有犯罪行为,是否具有违法性阻却事由,等等。

(二)网络服务提供者承担不作为刑事责任的特殊形态

1.可构成不作为的共犯

网络服务提供者是为各类开放性网络提供信息传播中介服务的人。与网络用户往往对信息的初始发送、接收、传输内容的接受享有不同程度的控制力不同,网络服务提供者没有直接上传或传播信息或内容,只是起到传输平台的作用,而无实际控制力。有鉴于此,在具有相同过错或行为的情况下,网络用户与网络服务提供者在民商法领域可构成共同侵权责任,并承担连带责任;而在刑法领域,网络服务提供者则可基于相同的犯罪故意和意思联络,在符合相关犯罪构成的情况下,被认为是网络用户的共犯。网络服务提供者一般是为犯罪提供工具和媒介的人,在共同犯罪形态中属于从犯中的帮助犯。具体来说,网络服务提供者一般并非犯罪的实行犯,但是其提供的服务帮助他人实现了犯罪目的,使不法信息得以在网络空间向公众传播,在他人实施的犯罪行为中起到了帮助作用,可能作为帮助犯被追究刑事责任。而未采取必要技术措施的行为放任了犯罪的发生,可被视为为他人犯罪行为提供实质帮助。综上,在特定条件下,网络服务提供者的网络行为符合不作为帮助犯的构成要件。

2.可构成不作为的单独犯罪

根据 2005 年"两高"《关于办理侵犯著作权刑事案件中涉及录音录像制品有关问题的批复》的规定,未经录音录像制作者许可,通过信息网络传播其制作的录音录像制品的行为,应当视为《刑法》第二百一十七条第三款规定的"复制发行"即侵犯著作权罪。因此,网络服务提供者以营利为目的通过网络传播录音录像制品,违法数额较大或者有其他严重情节的,构成犯罪。且即使网络用户亦构成侵犯著作权罪,但是因网络服务提供者对网站内容未采取必要技术措施并通过网络传播作品的行为已满足上述法定的犯罪构成要件,单独定性为侵犯著作权罪并不存在司法认定障碍。

互联网时代中破坏生产经营罪的新解释

——以南京"反向炒信案"为素材

李世阳*

一、问题之所在

在"互联网＋"的时代背景下,传统犯罪面临着网络化的新挑战。以最为传统的盗窃罪为例,虽然传统的盗窃行为仍然存在①,但例如通过"开发盗号软件—购买软件—盗取支付宝账号—贩卖账号—洗号—撞库—转移账户资金—洗钱"这种以互联网方式完成的盗窃犯罪案件也在急剧增加。从刑法解释论的角度而言,如何解释刑法分则所规定的各个犯罪的构成要件以应对传统犯罪网络化的挑战,成为刑法所面临的迫切问题。与这一问题相关联,从刑事立法论的角度而言,对于新型的网络违法现象,刑法应采取积极的立法态度还是秉持所谓的谦抑品格,也成为不得不思考的问题。

南京市中级人民法院对一起典型的"反向刷单炒信"案件进行了审理并维持了一审判决所主张的成立破坏生产经营罪的结论。可以说,这一案例为上述问题的思考提供了绝佳的素材。

二、案情简介与争议焦点

(一)案情介绍

2013 年 9 月,北京智齿数汇科技有限公司通过北京万方数据股份有限公司获得万方数据知识资源系统 V1.0 的使用权,后于 2013 年 11 月在淘宝网注册成立名称为"PaperPass 论文通行证"的网上店铺,主要经营论文相似度检测业

---

* 李世阳,浙江大学光华法学院副教授,北京大学法学博士,早稻田大学法学博士。

① 梁根林.传统犯罪网络化:归责障碍、刑法应对与教义限缩[J].法学,2017(2):3.

务,由该公司南京分公司即智齿科技南京公司具体负责运营。

2014年4月,在淘宝网经营论文相似度检测业务的被告人董某为谋取市场竞争优势,雇用并指使被告人谢某,多次以同一账号恶意大量购买智齿科技南京公司淘宝网店铺的商品。其中,4月18日凌晨指使被告人谢某使用同一账号,恶意购买120单商品;4月22日凌晨指使被告人谢某使用同一账号,恶意购买385单商品;4月23日凌晨指使被告人谢某使用同一账号,恶意购买1000单商品。2014年4月23日,浙江淘宝网络有限公司认定智齿科技南京公司淘宝网店铺从事虚假交易,并对该店铺作出商品搜索降权的处罚,后经智齿科技南京公司线下申诉,于4月28日恢复该店铺商品的搜索排名。被处罚期间,因消费者在数日内无法通过淘宝网搜索栏搜索到智齿科技南京公司淘宝网店铺的商品,严重影响该公司正常经营。经审计,智齿科技南京公司其淘宝网店铺被商品搜索降权处罚而导致的订单交易额损失为人民币10万余元。

另查明,被告人谢某、董某分别于2014年5月13日、5月16日被公安机关抓获,二被告人归案后均如实供述了自己的犯罪事实。本案侦查期间,被告人董某已赔偿被害单位智齿科技南京公司经济损失人民币15万元。

(二)两名被告人的行为是否构成犯罪,以及构成什么犯罪成为核心问题

围绕这一问题,南京市雨花台区人民法院认为:被告人董某、谢某出于打击竞争对手的目的,以其他方法破坏生产经营,二被告人的行为均已构成破坏生产经营罪。被告人董某、谢某共同故意实施破坏生产经营的犯罪行为,系共同犯罪。关于董某的辩护人提出"董某不构成犯罪的"辩护意见,经审查认为,被告人董某为打击竞争对手,雇用并指使被告人谢某多次以同一账号恶意大量购买智齿科技南京公司淘宝网店铺的商品,从而导致浙江淘宝网络有限公司错误判定该店铺在从事虚假交易,并对其作出商品搜索降权的处罚,严重影响了智齿科技南京公司淘宝网店铺的正常经营活动,且给该公司造成了较大的经济损失,其行为属于以其他方法破坏企业的生产经营,已符合破坏生产经营罪的构成要件,应以破坏生产经营罪定罪处罚。①

(三)被告人董某向南京市中级人民法院提起上诉,其核心理由为董某的行为不构成破坏生产经营罪

具体而言:(1)董某不具有破坏生产经营罪所要求的"报复泄愤"的主观目

---

① 参照(2015)雨刑二初字第29号,来源于中国裁判文书网。

的,仅是"打击竞争对手"的商业惯例;(2)董某的行为不属于破坏生产资料、生产工具、机器设备的经营行为,不属于"以其他方法破坏生产经营";(3)行为后果并未造成"生产经营活动无法进行";(4)行为与后果间介入浙江淘宝网络有限公司降权处罚的因素,不具有刑法上的因果关系。①

对于这些理由,南京市中级人民法院做出如下反驳:在案证据证实,二上诉人主观上具有报复和从中获利的目的,客观上实施了通过损害被害单位商业信誉的方式破坏被害单位生产经营的行为,被害单位因二上诉人的行为遭受了 10 万元以上的损失,且二上诉人的行为与损失间存在因果关系,其行为符合破坏生产经营罪的犯罪构成,应以破坏生产经营罪定罪处罚。第三方因素的介入并不影响因果关系的认定。据此维持了一审法院在定性上所认定的破坏生产经营罪,但由于二审期间出现新的证据,原审判决认定二上诉人造成的损失数额不当,二审法院予以纠正,并据此而调整量刑,减轻刑罚。

(四)值得思考的问题

本案中,一审法院与二审法院均将两名被告人所实施的反向刷单炒信行为认定为破坏生产经营罪,但就二审法院所给出的判决理由来看,很难说从正面回应了辩护人所提出的上诉理由。归根结底是因为没有从解释论的角度去解释破坏生产经营罪的构成要件要素,例如本罪所侵犯的法益是什么,是针对个人财产的犯罪还是针对整体财产的犯罪,罪质是什么,如何把握实行行为,本罪是目的犯还是倾向犯,如何理解生产经营,如何认定法条所规定的"其他方法"等。

刑法解释学的宗旨就是恪守罪刑法定原则,在不超出语义的最大限度范围的前提下,将犯罪事实转化为刑法语言并涵摄到构成要件之中。以下,本文将从这一宗旨出发,对破坏生产经营罪做解释学意义上的梳理,以探求其适用范围的边界。

三、破坏生产经营罪的构成要件分析

我国《刑法》第二百七十六条规定:"由于泄愤报复或者其他个人目的,毁坏机器设备、残害耕畜或者以其他方法破坏生产经营的,处三年以下有期徒刑、拘役或者管制;情节严重的,处三年以上七年以下有期徒刑。"这一条文来源于1979 年《刑法》第一百二十五条的规定,该罪名安排在破坏社会主义市场经济秩序这一章。由此可见,在旧刑法中,将本罪所侵犯的法益理解为"市场经济秩序"。但如上所述,在新刑法中,不仅将构成要件表述为"破坏生产经营",而且将

---

① 参照(2016)苏 01 刑终 33 号,来源于中国裁判文书网。

该罪名归入侵犯财产罪这一章。这样的话,本罪的法益属性就发生了变化,由作为侵犯社会法益的秩序型犯罪转变为作为侵犯个人法益的财产型犯罪。很显然,破坏生产经营罪与故意毁坏财物罪一样,都是毁弃型的财产犯罪。但本文认为,这两个罪名的根本性区别在于破坏生产经营罪是针对整体财产的犯罪,而故意毁坏财物罪是针对个别财产的犯罪。以下详细论证这一点。

(一)区分针对个别财产的犯罪和针对全体财产的犯罪

破坏生产经营罪在财产犯罪中针对整体财产的犯罪,当然要求具备"财产上的损害"这一要件。但根据对于这一要件的不同理解,可以区分出针对个别财产的犯罪以及针对全体财产的犯罪。顾名思义,针对个别财产的犯罪是指侵害具体的、个别的财物或债权等财产权,主要表现为财物的占有转移或毁弃。与此相对,针对全体财产的犯罪是指侵害被害人的整体财产状态的犯罪,也就是说,只要作为整体的财产总量并没有减少,就不成立犯罪。

我国《刑法》分则第五章规定了 13 个财产犯罪,通说的观点认为我国刑法中的财产罪都是针对个别财产的犯罪,而不存在针对整体财产的犯罪。[①] 但是,如果将破坏生产经营罪也理解为针对个别财产的犯罪,那么,就只能将破坏生产经营罪的财产损害理解为毁坏机器设备或残害耕畜等方式本身所带来的损害,这样的话,必然导致破坏生产经营罪被完全消解于故意毁坏财物罪之中,从而丧失了单独存在的必要性。但既然《刑法》以两个条文分别规定了这两个罪名,应当说破坏生产经营罪有其自身的存在理由。这样的话,破坏生产经营罪中的财产损失就体现为因生产资料被破坏而导致生产经营活动无法继续进行所造成的损失。据此,当因损害这种期待权而导致被害人的整体财产法益受损时,即成立破坏生产经营罪,反之,如果整体财产法益并未受损,期待权并未落空,就不成立破坏生产经营罪,当破坏生产资料的行为符合故意毁坏财物罪的构成要件时,仅在此限度内承担罪责。

这样的话,在考察破坏生产经营罪中所要求的财产损害时,不能局限于静态意义上的生产资料,而应着眼于动态意义上的生产经营活动所产生的经济价值。在上述的反向炒信案件中,被告人董某指使谢某用同一账号大量购买作为竞争对手的智齿科技南京公司淘宝网店铺的商品,导致浙江淘宝网络有限公司认定智齿科技南京公司淘宝网店铺从事虚假交易,并于 2014 年 4 月 23 日对该店铺商品作出商品搜索降权的市场管控措施,在被搜索降权期间,消费者在数日内无法通过淘宝网搜索栏搜索到智齿科技南京公司淘宝网店铺的商品,该公司淘宝

---

① 张明楷.刑法学(下)(第五版)[M].北京:法律出版社,2016:939.

网店铺正常生产经营遭到破坏,使整体财产受损 10 万余元。显然可以将其认定为因生产经营被破坏而产生的财产损害。

(二)可以将生产经营的范围扩大解释为"业务"

即使整体财产法益受损,如果所破坏的不是生产经营活动,也不构成本罪,因此,在本罪的适用中,如何解释"生产经营"成为核心问题。"生产经营"应当被理解为"生产＋经营",同时,在互联网时代,"经营"的核心含义是组织、管理和运营,而不是生产、营利。[①] 本文认为,在解释刑法时,应当坚持客观解释的立场,作为主观解释之核心的立法者原意根本无从探寻,而且法律一旦被制定,从文本而言,就已经落后了。既要维持刑法典的稳定性,又要应对层出不穷的犯罪现象,除了对刑法文本进行客观解释外,别无选择。[②]

在这样的时代背景下,有必要赋予"生产经营"新的含义,以重新激活这一法条。因此有必要对"生产经营"做扩大解释,但不能超出语义的最大范围,否则就成为类推适用,而不再是解释。在《日本刑法》第 233 条中规定了妨害业务罪,其判例与通说已经就"业务"的解释上达成了共识,即所谓的"业务"是指,自然人、法人及其他团体基于其职业或者其他社会生活上的地位而继续、反复从事的,被法律所保护的事务。[③] 这样的话,就可以通过社会性、继续性、要保护性这三个方面对"业务"的范围进行限制,防止其范围无限扩大。本文认为,可以借鉴日本刑法学界与司法实务中关于"业务"的解释来弥补我国刑法中对"生产经营"的机械理解所产生的缺陷。

但在日本刑法学界中,虽然有少数的观点考虑到了妨害业务罪中,经济活动是业务的核心部分,据此而将妨害业务罪置于财产犯的边缘位置。[④] 但是日本的通说认为妨害业务罪的保护法益是人的社会活动自由,从而将其置于针对自由的犯罪这一位置上。[⑤] 如前所述,破坏生产经营罪是侵犯整体财产法益的犯罪,以具备财产损失为其成立要件,因此,即使将这里的"生产经营"扩大解释为"业务",也不能将破坏生产经营罪与妨害业务罪相等同。

这样的话,智齿科技南京公司在淘宝网上开设名为"PaperPass 论文通行证"的网上店铺,并经营论文相似度检测业务,显然符合业务所要求具备的社会

① 高艳东.破坏生产经营罪包括妨害业务行为——批量恶意注册账号的处理[J].预防青少年犯罪研究,2016(2):14-26.
② 张明楷.刑法学(下)(第五版)[M].北京:法律出版社,2016:29.
③ 前田雅英.刑法各论讲义(第 6 版)[M].东京:东京大学出版会,2015:135.
④ 山口厚.刑法各论(第二版)[M].东京:有斐阁,2010:155.
⑤ 平野龙一.刑法概说[M].东京:东京大学出版会,1977:186.

性、继续性以及要保护性,据此可以将其认定一种"生产经营"。被告人使用同一账号大量购买该网店的商品,导致该网店被淘宝公司认定为从事虚假交易并被降权处罚,在这一因果流程中,确实介入了淘宝公司的行为,但辩护人据此所提出的被告人的行为与破坏生产经营的结果之间不存在刑法上的因果关系这一主张是否能够成立,存在疑问,以下接着探讨该问题。

(三)被告人利用淘宝规则的行为成立间接正犯

根据《淘宝规则》第五十七条第三款的规定,淘宝网对涉嫌虚假交易的商品,给予 30 日的单个商品搜索降权的处罚。在本案中,被告人使用同一账号在短时间内大量购买竞争对手的商品,使淘宝公司后台直接认定为涉嫌虚假交易,并根据该条款做出搜索降权的处罚,正是该处罚导致被害网店的生产经营活动无法进行。然而,从本案的案情来看,降权行为的实施及其所导致的破坏生产经营的结果只能由被告人承担,因为被告人将淘宝公司作为实现自己犯罪的工具,成立间接正犯。

在 A 所实施的行为之后,通过介入 B 的行为而导致结果发生,在怎样的情形中,A 对于该结果可以作为单独正犯处罚? 这个问题之前一直都是被放在因果关系中他人行为的介入与相当因果关系或者被放在间接正犯的成立要件这一项下来讨论的。① 具体而言,A 作为单独正犯处罚的具体要件体现如下:(1)在故意作为犯中,当探讨介入了他人的行为、背后者(A)的罪责时,不管是被作为间接正犯的问题来讨论,还是被作为相当因果关系或者客观归责的问题来讨论,进而,在被害人自身介入的情形中,被作为同意的有效性问题来讨论,其判断资料都应该是同样的;(2)当 A 直接实现了结果时,A 就成为单独正犯;(3)即使存在 B 的行为,当假设不存在该行为、可以说由 A 的行为也大概可以产生该具体结果时,A 就成立单独正犯;(4)但在不可以这样说的场合,B 是否自律性地决定引起现实产生的结果就必须被作为核心问题,具体而言,当 B 是在理解了结果的意义与射程的基础上,在不被强制的状态下引起该结果时,那么,A 就不成立该结果的单独正犯,于是,(包含共同正犯在内的)广义共犯的成立与否就成为问题。在该情形中,由于可以说结果是在 B 的支配领域内产生的,因此,如果要处罚 A,只能限定于一种情形,即:满足了能够肯定对于他人的支配领域内所产生

---

① 岛田聪一郎.间接正犯与共同正犯[C]//神山敏熊古稀祝贺论文集,东京:成文堂,1996:445.

的事项之归责的特别规定(即共犯规定)所需要具备的成立要件。①

简而言之,在判断背后者是否成立间接正犯时,所采取的是一种消极判断,即,如果介入者所实施的行为是基于自律性决定,也就是说结果处于其支配领域之内,那么,背后者就不成立间接正犯。② 在本案中,对因果流程处于优势支配地位的显然是被告人,该结果的发生并不在淘宝公司的支配领域内,因为淘宝公司所做出的降权处罚并不是一种自律性决定,而是在不可避免地陷入认识错误的状态下做出的。据此,被告人成立破坏生产经营的间接正犯。

(四)泄愤报复等个人目的是一种消极动机

从《刑法》第二百七十六条关于破坏生产经营罪的构成要件的表述来看,不仅仅需要具备"毁坏机器设备、残害耕畜或者以其他方法破坏生产经营"这一客观构成要件要素,而且需要具备"由于泄愤报复或者其他个人目的"这一主观构成要件要素。很明显,这一主观构成要件要素带着极为强烈的情绪倾向或动机,如果认为在具备构成要件故意的基础上还必须具备这种倾向或动机,那么在司法实践中势必面临证明上的困难,其认定标准也不可避免地带有恣意性。事实上,在上述反向刷单案例中,辩护人在论证上诉人不构成破坏生产经营罪时,首要理由就是上诉人不具有破坏生产经营罪所要求的"报复泄愤"的主观目的,仅是"打击竞争对手"的商业惯例。因此很难说南京市中级人民法院在裁判理由中对于这一点做出了有力回应。

从客观主义刑法的基本立场出发,在构成要件的设置以及解释上,应当尽量避免或淡化带有情绪性、心情性的主观要素。例如,《日本刑法》第247条规定了背任罪,将其构成要件表述为:"为了他人而处理事务者,怀着谋求自己或第三人的利益或者对本人施加损害的目的,实施违背其任务的行为,对本人造成财产上的损害。"从这一规定来看,图利或者加害目的成为本罪的构成要件要素,因此之前的通说认为图利或加害目的是独立于构成要件故意的要素,要求具备对图利、加害的确定性认识或者意欲。③ 这种观点被称为"积极的动机说",显然,这种观点忠实于条文的解释,但不得不面临着与我国刑法所规定的破坏生产经营罪同样的上述困惑,即为什么要特别强调这种心情要素对于本罪成立的意义这一点是不明确的。于是,最近日本的判例与通说认为,既然故意实施了违背任务行

---

① 岛田聪一郎.间接正犯与共同正犯[C]//神山敏熊古稀祝贺论文集.东京:成文堂,1996:445-446.

② 李世阳."捅伤他人后捅死自己"的归责[J].刑事法判解,2014,16(2):58-72.

③ 藤木英雄.刑法讲义各论[M].东京:弘文堂,1976:348.

为,原则上就可以肯定背任罪的成立,仅仅当这是专门为了本人的利益而实施时,才例外地不处罚。① 这种观点被称为"消极的动机说"。

在破坏生产经营罪的解释上,可以借鉴上述的"消极的动机说"。具体而言,只要行为人客观上实施了破坏生产经营的行为,即可推定其主观上具备对于该行为及其所造成的构成要件结果的认识,即具有构成要件故意,除此之外,并不需要具备所谓的"由于泄愤报复或者其他个人目的"这种情绪性因素。这种心情性因素仅仅在作为消极的动机这一点上是有意义的,即当行为人并不是基于"个人目的"而实施破坏生产经营的行为时,例外地成为本罪的刑罚阻却事由。而"非个人目的"主要限定于以下情形:第一,专门为了增加被害人的财产利益而实施,但客观上对被害人的生产经营造成破坏;第二,行为人专门为了公共利益而实施破坏他人生产经营的行为。在本案中,被告人的行为显然不是为了增加被害人的财产利益或者公共利益而实施的,因此可以说是一种基于个人目的的行为。

(五)破坏生产经营罪中"其他方法"的解释

以其他方法破坏生产经营的解释在我国《刑法》分则的条文中,存在大量的兜底条款,其典型表现就是"其他方法",例如,在我国《刑法》分则条文中,出现了多达16处的"其他方法"这一表述。罪刑法定原则要求刑法必须具备明确性,这既包括犯罪的明确性,也包括刑罚的明确性,而构成要件的明确性是犯罪明确性的基本保障。如果在构成要件中出现大量的"其他方法"这种列举性的表述,必然会破坏刑法的明确性,但依然可以在保护法益的范围内,从比例原则出发,限缩解释"其他方法"的范围,使其尽可能地明确化。

关于破坏生产经营罪中"其他方法"的解释,有力的观点认为应当进行同类解释。本文赞同在解释兜底条款时应遵循同类解释规则,因此,对于已经在条文中明确列出的"毁坏机器设备"与"残害耕畜"这两项,当然是重要的参照条件,但本罪的保护法益以及实行行为的本质特征才是进行同类解释的指导原则,如前所述,本罪所侵害的是整体财产法益,实行行为的本质特征在于对生产经营的破坏,而生产经营并不局限于农业与工业化生产,可以将其扩大解释为"业务"。据此,如果认为这里的"其他方法"必须具备损毁的性质以及所损毁的必须是生产资料,必然不适当地缩小本罪的实行行为的射程范围。决定破坏生产经营罪中"其他方法"外延的,不是前面的"毁坏机器设备、残害耕畜",而是"其他方法"之后的"破坏",只要是对生产经营的破坏行为并损害他人的整体财产法益,就是

---

① 高桥则夫.刑法各论(第二版)[M].东京:成文堂,2014:402.

"其他方法",不一定是对物的暴力。①

这样的话,在上述的"反向炒信"案例中,即使被告人所实施的行为并未像毁坏机器设备或者残害耕畜那样从物理形态上损毁他人的生产资料,但被告人所实施的行为导致了被害人的网店被降权处罚,经营活动遭受严重阻碍,整体财产法益受损。在这个意义上,将反向刷单炒信的行为纳入破坏生产经营罪的"其他方法"中,属于符合法益保护目的之客观解释,并未超出语义的最大范围边界,因此不违反罪刑法定原则。

四、结论与展望

刑法必须解释才能适用,在解释过程中,通过行为规范的设置所要实现的保护法益之目的是基本的指导原理,因此,从罪刑法定原则出发,在语义所允许的最大限度范围之内,做符合法益保护的目的解释,是刑法解释的基本方法。破坏生产经营罪从属于 1979 年《刑法》中的破坏经济秩序型的犯罪到 1997 年《刑法》的侵犯财产犯罪,意味着通过该构成要件的设置所要实现的法益保护目的也相应地从保护秩序转变为保护财产。然而,当前刑法学界在解释破坏生产经营罪时,通说的观点将本罪理解为侵犯个别财产法益的犯罪,因此是以静态的眼光看待本罪的财产损失;并且将本罪所规定的"由于泄愤报复或其他个人目的"理解为一种积极的动机,而且将"破坏"仅仅理解为对生产资料的破坏。可以说,这是停留在农耕时代与机器工业时代语境下对本法条的解释水平,在互联网时代背景下,如果继续停留在以上的解释层面,一方面将使破坏生产经营罪逐渐丧失适用余地,将该法条束之高阁;另一方面导致大量通过互联网破坏他人生产经营的行为得不到应有的规制。伴随着互联网的迅猛发展,互联网犯罪也不断升级演化,呈现出新型化、精细化、专业化、组织化等特点。仅打击表面的犯罪行为治标不治本,无法根治互联网不安全的毒瘤。

当新型的违法犯罪现象出现时,刑法不可能也没有必要对每一种行为犯罪化,而首先应当根据上述的解释方法对现行刑法的条文所规定的构成要件进行解释。事实上,毫不夸张地说,破坏生产经营罪是刑法应对互联网犯罪的有力条款,但需要对其构成要件进行如下的全新解释。

第一,破坏生产经营罪所保护的法益虽然是财产,但这是一种针对全体财产法益的犯罪,应当以动态的视角考察其财产损失。

第二,可以将生产经营的内容扩大解释为自然人、法人及其他团体基于其

---

① 高艳东.破坏生产经营罪包括妨害业务行为——批量恶意注册账号的处理[J].预防青少年犯罪研究,2016(2):20.

职业或者其他社会生活上的地位而继续、反复从事的,被法律所保护的事务,即"业务"。

第三,从客观刑法的立场出发,应当将破坏生产经营罪中的"由于泄愤报复或者其他个人目的"理解为一种消极的动机,即只要客观上实施了破坏他人生产经营的行为,即可推定其构成要件故意,除此之外并不需要具备报复泄愤这种情绪性因素或个人目的,当且仅当在非个人目的的支配下实施破坏生产经营行为时,才例外地成为刑罚阻却事由。

第四,在解释破坏生产经营罪的"其他方法"时,应根据同位解释的规则确保刑法的明确性,但本罪的保护法益以及实行行为的本质特征即破坏生产经营才是进行同类解释的指导原则。

网络上泄露涉密级考试答案的行为定性

王波永[*]

一、案情简介

2011年下半年,林某、徐某某、陈某某陆续开始买卖全国大学英语四、六级考试的试题及答案,后约定由林某出面向上家购买,费用均摊。林某通过网聊联系到汪某某,以每份全国大学英语四、六级考试试题及答案数百元不等的价格,向汪某某购买,汪某某将自己从网友处购买的全国大学英语四、六级考试试题及答案卖给了林某及他人,后林某再将上述试题及答案转卖给徐某某、陈某某。同时,林某,陈某某伙同黄某、乐某,徐某某伙同王某、曹某某共三个团伙分别大批量印制"CET助考""金牌考试""诚信助考"等买卖全国大学英语四、六级考试答案的小广告,在绍兴、杭州等地高校校园内进行张贴,分别招揽生意向学生出售考试答案并牟利。在2011年12月、2012年6月全国大学英语四、六级考试前及考试过程中,汪某某等8人通过QQ群及QQ空间发布考试试题和答案,非法获利人民币数千元至数万元不等。经教育部考试中心鉴定,大学英语四、六级考试试题在考试开始前系机密级国家秘密,上述行为人故意泄露机密级国家秘密2项以上。

二、分歧意见

对于在网络上购买涉密级考试答案后转卖考试答案的行为,分歧的焦点主要有以下几个方面。

（一）行为人的行为定性

第一种意见认为构成非法获取国家秘密罪。主要理由是：全国有类似司法案例的判决先例，一般均以非法获取国家秘密罪立案侦查，行为人购买大学英语四、六级考试答案后再转卖给考生，向考生有偿提供作弊设备，由考场外的人通过无线信号把考试答案发送到考场内，以收买的方法非法获取国家秘密，侵害的客体是国家对社会的管理活动，破坏了社会的正常秩序，应当构成非法获取国家秘密罪。

第二种意见认为构成故意泄露国家秘密罪。主要理由是：最高人民检察院《关于渎职侵权犯罪案件立案标准的规定》中关于故意泄露国家秘密案规定，"……涉嫌下列情形之一的，予以立案……2.泄露机密级国家秘密2项(件)以上的……"教育部考试中心出具的关于对公安部第十一局有关材料鉴定回复，大学英语四、六级考试试题在考试前系机密级国家秘密。行为人在2011年12月和2012年6月大学英语四、六级考试中泄露机密级国家秘密2项以上，应当构成故意泄露国家秘密罪。

（二）罪数形态

第一种意见认为非法获取国家秘密罪和故意泄露国家秘密罪成立吸收犯。行为人将收买的国家秘密又泄露出去，属于吸收犯的情况，犯罪目的是把国家秘密转卖以牟取利益，收买考试答案的行为附属于转卖行为，主行为故意泄露国家秘密吸收从行为非法获取国家秘密，两罪属于吸收犯。

第二种意见认为非法获取国家秘密和故意泄露国家秘密罪成立牵连犯。行为人购买大学英语四、六级考试答案以及转卖考试答案是两个独立的行为，以实施一个犯罪为目的，不存在主从行为之分，两个独立的行为分别触犯不同的罪名，属于手段行为和目的行为的关系，两罪属于牵连犯。

第三种意见认为非法获取国家秘密罪和故意泄露国家秘密罪数罪并罚。行为人买卖大学英语四、六级考试答案的行为具有两个独立的犯意，两罪分别规定在《刑法》不同的章节中，侵害了不同的法益，购买行为和转卖行为分别符合非法获取国家秘密罪和故意泄露国家秘密罪的构成要件，不属于单独的一罪，应当数罪并罚。

三、评析意见

行为人买卖大学英语四、六级考试试题及答案的行为常见于公安机关以非法获取国家秘密罪立案侦查，且在考前发布的考试试题及答案往往是不真实的，通常由考生按照要求购买作弊设备,由非法获取考试答案的行为人在考试期间通过发射器向购买考试答案的考生发送答案。在本案中,行为人均系买卖大学英语四、六级考试答案的"中间人",通过在考试前及考试期间把考试试题和答案卖给考生赚取收益,本案的争议焦点即在找不到泄题"源头人"的情况下,买卖考试答案的"中间人"的行为定性及罪数形态的判断。

(一)行为人的行为定性

1.行为人的行为符合故意泄露国家秘密罪的构成要件

在 2011 年 12 月和 2012 年 6 月大学英语四、六级考试中泄露机密级国家秘密 2 项以上,依据最高人民检察院《关于渎职侵权犯罪案件立案标准的规定》中对故意泄露国家秘密案的规定,行为人的行为符合故意泄露国家秘密罪的立案标准。

一是故意泄露国家秘密罪犯罪主体是一般主体,包括非国家机关工作人员。故意泄露国家秘密罪在《刑法》第九章渎职罪中规定。《刑法》第三百九十八条关于故意泄露国家秘密罪规定,国家机关工作人员违反保守国家秘密法的规定,故意泄露或者过失泄露国家秘密,情节严重的,处三年以下有期徒刑或者拘役;情节特别严重的,处三年以上七年以下有期徒刑。非国家机关工作人员犯前款罪的,依照前款的规定酌情处罚。行为人均非故意泄露国家秘密的"源头人",既不是国家机关工作人员,也非国家工作人员,依据《刑法》的相关规定,非国家机关工作人员故意泄露国家秘密的,比照国家机关工作人员的规定定罪处罚,故行为人满足故意泄露国家秘密罪的主体条件。

二是行为人泄露机密级国家秘密 2 项以上,符合故意泄露国家秘密罪的立案标准规定。最高人民检察院于 2005 年 12 月 29 日通过的《关于渎职侵权犯罪案件立案标准的规定》是渎职犯罪案件的主要法律渊源,规定了渎职侵权犯罪案件的具体立案标准,其中,关于故意泄露国家秘密案中规定,"……涉嫌下列情形之一的,应予立案……2.泄露机密级国家秘密 2 项(件)以上的……"教育部考试中心出具的关于对公安部第十一局有关材料鉴定的回复指出,"大学英语四、六级考试试题在考试前系机密级国家秘密";关于对大学英语四、六级考试试卷提出密级鉴定意见的复函(教密办函〔2003〕2 号)亦同时规定,"全国大学英语四、六级考试试卷在考试前属于国家秘密,且在考试前系机密级国家秘密"。根据相关文件,机密级国家秘密的时间限制为大学英语四、六级考试开始前,内容限制为发布的考试试题,至于发布的考试答案是否为机密级国家秘密则存在争议,规范性文件及批复中并未予以明确界定。行为人在大学英语四、六级考试开始前一天即开始发布大学英语四、六级考试试题和答案,通过对行为人发布的考试试题、答案和标准试题、答案比对,考试开始前一天发布的试题和答案的正确率不高,但考前一个小时或者半个小时发布试题和答案部分正确率比较高,考试过程中发布的试题和答案的正确率接近 70%,具体锁定到考试开始前,2011 年 12 月大学英语四级考试、六级考试和 2012 年 6 月大学英语六级考试的作文题试题与标准试题一致,大部分翻译试题和答案与标准试题和答案一致,其他部分选项的答案与标准答案一致。以每次举行的大学英语四级或者六级考试为一个单位,行为人在 2011 年 12 月的大学英语四级考试、六级考试和 2012 年 6 月的大学英语六级考试的考试开始前发布正确的作文题、翻译题的考试试题,泄露机密级国家秘密 3 项,符合"泄露机密级国家秘密 2 项以上"的立案标准。

三是教育部考试中心出具的密级鉴定意见具有法律上的效力。故意泄露国家秘密罪的其中一个构成要件是国家机关工作人员或者非国家机关工作人员违反《保守国家秘密法》,国家秘密的密级分为绝密、机密、秘密三级,国家保密行政管理部门主管全国的保密工作。《保守国家秘密法》规定,国家秘密及其密级的具体范围,由国家保密行政管理部门分别会同外交、公安、国家安全和其他中央有关机关规定。2001 年 7 月 9 日教育部、国家保密局联合发文《教育工作中国家秘密及密级具体范围的规定》(教密〔2002〕2 号),其中第四条规定,高等教育中承担国家涉密工程科研项目和课题,以及经省部级以上批准立项的涉密科研项目和课题,其密级按主管部门确定的秘密或国家科技保密规定执行;教育工作中涉及其他部门或行业的国家秘密事项,其密级按有关部门的保密范围确定;对是否属于国家秘密和何种密级的不明确事项,由教育部确定,即教育工作中除第四条第一款情形外的其他国家秘密事项,由教育部确定国家秘密的密级,文件中同时也确定了教育工作中绝密级事项、机密级事项、秘密级事项的具体范围,"国家教育省级统一考试在启用之前的试题(包括副题)、参考答案和评分标准"属于机密级事项,因此,教育部考试中心出具的密级鉴定回复函具有法律上的效力,可作为确定国家秘密密级的重要依据。

2. 行为人的行为亦符合非法获取国家秘密罪的构成要件

非法获取国家秘密罪在《刑法》第六章妨害社会管理秩序罪中规定,《刑法》第二百八十二条关于非法获取国家秘密罪规定,以窃取、刺探、收买方法,非法获取国家秘密的,处三年以下有期徒刑、拘役、管制或者剥夺政治权利;情节严重的,处三年以上七年以下有期徒刑。非法获取国家秘密罪的犯罪主体是一般主体,行为人以金钱的有偿方法,向网友购买大学英语四、六级考试试题和答案后向考生出卖,非法获取国家秘密,构成非法获取国家秘密罪。

（二）罪数形态

笔者认为，行为人购买大学英语四、六级考试答案后转卖考试答案的行为，存在手段行为和目的行为的牵连关系，分别触犯不同的罪名，应当"择一重罪从重处罚"。

1. 行为人的行为是手段与目的的牵连犯

牵连犯，是指犯罪的手段行为或结果行为，与目的行为或原因行为分别触犯不同罪名的情况。[①] 罪数形态的判断是一罪还是数罪并不以行为人侵犯的是同种法益还是数种不同的法益为依据，在貌似数罪实为一罪的情况中，行为人的同一行为有可能构成不同的罪名，而数罪分别规定在《刑法》不同的章节中，即侵犯了不同的法益，我们认为，在这种情况中，除非法律有特别规定，一般不对行为人的行为实行数罪并罚。依据我国的传统观点认为，吸收犯存在三种情况，重行为吸收轻行为、实行行为吸收预备行为、主行为吸收从行为。牵连犯和吸收犯既有交叉又有区别[②]，吸收犯的一个犯罪行为为另一个犯罪行为吸收后便失去了独立存在的意义，仅有一个犯罪形态的罪名，吸收犯和牵连犯均为拟制的一罪，笔者认为，行为人非法获取国家秘密后又实施泄露行为的情形相比吸收犯更符合牵连犯的罪数形态。

一是行为人是基于一个犯罪目的。[③] 行为人的犯罪是以牟利为目的买卖大学英语四、六级考试答案，购买考试答案的终极目的为卖出考试答案，其需要通过把国家秘密泄露出去被不应知悉者知悉以牟取利益。

二是具有两个以上的、相对独立的行为。买进及卖出大学英语四、六级考试答案是两个相对独立的社会行为，不具有从属、附属的关系，两个独立的行为分别触犯了不同的罪名，符合不同罪名的构成要件，前者构成非法获取国家秘密

---

① 张明楷.刑法原理[M].北京：商务印书馆，2011：426.

② 应将吸收犯中的重行为吸收轻行为的情形纳入牵连犯中，而将吸收犯限于两种情形：一是主行为吸收从行为，主要是在共同犯罪中，组织行为吸收实行行为、帮助行为，实行行为吸收教唆行为、帮助行为。二是实行行为吸收非实行行为，主要是既遂行为吸收未遂行为、预备行为，未遂行为吸收预备行为。参见高铭暄，叶良芳.再论牵连犯[J].现代法学，2005(2)：103-114.

③ 多数学者的观点认为，牵连犯的其中一个条件是必须出于一个犯罪目的，张明楷教授认为行为人主观上很有可能具有多个犯罪目的，主观故意形态也有多种，"一个犯罪目的"并不能包括牵连犯、目的犯的目的的情形。本案中行为人的行为终极目的只有一个，即转卖考试答案牟取暴利，不存在多个犯罪目的，我们把"出于一个犯罪目的"列为牵连犯的一个条件。

罪,后者构成故意泄露国家秘密罪。

三是两个独立行为之间具有牵连关系,行为人实施的两个危害社会行为之间具有手段与目的或原因和结果的内在联系。行为人买卖大学英语四、六级考试答案具有手段行为和目的行为的内在关系,购买大学英语四、六级考试答案是手段行为,用于实施卖出大学英语四、六级考试答案以牟取暴利的目的行为,两者具有内在的牵连性,行为人主观上具有牵连的意思,在客观上具有通常的方法或结果关系。①

2. 牵连犯的"择一重罪"适用故意泄露国家秘密罪

对于牵连犯,《刑法》分则有特别规定的,应当适用特别规定定罪处罚;《刑法》分则没有规定的,按照择一重罪从重处罚的原则处理;在《刑法》规定的法定刑种及幅度都相同的情况下,可以通过法定刑适用方式的不同来比较法定刑的轻重。② 在司法实务中,对于《刑法》分则没有特别规定的牵连犯,"择一重罪从重处罚"的原则是一种比较成熟通用的刑法理论,即选择行为人行为所触犯的法条中规定的法定刑较重的法条定罪从重处罚。非法获取国家秘密的法定刑是三年以下有期徒刑、拘役、管制或者剥夺政治权利,情节严重的,处三年以上七年以下有期徒刑。故意泄露国家秘密罪的法定刑是三年以下有期徒刑或者拘役;情节特别严重的,处三年以上七年以下有期徒刑。两罪中情节严重的法定刑相同,普通情节法定刑的最高刑期相同,区别在于故意泄露国家秘密罪未规定"管制、剥夺政治权利"的刑罚类型。最高人民法院《关于适用刑法第十二条几个问题的解释》(法释〔1997〕12 号)第一条规定,《刑法》第十二条规定的⋯⋯法定刑较轻是指法定最高刑较轻,如果法定最高刑相同,则指法定最低刑较轻。第二条规定,如果刑法规定的某一犯罪有两个以上的法定刑幅度,法定最高刑或法定最低刑是指具体犯罪行为应当适用的法定刑幅度的最高刑或者最低刑。行为人的行为不适用情节严重的法定刑幅度,法定刑不仅仅指主刑,当然也包括附加刑,在法定最高刑相同的情形下,非法获取国家秘密罪的"三年以下有期徒刑、拘役、管制或者剥夺政治权利"显然比故意泄露国家秘密罪的"三年以下有期徒刑或者拘役"的法定最低刑要低,两罪相比较,"择一重罪"的应为故意泄露国家秘密罪。

---

① 高铭暄,马克昌.刑法学(第二版)[M].北京:北京大学出版社,2005:209.
② 转引自刘德权.最高人民法院司法观点集成:刑事卷[M].北京:人民法院出版社,2010:221.

贪污贿赂犯罪修正述要

周振晓 *

2015 年 8 月 29 日第十二届全国人民代表大会常务委员会第十六次会议通过了《中华人民共和国刑法修正案(九)》(以下简称《修正案(九)》),该修正案已经从 2015 年 11 月 1 日起开始实施。截至目前总共 11 个刑法修正案中,《修正案(九)》的条文数量是最多的,共有 52 条(除了第五十二条是关于生效时间的规定以外,其他条文均涉及实质性的修正内容),比《刑法修正案(八)》的 50 条还略多一些。《修正案(九)》修正的内容很广泛,涉及《刑法》总则和分则方面的内容。由于贪污、贿赂犯罪是常见多发的犯罪,也是惩贪、惩贿、反腐涉及的主要罪名,一直是刑法处罚的重点犯罪。因此本文仅仅以《修正案(九)》对贪污、贿赂犯罪的修正为内容进行概述。

一、《修正案(九)》对贪污罪的修正

《修正案(九)》对贪污罪的修正有三个方面的内容。

《刑法》第三百八十六条规定:"对犯受贿罪的,根据受贿所得数额及情节,依照本法(刑法)第三百八十三条(贪污罪)的规定处罚。索贿的从重处罚。"因此,《修正案(九)》对贪污罪的处罚方面的修正,同时也就是对受贿罪的处罚方面的修正,《修正案(九)》的这些修正内容同样也适用于受贿罪。为避免重复,本文仅分析《修正案(九)》对贪污罪的修正。

(一)对贪污罪法定刑的修正

《修正案(九)》对第三百八十二条贪污罪的罪状没有修改,而对第三百八十三条贪污罪的法定刑则做了比较大的修改。

---

* 周振晓,中国计量大学法学院教授。

1. 修改了贪污罪的法定刑的梯度

按照 1997 年《刑法》的规定,贪污罪的法定刑(主刑)的梯度包括这样四档:(1)10 年以上有期徒刑或者无期徒刑;死刑。(2)5 年以上有期徒刑;无期徒刑。(3)1 年以上 7 年以下有期徒刑;7 年以上 10 年以下有期徒刑。(4)2 年以下有期徒刑或者拘役。这个规定的特点之一是:法定刑的梯度是按照由重到轻的顺序来排序的,其立法目的是从立法上体现出对贪污罪和受贿罪的严厉惩处。特点之二是:法定刑的轻重梯度之间有重合,而不是轻重梯度紧密衔接。如第二档是"5 年以上有期徒刑",第三档则是"1 年以上 7 年以下有期徒刑"。

《修正案(九)》将贪污罪的法定刑调整修改为这样三档:(1)3 年以下有期徒刑或者拘役。(2)3 年以上 10 年以下有期徒刑。(3)10 年以上有期徒刑;无期徒刑或者死刑。从中可以看出:贪污罪的法定刑(主刑)的梯度已经由原来的 4 档减少为 3 档了,并且其法定刑的梯度排序,也不再是按照由重到轻的顺序来排列,而是与其他绝大多数的罪名一样,也是按照由轻到重的顺序来排列了。同时,法定刑的轻重梯度之间也基本上是紧密衔接的,减少了相互之间的重合部分。

2. 修改了贪污罪的定罪量刑标准

(1)修改了贪污罪的定罪标准

按照刑法原来的规定,贪污行为构成犯罪的标准是:"个人贪污数额不满 5000 元,情节较重的";如果个人贪污数额不满 5000 元,情节较轻的,则不构成贪污罪,仅仅是"由其所在单位或者上级主管机关酌情给予行政处分"。在司法实践中一般是掌握在个人贪污数额达到 5000 元的,可以构成贪污罪。当然在一些地区,贪污罪的这个定罪的数额标准实际上又已经是大大提高了的。

《修正案(九)》对贪污罪的定罪标准则修改为"贪污数额较大或者有其他较重情节",删除了原来采用的以具体贪污数额为主要内容的定罪标准。

(2)修改了贪污罪的量刑标准

按照刑法原来的规定,在贪污罪的量刑标准中,采用了具体数额的标准(有时是采用"具体数额+概括情节"的标准)。量刑的具体数额标准分别有这样几种情况:(1)个人贪污数额在 10 万元以上的。(2)个人贪污数额在 5 万元以上不满 10 万元的。(3)个人贪污数额在 5000 元以上不满 5 万元的。个人贪污数额在 5000 元以上不满 1 万元。(4)个人贪污数额不满 5000 元(情节较重)的。

在刑法条文中明确规定对贪污罪定罪量刑的贪污具体数额标准,应该承认也是有其意义的。它可以在一定程度上达到统一对贪污罪的定罪量刑标准,也可以相对有效地防止出现徇私枉法的情形。

《修正案(九)》已经将贪污罪的量刑标准由原来的"具体数额"或者"具体数额＋概括情节"的标准修改为更加灵活和更有弹性的"概括数额或者概括情节"标准:(1)贪污数额较大或者有其他较重情节的。(2)贪污数额巨大或者有其他严重情节的。(3)贪污数额特别巨大或者有其他特别严重情节的;数额特别巨大,并使国家和人民利益遭受特别重大损失的。

《修正案(九)》这样的修改,实际上是把定罪量刑的具体标准"让渡"给了最高人民法院和最高人民检察院。由"两高"通过司法解释来确定具体的数额标准和其他情节标准。司法机关的自由裁量权更大了。严格地讲,这并不一定是最好的修改方式。特别是如果欠缺真正的司法公开和透明、欠缺真正有效的对司法的监督、欠缺真正的独立审判,那么在对贪污罪、受贿罪定罪量刑上出现徇私枉法、干预司法的情况就难以避免,甚至会严重化。而这是应该引起警惕的。

(3)提高了对贪污罪适用死刑的标准

按照刑法原来的规定,对贪污罪适用死刑的规定是:个人贪污数额在 10 万元以上,情节特别严重的,处死刑。其适用死刑的数额起点较低,"10 万元以上",如果"情节特别严重的",就可以适用死刑。最典型的案例是对发生在 1999 年 1 月 4 日的重庆綦江虹桥垮塌案的涉案人綦江县委原副书记林世元的判决。一审法院认定林世元犯受贿罪(受贿 11 万元),情节特别严重,判处死刑,剥夺政治权利终身。重庆市高级人民法院二审审理后认为,林世元犯罪情节特别严重,论罪应当判处死刑。但因其在二审期间检举揭发綦江县委原书记张开科受贿线索经查证属实,有重大立功表现,依法可从轻处罚,故以受贿罪改判为死刑,缓期 2 年执行,剥夺政治权利终身。

当然,近些年来,受贿数额超过亿元而没有被判处死刑的案件也已经多起来了。《修正案(九)》实际上是提高了对贪污罪适用死刑的标准,必须是"贪污数额特别巨大,并使国家和人民利益遭受特别重大损失的,处无期徒刑或者死刑"。按照最高人民法院、最高人民检察院《关于办理贪污贿赂刑事案件适用法律若干问题的解释》(自 2016 年 4 月 18 日起施行)第三条的规定,贪污或者受贿数额在 300 万元以上的,应当认定为《刑法》第三百八十三条第一款规定的"数额特别巨大",依法判处 10 年以上有期徒刑、无期徒刑或者死刑。该解释第四条规定:贪污、受贿数额特别巨大,犯罪情节特别严重、社会影响特别恶劣、给国家和人民利益造成特别重大损失的,可以判处死刑。可见,按照《修正案(九)》及最新司法解释的规定,对贪污罪(包括受贿罪)适用死刑的标准已经大大提高了。

（4）增加规定了罚金

按照刑法原来的规定，贪污罪法定刑的附加刑中只规定有没收财产（"可以并处没收财产"或者是"并处没收财产"）。经过《修正案（九）》的修正，贪污罪规定的三档法定刑中均增加规定了"并处罚金"。这表明立法者要求司法机关重视发挥罚金在处罚贪污罪中的特有的作用。

（二）对贪污罪规定了法定的从宽处罚的情节

刑法原来的规定中也有针对贪污罪的从宽处罚的特别规定，不过其适用范围仅仅限定于"个人贪污数额在 5000 元以上不满 1 万元"的人。其适用条件是"犯罪后有悔改表现、积极退赃"，从宽处罚的幅度是"可以减轻处罚或者免予刑事处罚，由其所在单位或者上级主管机关给予行政处分"。

刑法原来还规定了不构成犯罪的情形。即"个人贪污数额不满 5000 元"并且"情节较轻的，由其所在单位或者上级主管机关酌情给予行政处分"。

在《修正案（九）》中，则扩大了针对贪污罪的法定从宽处罚的情节和适用范围。这些从宽处罚的情节包括："在提起公诉前如实供述自己罪行、真诚悔罪、积极退赃，避免、减少损害结果的发生。"按照《修正案（九）》的这个规定，这些法定的从宽处罚的情节必须是在"提起公诉前"出现，如果在提起公诉之后形成，则不符合这里的规定（当然可能是酌定从宽处罚的情节）。其适用范围则是区分为两类情况分别适用不同的从宽处罚。具有前述法定的从宽处罚的情节，如果是适用第一档法定刑的（贪污数额较大或者有其他较重情节的），那么"可以从轻、减轻或者免除处罚"；如果是适用第二档、第三档法定刑的（贪污数额巨大或者有其他严重情节；贪污数额特别巨大或者有其他特别严重情节的；数额特别巨大，并使国家和人民利益遭受特别重大损失的）那么仅仅是"可以从轻处罚"。

在《修正案（九）》中也删去了原来刑法中专门针对贪污罪的关于"由其所在单位或者上级主管机关酌情给予行政处分"的规定。

（三）贪污罪适用死缓在减为无期徒刑后可以终身监禁

在《修正案（八）》（自 2011 年 5 月 1 日起施行）中，已经将《刑法》总则第五十条做了修改，其中一项内容是增加了对被判处死刑缓期执行的某些特定的犯罪分子可以同时决定对其限制减刑，即"对被判处死刑缓期执行的累犯以及因故意杀人、强奸、抢劫、绑架、放火、爆炸、投放危险物质或者有组织的暴力性犯罪被判处死刑缓期执行的犯罪分子，人民法院根据犯罪情节等情况可以同时决定对其限制减刑"。人民法院依照《刑法》第五十条第二款规定限制减刑的死刑缓期执行的犯罪分子，缓期执行期满后依法减为无期徒刑的，不能少于 25 年，缓期执行期满后依法减为 25 年有期徒刑的,不能少于 20 年。

在《修正案(九)》中,针对贪污罪还特别规定了某种情况下不得减刑、假释。即犯贪污罪被判处死刑缓期执行的,人民法院根据犯罪情节等情况可以同时决定在其死刑缓期执行 2 年期满依法减为无期徒刑后,终身监禁,不得减刑、假释。

这种不得减刑、假释的规定当然不是增加了一个新的刑种,它只是针对贪污罪被适用死缓的犯罪分子在具体执行中的一个特殊的规定。如果没有这个不得减刑、假释的限制,死缓期满减为无期徒刑后,还可能又再次得到减刑或者假释,犯罪分子实际关押的期限将不会很长,前后刑罚的轻重落差过大,《修正案(九)》新增加对其终身监禁,不得减刑、假释的规定,有助于缩小前后刑罚的轻重落差过大的问题。

从客观效果上看,《修正案(九)》新增加的对贪污罪的死缓减为无期徒刑后终身监禁的规定,相当于是在介于死刑立即执行与一般死缓之间增加了一种新的执行措施,它主要适用那些判处死刑立即执行过重,适用一般死缓又偏轻的特别重大的贪污罪犯。需要注意的是,在法院做出死缓裁判的同时,就应当一并做出终身监禁,不得减刑、假释的决定,而不是等到死缓执行期间届满后再视情况而定,并且也不受执行期间表现好坏的影响。

二、《修正案(九)》对行贿罪的修正

《修正案(九)》对行贿罪的罪状没有修改,对行贿罪的处罚则有以下三方面的修改。

(一)增设罚金

按照刑法原来的规定,对行贿罪处罚的三档法定刑中,仅仅是在第三档法定刑中规定"可以并处没收财产"。在《修正案(九)》中,对行贿罪处罚的三档法定刑中均增设了"并处罚金"。这表明对犯行贿罪的,既要判处主刑,又要判处罚金。

《修正案(九)》也强化了罚金对其他的贿赂犯罪的处罚作用。《修正案(九)》对刑法第三百九十一条、第三百九十二条、第三百九十三条所规定的"对单位行贿罪""介绍贿赂罪""单位行贿罪"分别增加了"并处罚金"的规定。犯这三个罪的,除了判处主刑,还要并处罚金。

(二)增加了"使国家利益遭受特别重大损失"这个量刑情节

在《修正案(九)》中,对犯行贿罪的处罚的第三档法定刑(处 10 年以上有期徒刑或者无期徒刑,并处罚金或者没收财产)中,除了保留原来规定的"情节特别

严重的"之外,还增加列举了并列的一个量刑情节"或者使国家利益遭受特别重大损失",如果有这个情节的,也要适用第三档法定刑。

(三)修改了对行贿人特定自首处罚的从宽幅度

行贿人在被追诉前主动交代行贿行为的行为,可以被称为"特定自首",即适用于特定犯罪的自首。按照刑法原来的规定,"行贿人在被追诉前主动交代行贿行为的,可以减轻处罚或者免除处罚"。在《修正案(九)》中,则修改为:"行贿人在被追诉前主动交代行贿行为的,可以从轻或者减轻处罚。"即一般情况下只是可以从轻或者减轻处罚,而不可以免除处罚。只有其中犯行贿罪较轻的,对侦破重大案件起关键作用的,或者有重大立功表现的,可以减轻或者免除处罚。可见可以减轻或者免除处罚的适用条件是有所限制的。不过,对这里的适用条件如何理解可能会有不同的解读。一种理解是:"犯罪较轻的""对侦破重大案件起关键作用的""或者有重大立功表现的",这里的三者是并列关系,行贿人在被追诉前主动交代行贿行为的,只要符合其中一种情形,就可以减轻或者免除处罚。另外一种理解则是:在"犯罪较轻的"大前提下,行贿人在被追诉前主动交代行贿行为"对侦破重大案件起关键作用的",或者行贿人在被追诉前主动交代行贿行为又"有重大立功表现的",才可以减轻或者免除处罚。这两种理解的关键性区别在于:是否必须是行贿罪的犯罪较轻的才适用。我的理解是:三者是并列关系而非递进关系。理由是:这个规定与《刑法》总则第六十七条中关于自首、第六十八条关于立功的处罚原则的规定是基本相对应的。

三、《修正案(九)》增设了"对有影响力的人行贿罪"

《修正案(九)》在《刑法》第三百九十条后增加一条,作为第三百九十条之一,该条的罪名是:对有影响力的人行贿罪。这是在贿赂犯罪中新增设的一个罪名。

对有影响力的人行贿罪,是指为谋取不正当利益,向国家工作人员的近亲属或者其他与该国家工作人员关系密切的人,或者向离职的国家工作人员或者其近亲属以及其他与其关系密切的人行贿的行为。

第一,本罪的犯罪客体是国家对国家工作人员(包括离职的国家工作人员)及其近亲属和其他密切关系人的廉洁性要求。

第二,本罪的犯罪客观方面表现为行为人为谋取不正当利益,向国家工作人员的近亲属或者其他与该国家工作人员关系密切的人,或者向离职的国家工作人员或者其近亲属以及其他与其关系密切的人行贿。行贿的对象必须是这样五种人:(1)国家工作人员的近亲属;(2)其他与该国家工作人员关系密切的人;(3)离职的国家工作人员;(4)离职的国家工作人员的近亲属;(5)其他与离职的国家工作人员关系密切的人。

第三，本罪的犯罪主体是一般主体。即年满 16 周岁的具有刑事责任能力的自然人。单位也可以成为本罪的犯罪主体。

第四，本罪的主观方面表现为直接故意，并且是以谋取不正当利益为目的。对本罪的处罚是：犯本罪的，处 3 年以下有期徒刑或者拘役，并处罚金；情节严重的，或者使国家利益遭受重大损失的，处 3 年以上 7 年以下有期徒刑，并处罚金；情节特别严重的，或者使国家利益遭受特别重大损失的，处 7 年以上 10 年以下有期徒刑，并处罚金。单位犯前款罪的，对单位判处罚金，并对其直接负责的主管人员和其他直接责任人员，处 3 年以下有期徒刑或者拘役，并处罚金。

第三部分
信息时代刑事法与新兴现象

"一元夺宝"的定性问题

陈熠楠*

一、"一元夺宝"的概述

"一元夺宝"是新型的购物方式,夺宝方式为:用户花费 1 元,兑换一个"夺宝币",每个"夺宝币"可分配到一个"夺宝号码",用于"夺宝"。"夺宝号码"分配完毕后,夺宝平台根据夺宝规则,计算出中奖号码,持有该号码的用户夺宝成功,获得商品。为了增加结果的公正性,夺宝平台加入了其他数据,如网易公司加入了"老时时彩"的中奖结果,作为计算中奖号码的数据源。①

这种模式可以概括为"一元+运气=夺宝商品",夺宝平台在宣传中,突出强调花费"一元"和获得"夺宝商品"的结果,来吸引用户参与。对用户而言,可能通过 1 元获得上千甚至上万元价值的商品,也可能毫无所获,损失 1 元;对夺宝平台而言,其可以稳稳地赚取夺宝商品标价与购入价间的差价。

二、"一元夺宝"的类型与性质

"一元夺宝"是最近几年产生的,但其发展迅速。自夺宝平台开通以来,大量用户积极参与,夺宝平台得以在短暂的发展期内,取得巨大的利润。与此同时,非商业性质的"一元夺宝"也有所发展。

---

* 陈熠楠,巴黎第十二大学,国际商事诉讼专业硕士研究生。

① 计算规则为:1.商品的最后一个号码分配完毕后,将公示该分配时间点前本站全部商品的最后 50 个参与时间;2.将这 50 个时间的数值进行求和(得出数值 A);3.取最近下一期中国福利彩票"老时时彩"的开奖结果(一个五位数值 B);4.(数值 A+数值 B)除以该商品总需人次得到的余数 + 原始数 10000001,得到最终幸运号码。

(一)"一元夺宝"的类型

根据夺宝平台对商品标价方式的不同,可以将"一元夺宝"分为平价"一元夺宝"、溢价"一元夺宝"和折价"一元夺宝"。

1. 平价"一元夺宝"

平价"一元夺宝"是商品标价等于商品市场价的夺宝方式。笔者将在下文使用这个概念,故先对这种销售模式进行分析。使用这种销售模式,商家无法赚取商品标价与市场价间的差额部分,这大大减少了其收益。商家一般不愿意采取这种夺宝方式,因此,目前只有少数商品使用平价"一元夺宝"方式。

2. 溢价"一元夺宝"

溢价"一元夺宝"是商品标价高于商品一般市场价的夺宝方式。目前,几乎所有的商品都采取了这种标价方式。溢价"一元夺宝"的商品标价高于市场价,通过溢价"一元夺宝",商家可以赚取可观的差价。此外,由于参与的用户众多,平台还可以获得大量流量和广告收入。正如行业人士所言:"投资'一元商城',虽说是'风投',其实是'稳投'。'一元商城'目前主要是平台的建设和宣传费用的投入,等平台的流量提升之后,投入产出比将会不断提高,发展潜力巨大。"①

3. 折价"一元夺宝"

折价"一元夺宝",是商品标价低于商品市场价的夺宝方式。使用这种销售模式,商家不但无法赚取商品标价与市场价之间的差价,而且,还需要补贴这部分差价。这对消费者有利,其可以相同的支出,获得更高的中奖机会,但对夺宝平台没有吸引力。因此,也只有极少数商品使用折价"一元夺宝"方式。

(二)"一元夺宝"的性质

"一元夺宝"发展至今,出现了商业性质的"一元夺宝"和非商业性质的"一元夺宝"。其中,商业性质的"一元夺宝"所占比重较大。

首先,非商业性质的"一元夺宝"发展缓慢。非商业性质的"一元夺宝",是个人为销售商品,偶然使用"一元夺宝"销售模式。2009年,德国老妇人通过网上出售彩票的方式,卖出了一栋别墅。美国次贷危机令其楼市陷于冷清,但美国一

---

① 资本界青睐"众筹购物"一元商城面世即成"香饽饽"[EB/OL]. [2013-12-25]. http://roll.sohu.com/20131204/n391283374.shtml.

栋房子的主人,以至少高于实际估价 10 多万美元的价格,将房屋成功售出。①
我国也出现过类似方式出售房子,2009 年,天涯社区一篇名为"还债没办法,99
元转让我的房子(上海)"的帖子聚焦了网友的眼球。网友使用的销售方式与"一
元夺宝"类似②,但这次销售并没有下文。

其次,商业性质的"一元夺宝"发展迅速。商业性质的"一元夺宝"是公司为
销售商品,建立"一元夺宝"平台,长期从事"一元夺宝"业务。前述网易"一元夺
宝""一元云购"等网站,都建立了专门的夺宝平台,放置多种供夺宝的商品,这些
都属于商业性质的"一元夺宝"。这些网站吸引了大量用户参与,如截至 2016 年
3 月 21 日,"云购全球"的注册用户已经超过 1100 万。商业性质的"一元夺宝"
平台,一方面,赚取商品标价与市场价间的差价,另一方面,大量用户的涌入以及
高额的购买人次,带来了巨大的流量和广告商机。

最后,"一元夺宝"是一种"共赢"的销售模式。对于用户,其可以低价获得高
值产品。对于夺宝平台,其可以轻松地获取商品差价、夺宝产生的流量及其带来
的广告费等商业收入。对于商品销售者,这种变相的"低价竞争"能够极大地调
动消费者的购物欲望,增加销售量。因此,"一元夺宝"得以在较短的时间内快速
发展。但随着发展的深入,这种经营模式的法律风险逐渐显现。

三、把"一元夺宝"作为销售模式涉嫌赌博行为

夺宝平台以"低投入"和"高产出"作为噱头,宣传"一元夺宝",并成功地吸引
了众多用户参与。但是,这种销售模式充满了投机性、不确定性,这与赌博行为
类似,"一元夺宝"有涉嫌赌博的法律风险。

(一)赌博行为的本质

根据《牛津法律大辞典》,赌博是"将钱或其他有价值的东西在游戏、竞赛或
不确定事件结果上的冒险,其结果取决于机会或技巧"。根据 1999 年版《辞海》
的解释,"赌博,一种不正当的娱乐。有斗牌、掷骰子等各种形式,用财物做注来
比输赢"。也有人将其定义为:"对一个事件与不确定的结果,卜注钱或其物质价

---

① 原房主所用办法为"抽奖出售",每张彩票售价 100 美元,中彩者便可获得这栋别墅,
令人预想不到的是,此办法一公布竟在全国范围内引发一场竞购潮。按照规定,抽奖组织者
必须售出至少 5000 张彩票,本次活动才算有效。以此计算,"抽奖出售"法至少给这栋房子带
来了 50 万美元。而房子上年秋天的估价为 39 万美元。

② 该网友准备了 99 元一张的认购凭据,总共 5000 张,每张认购凭证都有唯一编号,售
完为止。他将在 5000 个编号中随机抽取一张,拥有该编号认购凭证的人即是该房得主。按
照该方案,如果 5000 张认购凭据全部售完,他将获得 49.5 万元,与房屋市价基本相当。

值的东西,目的是赢取更多的金钱或物质价值。"这些解释都强调了参与者支出的必然性和赌博结果的不确定性,即参与者"以小博大"。

(二)"一元夺宝"符合赌博行为的本质

赌博行为的特征是"以小博大","一元夺宝"强调用户以低价获得高价商品,但最终能否获取,取决于不确定的因素。两者的行为模式都是,行为人支付一定价款,购买中奖概率,概率实现与否,完全取决于不确定的客观事件。

1."一元夺宝"项下的权益分析

根据协议的规定,用户花1元,获得一次参与抽奖的机会,中奖与否,取决于非由合同当事人控制的不确定因素,结果公布后,用户可能一无所获,也可能获得高价商品。正如学者所言:"这种机会,结果出来前,在法律上称为期待权。如果中奖,该期待权就转化为奖金或者奖品给付请求权,如果没有中奖,期待权则归于消灭。"①据此,用户与经营者之间成立夺宝币买卖合同。这也是"一元夺宝"法律风险产生的根源。

2.用户参与"一元夺宝"可能构成赌博罪

"一元夺宝"与赌博行为的相似度高,笔者主要从行为模式和法律性质两方面,分析两者的联系与区别。

在行为模式上,"一元夺宝"等同于赌博行为。根据上述分析,用户和夺宝平台间存在射幸合同,即"一元夺宝"是一种射幸行为,而赌博也是射幸行为。赌博行为的本质是"以小博大",而"一元夺宝"的销售方式是"一元+运气=夺宝成功",即用户花一元购买获得高价商品的机会,这种销售模式也有"以小博大"的属性。因此,笔者认为,"一元夺宝"与赌博的本质相同。

在法律性质上,用户参与一元夺宝可能构成赌博罪。根据《刑法》,赌博罪的构成要件是:以营利为目的,聚众赌博或者以赌博为业。据此,成立赌博罪,仅限于两种类型:一是聚众赌博,即纠集多人从事赌博;二是以赌博为业。普通社会公众参与"一元夺宝",往往是临时性的,称不上以赌博为业。因此,一般情况下,"一元夺宝"是赌博行为,但不构成"赌博罪"。但是,如果用户将赌博作为生活或主要经济来源,那么其行为符合赌博罪的客观要件,若同时符合责任要件,用户的行为构成赌博罪。

"一元夺宝"是网络平台上的赌博行为。"一元夺宝"只是将场所转移到了网络上,但这不影响对其行为的定性。正如学者所言:"网络违法只是一个新的法

---

① 韩世远.彩票的法律分析[J].法学,2005(4):69-78.

律现象,并不是新的法律问题。网络赌博犯罪作为赌博犯罪的一种新形式,其定罪量刑当然适用传统赌博犯罪的刑法规定。"①因此,如果用户参与"一元夺宝"符合传统赌博罪的构成要件,应当按照赌博罪定罪处罚。

3.经营溢价"一元夺宝"可能构成开设赌场罪

首先,建立夺宝平台涉嫌开设赌场的行为。

公司建立夺宝平台的行为涉嫌建立赌博网站。开设赌场的,构成开设赌场罪。《最高人民法院、最高人民检察院、公安部关于办理网络赌博犯罪案件适用法律若干问题的意见》(以下简称"两高一部司法解释")对"开设赌场"行为进行了细化:行为人利用互联网、移动通信终端等传输赌博视频、数据,组织赌博活动,具有下列情形之一的,属于《刑法》第三百零三条第二款规定的"开设赌场"行为:

(1)建立赌博网站并接受投注的;

(2)建立赌博网站并提供给他人组织赌博的;

(3)为赌博网站担任代理并接受投注的;

(4)参与赌博网站利润分成的。

根据笔者之前的分析,用户参与"一元夺宝",属于"以小博大",是赌博行为。因此,夺宝网站属于赌博网站。公司设立夺宝平台并开展夺宝业务,接受用户夺宝币,属于建立赌博网站并接受投注。

其次,建立夺宝平台有营利的目的。

开设赌场罪要求行为人有营利的目的。最高院研究室刑事处的祝二军在解读两高一部司法解释中提到,"以营利为目的",指行为人获取财物的方式,主要包括以下几种情况:一是抽头渔利,二是开设赌场获取非法收益,三是直接参赌获利,四是组织中国公民赴境外赌博,获取回扣、介绍费等费用。有学者将营利目的概括为两种情况:一是通过在赌博活动中取胜进而获取财物的目的;二是通过抽头渔利或者收取各种名义的手续费、入场费等获取财物的目的。②

溢价"一元夺宝"存在抽头渔利情形。以"云购商城"为例,市场价为6099元的iPhone7 128G标价为6188元,"云购商城"平台的标价大于市场价。这部分差价,在刑法上,属于网易公司通过开设赌场获得的"抽头"。夺宝平台的经营者开设赌场获取"抽头",证明其行为主观上有营利的目的。

"一元夺宝"为用户带来了新的购物体验,也给经营者带来了高额利润,是值得肯定的创新模式。但是,根据上述分析,这种运行模式实质就是赌博,"一元夺

① 许晓冰.网络赌博犯罪现状分析与法律探讨[J].信息网络安全,2011(2):60-63.

② 张明楷.刑法学[M].北京:法律出版社,2011:949.

宝"存在合法性问题。网易公司等"一元夺宝"平台的提供方,有必要在现有的法律框架下,完善经营模式,防范法律风险。

四、"一元夺宝"销售模式的法理思考

由于赌博的社会危害性,我国法律对赌博持否定态度,"一元夺宝"的运行模式与赌博相同,因而具有一定的危害性,但其有助于销售商品,创造财富。因此,对于"一元夺宝",不能简单禁止或者完全开放,应当根据其利弊,探讨应对措施。

(一)赌博危害社会,应当被禁止

赌博侵害社会法益,即社会善良风俗,是影响社会安定的重要因素。禁止赌博是我国刑法的态度。

1. 赌博有社会危害性

最高人民法院认为,赌博助长国民的侥幸心理,催生懒惰、浪费的风气,侵害健康、文明社会基础的勤劳风尚。有学者从家长主义的角度出发,认为赌博是对自己的财产,或者基于同意对他人的财产造成损害的行为。对于不能妥善保管自己财产的人,国家使用刑罚手段,替他们保护。

当然,也有学者认为应将赌博行为去罪化。理由主要包括:(1)赌博是个人处分自己财物的行为;(2)赌博罪保护的客体"社会的善良风俗",太过空泛,如果没有更进一步地提出具体的侵害内容的话,并不能成为刑法上一个独立具体的利益等;(3)好赌系人之天性,法律屡禁不止。①

笔者同意禁止赌博的观点。第一,在我国,新旧刑法都将赌博罪规定在"妨害社会管理秩序罪"章中,而没有规定在"侵犯财产罪"章内。这表明,赌博罪是侵害社会法益的犯罪。第二,社会法益是一个开放性的概念,要求法官按照一般人的价值判决,做出选择。第三,国家应当保护消费者不受诱惑性广告"对其弱点的利用"。正如国家禁止推广淫秽书籍、电影或其他商业性展示,国家也应当禁止销售者利用人爱赌博的弱点进行推广。

2. 赌博不创造财富

从经济学的角度看,即使赌场的庄家没有获取抽头,赌博也只是毫无益处地将金钱从一个人手上转移到另一人手里。这个过程,并没有产生新的财富,也就不会为社会做出贡献。正如学者萨缪尔森所言,小金额的赌博可能具有某些娱

---

① 张林鸿,黄豹.赌博罪与非罪的若干新视点研究[J].政治与法律,2007(2):100-104.

乐的功能,其他赌博会危害并且减少国民的总体收入。① 因此,赌博既不能创造出新的社会价值,还会耗费公民的时间和社会资源,减少社会的财富。

(二)"一元夺宝"创造价值,应当进行引导

"一元夺宝"是赌博行为,对社会有一定危害,但同时,根据前述分析,"一元夺宝"对用户、经营者和供应商都有利,是一种"共赢"的销售模式。尤其是对供应商,"一元夺宝"有助于刺激消费,增加供应商的销售量,同时,为社会创造财富。

1. "一元夺宝"有社会危害性

"一元夺宝"的行为模式与赌博相似,因此,"一元夺宝"具有与赌博类似的社会危害性。具体而言,"一元夺宝"具有投机性,是一种损害社会善良风俗的销售模式。据此,法律应当对"一元夺宝"进行规范。正如学者所言:"为维护当事人的稳定预期,保障人际交往的基本信赖与安全,法律应尽可能减少社会生活的不确定性。"②笔者认为,虽然"一元夺宝"满足了一部分人追求刺激、投机冒险的需求,但这种销售模式存在不确定性,可能成为危害社会稳定的潜在因素。

2. "一元夺宝"创造财富

"一元夺宝"能为社会创造价值,通过法律积极引导,可以让这种新型销售模式发挥更大的效益。"一元夺宝"的销售模式,以其"低投入高产出"的特征,吸引了大量用户的参与。据统计,2015 年"1 元购"的市场盈利约 100 亿元;而 2016 年是"1 元购"疯狂爆发的一年,市场盈利逾千亿元。③ 大量用户的参与,带动了各类商品的销售。"一元夺宝"有助于刺激消费,推动经济发展。因此,法律应当保护这种金融创新模式,在不违反现行法律的前提下,引导其健康发展。

综上,笔者认为,虽然"一元夺宝"的行为模式与赌博相似,但是,两者还是有些不同。站在社会经济效益的角度,赌博只是资金的转移,不创造财富,甚至可能影响社会的安定。"一元夺宝"也存在影响社会安定的弊端,但是,对夺宝平台而言,"一元夺宝"作为一种创新的销售方式,有助于增加商品销售,进而为社会创造财富。对于利弊共存的"一元夺宝",笔者认为,我们应当在保证自由交易的前提下,对"一元夺宝"的模式进行引导,使促进其合法、持续发展。

---

① 陆红军.我国对赌博的政策选择及治理对策[J].公安研究,2005(7):27-32.

② 陈传法.冯晓光.射幸合同立法研究[J].时代法学,2010,8(3):15-19.

③ 佚名:一元夺宝.[EB/OL].[2014-05-22].https://www.douban.com/note/5536 75323/.

五、"一元夺宝"合法化的出路

"一元夺宝"作为销售模式的创新,提高了用户的消费兴趣,提升了经营者的销售水平。但是,对经营者而言,"一元夺宝"的运行模式存在法律风险。夺宝平台应当改变"夺宝"方式,回避风险。

(一)将夺宝方式变更为"抽奖式有奖销售"

"抽奖式有奖销售"是法律允许的"投机行为"。以"云购商城"为例,云购平台可以将夺宝方式改变为"抽奖式有奖销售"模式。

1."一元夺宝"与"抽奖式有奖销售"的区别

"抽奖式有奖销售"是以抽签、摇号等带有偶然性的方法,决定购买者是否中奖的有奖销售方式。这种销售方式普遍存在,有助于刺激用户消费,典型代表是京东商城和腾讯积分:用户通过消费,获得京豆和腾讯的商城积分,而京豆和积分可以进行抽奖。

"抽奖式有奖销售"与"一元夺宝"的根本区别在于:"抽奖式有奖销售"的消费者,在参加有奖销售前,已经获得了与支付价款基本等价的商品,抽奖机会是免费获得的。但是,参与"一元夺宝",用户须向经营者支付额外的对价,才能获得抽奖的机会。

2.用"网盘空间"代替"夺宝币"

云购商城可以开通当前使用范围较广的网盘空间,改变"夺宝"方式,用户花"一元"获得相应对价的产品,并获赠一定数额"网盘空间",再用受赠的"网盘空间"代替"夺宝币"参与夺宝,规避法律风险。理由如下。

首先,用户使用受赠的"网盘空间"夺宝,夺宝的性质不再是赌博。用户花费一元,已经获得相应的对价,用户使用受赠的"网盘空间"夺宝不需要支付额外的对价,不存在"以小博大"的问题。

其次,"网盘空间"代替"夺宝币",实质是要求夺宝平台转换营利模式。相比"夺宝币","网盘空间"可能无法为夺宝公司带来直接的资金收益。但是,"网盘空间"夺宝模式下,夺宝平台可以开展相关业务,如云购的邮箱,用户使用邮箱可以获得网盘邮箱,用户为了"夺宝",会开通并使用云购的邮箱,云购公司可从用户的流量、产品中获利。

最后,"一元夺宝"平台要对商品的价格进行限制。根据《反不正当竞争法》(2019年修正)第十条规定:最高奖不得超过5万元。《反不正当竞争法》第二十二条规定:经营者违反本法第十条规定进行有奖销售的,由监督检查部门责令停止违法行为,处 5 万元以上 50 万元以下的罚款。

因此,将夺宝方式变更为"买网盘送抽奖"的同时,"一元夺宝"经营者还应当注意,每件商品的标价不得超过 5 万元。

(二)将溢价"一元夺宝"模式变更为平(折)价"一元夺宝"

夺宝平台经营溢价"一元夺宝",符合开设赌场罪的构成要件;用户以赌博为业,可能构成赌博罪。因此,平台应当将夺宝方式改变为平价"一元夺宝",同时,立法应当对用户的交易数额进行限制,回避赌博罪的犯罪风险。

1.变更夺宝方式

下调夺宝商品的价格,使之等于或低于商品的市场价。溢价"一元夺宝"的商品夺宝价高于市场价,这部分差价属于"抽头",这可能导致夺宝平台承担开设赌场罪的刑事责任。将溢价"一元夺宝"模式变更为平价"一元夺宝"或折价"一元夺宝",夺宝平台主要通过用户流量或者商家的广告盈利,利润中不存在"抽头"部分,夺宝平台的行为不符合开设赌场罪的构成要件。

2.建立用户保护规则

根据《刑法》第三百零三条,用户以赌博为业,可能构成赌博罪。因此,建议立法增加用户规则保护,引导消费者合理、合法消费。

首先,年龄限制为年满 16 周岁。这样限制,一方面,可以和《刑法》的规定相呼应。根据《刑法》的规定,赌博罪犯罪主体的年龄为 16 周岁,凡年满十六周岁、具备刑事责任能力的自然人,都可能成立赌博罪。另一方面,根据我国《民法典》关于民事行为能力年龄的规定,16 周岁以下的自然人属于限制民事行为能力人,其对自己的行为尚无完全的认识能力。

其次,根据用户的收入,限制其消费金额。例如,美国为了保护投资者,出台了《工商初创企业推动法案》(JOBS 法案),该法案对投资者的投资金额进行了限制。具体包括:允许个人投资者在 12 个月内参与众筹的投资额最多不超过:(1)如果个人投资者的年收入或净值少于 10 万美元,则可以投资 2000 美元,或年收入或净值较小者的 5%,两项中的取较大额。(2)如果个人投资者的年收入或净值都不少于 10 万美元,则可以投资其年收入或净值较小者的 10%。(3)12 个月内,通过所有众筹方式卖给单一个人投资者的证券总金额不得超过 10 万美元。

我国法律没有给出"以赌博为业"的数额标准,笔者认为,可以借鉴美国 JOBS 法案,通过立法,对用户的年消费金额做如下限制:(1)如果用户的年收入或净值少于 10 万元,则其参与夺宝的金额是 2000 元,或年收入或净值较小者的 5%,两项中的取较大额。(2)如果用户的年收入或净值都不少于 10 万元,则参与夺宝的金额,是其年收入或净值较小者的 10％。(3)12 个月内,通过所有夺宝方式卖给单一用户的夺宝币总金额不得超过 10 万元。

综上,"一元夺宝"作为一种新型的购物方式,帮助不少用户实现了一元购买产品的梦想;作为一种新型的销售模式,帮助夺宝平台赚取了客观的利润。但是,"一元夺宝"的运作存在法律风险,可能导致协议目的无法实现,损害用户的利益,影响夺宝平台经营。因此,笔者建议,一方面,夺宝平台改变"夺宝"方式,包括变更为"抽奖式有奖销售"和下调夺宝商品价格;另一方面,通过立法,增加用户保护制度。双管齐下,推动"一元夺宝"持续发展。

六、结论

"一元夺宝"是互联网发展的产物,有两方面特征:一方面,这种创新的购物方式,有助于商品销售;另一方面,由于经营模式的特殊性,它可能涉嫌赌博犯罪。这对我国立法完善提出了新的要求。笔者认为,创新应当符合法律规定,同时,法律应当与时俱进,适应社会的发展。

推动完善网络犯罪综合治理体系

连　斌*

　　20 世纪 60 年代,浙江省诸暨市枫桥镇创造了发动和依靠群众,坚持矛盾不上交、就地解决,实现逮人少、治安好的枫桥经验。1963 年,毛泽东同志亲笔批示,要求各地仿效,"枫桥经验"由此成为全国社会矛盾治理的典范。"枫桥经验"的本质是实事求是、因地制宜、依靠群众解决社会治安问题。当前,网络犯罪呈现出隐蔽性、专业性、变化快、链条式等特征,导致"防不胜防、堵不胜堵、打不胜打"的局面。推广网络空间治理"枫桥经验",推动由政府部门、行业协会、研究机构、企业及网民全员参与,形成"齐抓共管、良性互动"的网络犯罪防控治理体系,刻不容缓。

一、当前网络犯罪的态势和特点

　　据媒体报道,2015 年,网络犯罪已经占英国犯罪总量的 53%,美国传统的头号犯罪毒品犯罪已经被网络犯罪替代。2016—2017 年,瘫痪网络、信息泄露、盗窃银行等严重网络攻击事件在各国上演,有的攻击事件甚至影响到上百个国家;在我国,网络犯罪已经占到全部犯罪的 30%,而且还以每年 30% 的速度递增。当前,除了利用互联网技术实施诈骗、盗窃、侵犯知识产权等传统犯罪外,还出现了互联网空间特有的破坏网络可信身份、互联网经济秩序、危害基础设施和数据安全等新型违法犯罪行为,并派生出为各类网络犯罪提供账号、恶意软件、手机卡、银行卡、公民个人信息以及为网络销赃提供帮助行为,为非法交易、犯罪经验交流搭建平台等黑色产业。

　　目前,网络犯罪主要表现出以下特征。

---

　　*　连斌,阿里巴巴集团法务部总监。

（一）低龄化

中国9亿多网民中大部分是年轻人，他们的网络活动频率高、容易掌握互联网各项技能。然而，社会阅历不足、网络安全意识、法治观念不强等特点，使年轻人成为网络犯罪的目标和黑灰产业欺骗、拉拢的重点对象。因此，网络犯罪参与者和被骗者大多是年轻人，尤其以20—30岁这个年龄段的比例最高。不少案件动辄几十名、多则上百名年轻人参与，其中，还有为数不少的未成年人。

（二）技术化

网络犯罪与传统犯罪形态最大的区别在于非接触和技术化，任何网络犯罪都离不开账号这一基本单位和软件这一基本工具。当前，为各类网络犯罪提供大量盗用他人账号及其信息和财产的撞库类软件、非法互联网接入的VPN、伪造上网环境的代理IP、隐匿服务器和作案设备的VPS、隐藏真实电话的改号软件、实施侵财犯罪的钓鱼链接、免杀服务以及快速转移赃款的点卡、充值卡非法回收平台等恶意软件及技术服务，在网络犯罪每一个环节都起到重要作用。

（三）产业化

有需求就有市场，由网络犯罪各环节的需求，形成了规模庞大的各类黑色产业，主要类型包括如下。

第一类是为满足隐匿身份需求出现的制售网络账号的黑产。这包括通过机器批量注册非实名账号、非法买卖身份证件、盗用冒用他人身份信息变造、伪造身份证件、营业执照等国家机关公文等。实践中还出现了自愿出售本人实名账号、手机卡、银行卡的"兼职认证人"群体，甚至给收购并转售账号的黑产出具"授权书"，以规避侵犯公民个人信息的法律规定，使网络实名制规定形同虚设。

第二类是为满足网络犯罪工具需求形成了开发、提供、销售各类恶意软件的黑产。比如前述的各类技术化工具、程序在黑市上应有尽有，其获取成本低、易学易操作、违法所得高，能快速在市场上泛滥。这些恶意软件在销售过程中还附有教学视频，传授犯罪方法，在几个月甚至更短时间内，制作者、代理销售者就能获得几十万元甚至数百万元的违法所得，并在后端网络犯罪实施过程中造成巨大的经济损失。

第三类是技术服务黑产。在撞库盗号犯罪中，为完成识别并通过验证，"打码平台"的服务黑产应运而生。这些平台招募社会无业人员、"宝妈"、学生等成为兼职"码工"，以肉眼识别、人工输入的方式帮助大量的盗号犯罪活动通过各大平台的验证。此外，一些点卡、充值卡非法回收平台，为各类网络犯罪提供了全新的且更难追查资金去向的转移赃款途径，使司法机关追查、挽损变得更加困难。

第四类是非法交易、非法交流平台类黑产。公民个人信息、恶意软件、技术服务、硬件设备需要有专门的交易场所,技术犯罪手段需要有传授方法的场所,提升犯罪效率也需要有经验交流场所。因此,出现了一些专门服务于这些非法交易、非法交流的网站、贴吧、论坛和群组。由于群组具有组织交流便捷、司法机关难以取证等特征,行为人往往运用群组直接远程策划并实施犯罪(包括实施传统犯罪)。

第五类是破坏互联网诚信体系的黑产。目前,以制造并提供虚假信息服务的各类"刷信"成为互联网黑灰产业制造和发布虚假信息的代名词,成为新的违法犯罪手段。如刷搜索排名、刷"僵尸粉"、刷网约车补贴、刷信誉、刷好评等,还有一些"网络大V"、恶意营销公司、刷单团伙通过组织他人以各种手段制造并发布虚假新闻、广告和经济信息,导致各类虚假信息充斥网络。上述行为一方面误导、欺骗广大网民,破坏互联网正常的经济秩序;另一方面严重危害国家诚信体系的建设,形成了互联网空间新的恶势力。

(四)国际化

互联网的无边界性决定了网络犯罪的国际化特征,在 A 国租用 B 国服务器,购买 C 国手机卡对 D 国人实施犯罪行为的案例已不鲜见。国际社会正在迫切寻求协同解决之道。

二、治理网络犯罪面临的问题

(一)治理网络犯罪的协同配合存在障碍

《网络安全法》第二十八条规定:网络运营者应当为公安机关、国家安全机关依法维护国家安全和侦查犯罪的活动提供技术支持和协助。在司法实践中,一些企业主动报案、输出犯罪线索并提供技术支持,协助侦查部门破获了不少新型网络犯罪案件,但是在审查逮捕、起诉和审判等方面的配合鲜有突破性进展。原因在于:一是一些地方司法机关对互联网经营模式、规则、方法及其技术逻辑等相关背景知识和网络黑产的特点了解、认识不足,存在对网络犯罪案件不会办、不敢办、不愿办的现象;二是大多数技术专家缺乏法律、证据等方面的司法实务经验,从而出现一方提不出问题、另一方给不了答案的现象。

(二)法律体系不够完善

第一,数据的权益性质和权属未明确。"十三五"规划已经做出了"数据是一种战略资源"的定性。虽然数据的价值巨大,但是相关法律至今未对数据的权益性质、分类及归属等问题作出清晰界定,严重影响数据安全保护总体策略的制定。

第二,软件行业管理法律规范滞后。目前,除了《刑法》第二百八十五条第三款规定提供侵入和控制计算机信息系统程序工具罪,未有法律法规对软件的开发、功能审查、上市、传播、使用的技术标准、法律责任等进行规定,且软件行业违法行为的执法主体至今仍不明确。法律法规的缺位,导致司法实践中对提供技术帮助的事实认定、法律适用、罪与非罪等方面认识不统一、处理结果差异大。

第三,刑事法律仍然无法有效应对网络犯罪。具体表现为:一是当前网络犯罪面临管辖难、立案难、取证难、认定难等问题。二是司法实践中面临网络恶意行为的性质以及提供技术帮助行为的性质确定等问题,严重影响网络犯罪的综合整治效果。三是大多数刑事案件只是就案办案,极少全链路追诉各个环节的帮助行为,使用《刑法》新增罪名非法利用信息网络罪和帮助网络犯罪活动罪的案例极少。四是电子数据的收集、运用成为难题。《关于办理刑事案件收集提取和审查判断电子数据若干问题的规定》的规定过于原则化,缺乏操作性强的收集、勘验、鉴定、保存、移送、审查等程序性规范和相关技术标准。运用电子数据证明犯罪的作用不大、效率不高,导致网络犯罪轻刑化现象严重、缓刑率过高。

(三)有待进一步解放观念

部分司法人员和学者面对网络犯罪新情况、新问题,在思想上过于保守,对当前网络犯罪跨平台、专业化、链条式的特征掌握不够全面。一方面,他们认为,法律需要稳定性,能用现存法律解决网络犯罪的就无须制定新法;另一方面,他们对一些地方司法机关果断运用现有法律处理的一批手段新颖、社会涉及面广、规模巨大、严重危害互联网数字经济健康发展的新型网络犯罪的担当精神又多有责难,甚至有人干脆提出"技术的归技术、法律的归法律,技术能解决的法律就不要冲在前面"的观点,未能认识到技术始终是在攻与防的对抗中不断升级的客观规律,也未能认识到在应对网络犯罪中归根结底是人与人的对抗。

(四)网络安全宣传教育不足

对网络活动主体的年轻人,尤其是未成年人、在校生的上网安全教育不够,对因轻微违法犯罪受行政处罚或不起诉、免刑、缓刑的失足青少年未能进行有针对性、有体系性的教育,且矫正措施尚不充分。现有教育体系未能充分调动防范网络犯罪的积极性和自觉性,导致网民网络安全知识不足、抵御网络犯罪的意识不强。

(五)应对网络犯罪能力建设投入不足

互联网应用技术已经改变了人们的生产、生活方式。在与网络安全威胁的对抗中,互联网产业积累了运用大数据发现和预防网络违法犯罪的丰富经验。但是,此类经验在网络空间治理、打击网络犯罪中的运用不足。各自为政、数据孤岛、技术薄弱、人才缺乏等现象仍然存在,缺设备、缺系统、缺经费等问题影响发现、预防、遏制、打击网络犯罪综合治理手段的运用。执法衔接难以推动、数据信息共享程度低、软件和电子数据鉴定机构严重不足、人机对应认定缺少可靠技术、远程询问证人基础建设还未启动等问题,亟待解决。

三、治理网络犯罪的对策

(一)切实转变理念,探索齐抓共管新路

习近平总书记在网络安全和信息化工作座谈会上的讲话中明确指出:"主管部门、企业要建立密切协作协调的关系,避免过去经常出现的'一放就乱、一管就死'现象,走出一条齐抓共管、良性互动的新路。"

首先,应当重视网络犯罪现状的调查研究,明确哪些是重要合作伙伴、哪些是重点治理对象。改变单纯的监管与被监管关系,积极发挥社会责任强、预防能力强、配合意愿强的互联网服务提供者在网络犯罪综合治理中的积极作用。在国家级社会管理数据库、情报指挥系统、侦查实验数据库等系统和应用的建设开发过程中,应大力引进民间力量和技术,加快能力建设。

其次,要根据网络犯罪跨地域、无边界、涉及面广的特征,转变传统的地域管辖观念,妥善解决上下游帮助犯罪或关联犯罪的管辖问题,以有利于整治地域性犯罪的原则,确定地域管辖。

最后,要转变片面强调刑法谦抑性原则的观念。当前,我们对网络犯罪的打击力度严重不足,缓刑、免刑、不起诉等轻刑化现象明显。一些案件抓了又放的反复,使犯罪分子胆子更大、手段更隐蔽、应付能力更强。网络犯罪刑事政策应当"法网严密,量刑适度",即改变单一、确定的数额标准,制定包括犯罪次数、被害人数、技术量级等多元化、模糊化立案标准和量刑标准,真正从社会危害性程度考量,体现对网络犯罪"严而不厉"的刑事政策。

(二)融合互联网行业和法律领域逻辑语言体系

网络犯罪具有很强的技术特征,一些专业术语很难用传统的法言法语解释。因此,相关法律法规应当引入技术语言和标准、统一取证程序和电子数据的证据标准,避免出现专家辅助人员和执法司法人员"鸡同鸭讲"、互不理解的尴尬局

面。语言、标准和规则的统一,有利于网络犯罪治理的长效建设。

(三)加大培训和投入,提升治理能力

"培训"一词在联合国网络犯罪政府专家组第四次会议上频繁出现。各国代表都一致表示重视对执法人员、检察官和法官的互联网知识和技能培训,并表示在已经开展的培训过程中得到私营企业和培训机构的大力帮助。政府与私企合作开展培训所取得的效果已经被国际社会普遍认可,且此类合作经验应予推广,并成体系、有计划地逐步推进。

(四)加大软件行业管理和鉴定能力建设

如前文所述,恶意软件的泛滥是网络犯罪的源头问题之一。一方面,应制定相关法律法规,加大对软件行业的管理,通过采取作者实名、功能检测、备案溯源等制度,遏制恶意软件泛滥。对参与违法犯罪的软件制作者、提供者,应设置从业限制。另一方面,应加大对犯罪工具、程序的鉴定能力建设,统一鉴定技术标准。目前,鉴定机构稀少,鉴定方法、校验标准各不相同,影响网络犯罪的刑事诉讼。一些案件使用几十款甚至上百款不同版本的犯罪软件,是否全部鉴定、鉴定多少、如何鉴定等,成为亟待破解的难题。

(五)以审判为中心,积极发挥司法能动性

面对法律、司法解释严重滞后于网络犯罪发展速度的现状,一些地方公检法部门思想、标准、尺度统一,对一些手段新颖、损失巨大、后果严重但法律规定不够明确的网络犯罪,抓住行为实质和社会危害程度果断作出处理,产生不少"全国第一例"典型案件,避免基层等司法解释、高层等司法实践的现象。最高法院近年及时调研、收集案例,加大对难点热点问题的研究,及时发布指导案例,在一定程度上缓解了应对网络犯罪法律滞后的现象。在司法实践中强化法律解释,及时发挥典型案例的指导作用,是处理新型网络犯罪案件的应有之道。

(六)组建网络犯罪防治联盟

处理网络犯罪案件的难点问题主要在于事实和主观故意认定。一方面,在不少案件中,公安机关无法收集预谋、策划的信息,导致案件难以判断主观故意。另一方面,只有在预谋、策划阶段主动发现、有效拦截、及时输送线索,才能做到提前预防。网络犯罪之所以跨平台作案就是为了割裂信息,增加查处难度,只有建立防范网络犯罪联盟,建立网络违法犯罪信息通报机制,才能有效预警和控制网络犯罪,在刑事诉讼中形成证据链。

（七）加大对年轻人网络安全知识教育

目前,近 80％的网络犯罪主体集中在 20—35 岁,且呈低龄化蔓延。其一,一些地方大幅提高法定入罪、量刑数额标准来达到减少打击面的结果,造成各地标准不一、结果差异大,引发新的社会矛盾。因此,严格依照事实、证据和法律,统一标准、统一尺度,才能更好解决控制打击面的问题。其二,网络犯罪的被害人主体同样是年轻人,如"徐玉玉案"的被告人和被害人都是"90 后";在发案率最高的兼职刷单诈骗案件中,被骗的大多是急于找工作的大学生。其三,年轻人的可塑性强,易矫正。应当采取集中培训、强制公益、现身说法、互助会等综合"矫"的措施,真正实现"正"的效果。

信息社会对刑事司法的机遇与挑战

胡　铭 *

科学技术的萌芽与发展,是刑事司法制度朝着文明和理性方向前进的最重要推动力之一,任何时代、任何国家的刑事司法改革都深受当时当地的社会时代背景影响。① 当前,以信息技术大发展为标志的第三次科技革命正在不断地深入,大数据和互联网深刻改变了我们的判断、选择和生活方式。每天都有海量数据不断产生,信息被快捷地传递到各个角落,这些正在对刑事司法产生深远而直接的影响。信息技术的不断突破为我国刑事司法制度的转型升级提供了坚实的技术基础,与此同时也不断地对刑事司法提出新的挑战。无疑,我们需要认真审视大数据时代、信息化社会的刑事司法的变革。

一、数据科学改变刑事侦查的逻辑

大数据(big data),指无法在一定时间范围内用常规软件工具进行捕捉、管理和处理的数据集合,是需要新处理模式才能具有更强的决策力、洞察发现力和流程优化能力的海量、高增长率和多样化的信息资产。② 大数据技术旨在为人们的生产、社会和科学活动中积累起来的"海量、高维、复杂、即时、非结构化"数

---

　　* 胡铭,浙江大学光华法学院教授、博士生导师。

　　① 参见陈光中,等.中国司法制度的基础理论问题研究[M].北京:经济科学出版社,2010:23.

　　② 大数据技术的战略意义不在于掌握庞大的数据信息,而在于对这些含有意义的数据进行专业化处理。换言之,如果把大数据比作一种产业,那么这种产业实现价值的关键,在于提高对数据的"加工能力",通过"加工"实现数据的"增值"。从技术上看,大数据与云计算的关系就像一枚硬币的正反面一样密不可分。大数据必然无法用单台计算机进行处理,必须采用分布式架构。它的特色在于对海量数据进行分布式数据挖掘。但它必须依托云计算的分布式处理、分布式数据库和云存储、虚拟化技术。参见舍恩伯格,库克耶.大数据时代生活、工作与思维的大变革[M].周涛,译.杭州:浙江人民出版社,2013:1-10.

据提供高效率的生产工具。数据科学的发展,已经使得大数据成为各国高度重视的新兴社会生产资料和战略资源。① 在刑事司法领域,大数据的影响首当其冲地体现在刑事侦查领域。对于刑事侦查而言,"及时性和准确性"显然是至关重要的指标。对大数据这一资源的有效提取与运用,将显著提升刑事侦查的整体效能和相对优势。

甚至可以说,大数据正在使传统的刑事侦查和犯罪控制模式发生根本性变革,利用大数据提升刑事侦查和犯罪控制能力既是一种发展方向,更是正在发生的变化。对此,侦查人员已经日益认识到大数据对于刑事侦查的巨大作用。"在大数据时代,侦查要确立在线开放的理念、数据主导侦查理念、相关性理念、线上破案与线下证明相结合的理念。大数据驱动的侦查是一体性侦查、全景侦查、预测侦查和算法侦查。"②

尽管大数据对于刑事侦查的作用日益凸显,但是我国的刑事司法制度及相关立法是否已准备妥当? 我国 2012 年《刑事诉讼法》规定了"电子数据"这一新的法定证据种类,而大数据与电子数据有所交叉又有显著的不同。根据 2016 年颁布的《关于办理刑事案件收集提取和审查判断电子数据若干问题的规定》第一条的规定,电子数据是案件发生过程中形成的,以数字化形式存储、处理、传输的,能够证明案件事实的数据。主要包括:(1)网页、博客、微博客、朋友圈、贴吧、网盘等网络平台发布的信息;(2)手机短信、电子邮件、即时通信、通信群组等网络应用服务的通信信息;(3)用户注册信息、身份认证信息、电子交易记录、通信记录、登录日志等信息;(4)文档、图片、音视频、数字证书、计算机程序等电子文件。这说明我国新刑事诉讼法及相关司法解释所规定的电子数据,主要指的是电子化的常规证据,与以数据体量大(volume)、数据类型多样(variety)、数据处理速度快(velocity)和数据价值密度低(value)这一"4V"为特征的大数据相比较③,仍然有较大的差异性。对于侦查机关通过大数据来查明案情、锁定犯罪嫌疑人等手段,从我国现行刑事诉讼法来看,仍然只能是一种侦查线索,并不能作为一种法庭上认定犯罪的证据。这便极大地限制了大数据在刑事司法中的运

① 如 2012 年 3 月,美国政府宣布了"大数据研发计划",并设立了 2 亿美元的启动资金,希望增强海量数据收集、分析萃取能力,认为这事关美国的国家安全和未来竞争力。当前,大数据已经广泛应用于各种选举预测、民意调查、市场营销、经济预测、城市管理、金融风险预警、反恐等领域。

② 何军.大数据与侦查模式变革研究[J].中国人民公安大学学报(社会科学版),2015,31(1):72-80.

③ 张吉豫.大数据时代中国司法面临的主要挑战与机遇——兼论大数据时代司法对法学研究及人才培养的需求[J].法制与社会发展,2016,22(6):52-61.

用,在相关法律制度尚不明晰的变革期,需要探索如何积极发挥大数据在刑事侦查中的作用;相关证据规则的研究,对于大数据在刑事侦查中的有效运用也将发挥关键性的作用。

二、监控技术对私人空间的深度入侵

信息化时代,通过监控技术获取个人信息已经成为各国应对犯罪的常用手段。无论是对大数据的获取还是对个体的信息采集,都是关涉公民基本权利的重要问题。

以监听为代表的技术侦查手段入法,是信息技术在刑事侦查中最直接的体现。① 我国2012年《刑事诉讼法》对技术侦查措施做出了相对较为完整的规定,使得技术侦查第一次真正意义上取得了合法性,从幕后走上前台,这对于我国刑事司法改革和人权保障具有里程碑式意义。随着时间推移和社会环境的不断变化,技术侦查措施的重要性日渐凸显,技术侦查在我国2012年《刑事诉讼法》中"成功上位"与信息化的时代背景有着密不可分的关联,而信息社会的发展又使得技术侦查的规制变成了一个让立法者如芒在背的问题。从信息社会的要求来看,尽管2012年《刑事诉讼法》对技术侦查的规制相比之下已经有了巨大的进步,但还是不难从中读出纠结之意味,这也使得技术侦查在实施中会遇到不少困难。

首先,相关法律条文本身还是秉承着"规定宜粗不宜细"的原则,比较笼统而不细致,可操作性层面的进步不明显。以2012年《刑事诉讼法》第一百四十八条第一款为例,该条规定:"公安机关在立案以后,对于危害国家安全的犯罪、恐怖活动犯罪、黑社会性质的组织犯罪、重大毒品或者其他严重危害社会的犯罪案件,根据侦查犯罪的需要,经过严格的审批手续,可以采取技术侦查措施。"也就是说,在一般情况下,技术侦查措施只能被应用于侦查危害国家安全的犯罪、恐怖活动犯罪、黑社会性质的组织犯罪、重大毒品犯罪。但是,在这之后条文又补充了"其他严重危害社会的犯罪案件",这是一个明显的兜底条款。犯罪危害到什么样的程度才算是严重? 这是一个难以掌控的尺度。"根据侦查犯罪的需要","经过严格的审批手续"同样也都是很难操作的标准。诸如此类的模糊规定,都使得具体司法实践难以把控。

其次,决策权和执行权混同,违背了立法初衷。尽管从2012年《刑事诉讼法》第一百四十八条的文义来看,立法者力图防止侦查机关滥用技术侦查措施的

---

① 胡铭.英法德荷意技术侦查的程序性控制[J].环球法律评论,2013,35(4):6-18.

目的十分明显,但是该条文所设计的制度框架恐怕很难完成这个任务。第一,从批准环节来看,2012 年《刑事诉讼法》并没有规定技术侦查措施的具体批准程序,而仅仅是笼统地规定了"经过严格的程序"。但是不管如何"严格",哪怕是"苛刻"的批准手续,负责批准的检察机关和公安机关正是实施技术侦查措施的申请者本身,而申请的理由仅仅是"根据犯罪侦查需要",这无异于球员当自己比赛的裁判,不论程序多严格都难免受到质疑。第二,从技术侦查措施的执行来看,虽然 2012 年《刑事诉讼法》规定,检察院有权决定实施技术侦查但无权自己执行,必须交由有关机关执行,似乎是想通过决定和执行者分开来达到减少侦查机关滥用技术侦查措施的风险。但是反过来看,有关机关在接到检察院实施技术侦查的决定之后是否有权以该决定违反有关程序或规定拒绝执行?结合法条的前后文看,答案是没有。在这样的情况下,技术侦查措施的执行机关的地位仅仅是依附于决定机关,很难真正实现限制技术侦查措施滥用之目的。

需要注意的是,我们不能将技术侦查现有的不足简单地归因于立法的疏漏,而是应该看到立法过程中在个人自由与控制犯罪之间的艰难抉择。笔者认为在技术侦查措施的规制问题上,采用司法令状主义是大势所趋,考虑到我国的司法传统和现有机构设置,短期内采用法院审查模式难度较大,可以考虑改采检察机关审查模式;①同时,对违反规定进行的技术侦查措施所取得的证据,应依照非法证据排除规则进行处理或者补正。当然,我国对技术侦查的法律规制才刚刚起步,新刑事诉讼法对技术侦查措施的规制在一定程度上可以说是立法者感受到信息化社会发展的压力而进行的"临阵磨枪",尚有较大的完善空间。

三、重视证据证明力的传统在信息时代的改良

证据从本质来看,可以看作一种有助于查明真相的信息。"求真"的过程,便是收集信息来还原案件真相的过程。从信息社会的视角切入,我国 2012 年《刑事诉讼法》对证据制度的变革,体现了重视证据证明力的传统在信息时代的改良。

2012 年《刑事诉讼法》扩大了证据概念的外延,使其更符合信息时代的社会变迁。根据 2012 年《刑事诉讼法》第四十八条规定,证据的定义由原先"证明案件真实情况的一切事实"转变为"可以证明案件事实的材料",证据分类中"鉴定结论"修改为"鉴定意见",并在"视听资料"后增加"电子数据"合并为一项。这一条文的规定是信息化时代对刑事司法影响的最直观的映射。进入信息化时代以

---

① 荷兰采用的就是检察官审查模式,相关讨论参见胡铭. 英法德荷意技术侦查的程序性控制[J]. 环球法律评论,2013,35(4):6-18.

来,伴随着犯罪行为高科技化和智能化,尤其是在经济犯罪和职务犯罪当中,实物证据等传统型证据的存在日趋减少,且司法机关常常会面临取证困难的境地。与之相对应,对电子数据的监控已经在上述案件的侦查活动中上升为最重要的破案手段之一。另外,DNA等新型高科技化证据的载体地位日益上升,其在刑事司法实践当中更广泛的运用极大地提高了刑事侦查的准确度,成为实际意义上的"信息之王"。

2012年《刑事诉讼法》以限制证据证明力的方式继承并发展了重视证据证明力的传统。在我国刑事司法实践中,历来对证据的证明力有种异乎寻常的关注①,将证明力放在突出的位置,形成了一种重视证明力、轻视证据能力的倾向。强调证据的真实性、客观性是证据的本质属性,而对证据合法性的要求在司法实践中通常会被忽略。

在司法实务部门的呼声中,2012年《刑事诉讼法》可以说继承甚至强化了这一传统。集中体现在法条(2012年《刑事诉讼法》第五十三条,1996年《刑事诉讼法》第四十六条)对有关口供的证明能力的规定之后增加了证据达到确实充分的标准,即"(1)定罪量刑的事实都有证据证明;(2)据以定案的证据均经过法定程序查证属实;(3)综合全案证据,对所认定事实已排除合理怀疑"这三款规定。虽然新增加的三款规定是原则性的,还需法官在具体审理活动中加以把握,但其对自由心证的限制以及对证据证明力的重视显露无遗。不过,相较于前几年制定证据规则的风潮,2012年《刑事诉讼法》对传统的继承更多的是以限制证据证明力的方式进行的。结合证据的定义和分类,2012年《刑事诉讼法》将"鉴定结论"修改为"鉴定意见",以及关于口供的规定可以明显地看到2012年《刑事诉讼法》对证据证明力施加了更多的限制,甚至可以说新法对单项证据证明力本身持有怀疑和不信任的态度。究其原因,信息科技的发展首先模糊了证据的边界,相对于2012年《刑事诉讼法》的立法环境而言,在过去证据基本都以有形的实物载体出现,本身具有相对的稳定性和确定性。而在信息化社会当中,证据的载体极大地丰富,无形证据载体(如电子数据等)出现的同时也突破了传统理念上认为的证据本身的确定性。在信息化时代,证据内容并不是确定不变的,尤其是新型的电子数据等证据内容都有被修改的可能。而信息技术的发展与过往的刑事司法实践经验表明,通过科技化手段获取的证据并不是完全准确的。如DNA鉴定的结果并非那么的完美,甚至可能造就错案,因为DNA生物样本可能降解或被

---

① 李训虎.证明力规则检讨[J].法学研究,2010,32(2):156-173.

污染,法官和陪审员也可能会曲解数据统计的概率。①

总体而言,2012 年《刑事诉讼法》所确立的证据制度呈现的是我国刑事司法固有的传统在信息化时代以新的方式传承并以柔性改良方式革新的图景。换言之,我国的证据制度并未采行剧烈动荡式的革新,而是在传统的道路上逐步前行,传统证据观吸收融合新的法治理念,根据社会时代变迁的要求对自身进行改良。

四、强制措施与刑事司法宽容性的增强

我国刑事诉讼中,对于强制性侦查措施一直有着极强的依赖性,特别是广泛采用羁押等强制措施,而与刑事司法的宽容化趋势相背离。信息化时代及相关技术的进步,为改变这种状态并走向刑事司法的宽容化提供了契机。在此,以强制措施为例,说明此种趋势。

我国的强制措施,是有关机关为了保证刑事诉讼的顺利进行,依法对刑事案件的犯罪嫌疑人、被告人所采取的在一定期限内暂时限制或剥夺其人身自由的一种法定强制方法。强制措施是一种"必要之恶",只是一种保障性措施,其本身并不是刑罚,不具有真正意义上的惩罚性。但强制措施直接涉及公民人权,可以说,"刑事诉讼的历史,也就是对强制措施不断加以合理限制的历史"②。然而,在我国以往的刑事司法实践中,普遍存在过度适用强制措施的现象。这里既有理念的问题,更有制度的问题。

我国 2012 年《刑事诉讼法》关于强制措施的规定以及非羁押性强制措施在更大范围内的适用体现着刑事司法改革的一大趋势——宽容化。2012 年《刑事诉讼法》对强制措施层次化的细致规定本身承载了"慎用强制措施"的思想,在法条用语中鼓励在司法实践中多采用对人身权利侵害较小的强制措施,既体现了保障人权的理念,也间接体现了法院统一定罪原则。这一切的实现离不开数据科学和信息技术的支持。数据科学的运用,可以帮助公安司法机关精准掌握犯罪嫌疑人、被告人的活动轨迹,从而有效判断犯罪嫌疑人、被告人的"社会危险

---

① 如在美国曾发生过一个 DNA 鉴定导致错误的案件。2012 年 12 月,一个叫卢基斯·安德森(Lukis Anderson)的流浪汉因为 DNA 证据而被指控谋杀了硅谷富豪拉维希·库姆拉(Raveesh Kumra)。安德森可能被判处死刑,但实际上他是无罪的,安德森拥有脱罪的铁证:2012 年 11 月,案发当晚,他醉得不省人事,在医院接受了一夜的治疗和看护。后来,安德森的律师团队发现,他的 DNA 是被医院的医护人员带到库姆拉住所的。医护人员在当天早些时候治疗了安德森,3 个多小时后,无意中将 DNA 证据带到了犯罪现场。

② 孙长永.比较法视野中的刑事强制措施[J].法学研究,2005(1):111-125.

性"。逮捕的条件中,最关键的一点便是对社会危险性的把握。2015年出台的《关于逮捕社会危险性条件若干问题的规定》,对犯罪嫌疑人"可能实施新的犯罪","有危害国家安全、公共安全或者社会秩序的现实危险","可能毁灭、伪造证据,干扰证人作证或者串供","可能对被害人、举报人、控告人实施打击报复"等作出了明确的规定,用于判断社会危险性程度。但是,这些规定仍然是抽象的,公安司法机关很难对其进行具体把握,而大数据的运用,可以给公安司法机关提供海量的信息,对上述评判标准进行量化评估,从而科学地决定是否要采用羁押措施。

当然,宽容化的内涵不仅仅局限于限制强制措施的适用,更意味着刑事司法理念的变革和社会整体宽容度的提高。从2012年《刑事诉讼法》对强制措施规定的修改来看,体现了否定过去强制措施惩罚化适用的做法,可以从中看出传统的报复性司法理念在我国已经出现松动,表现出向恢复性司法开始转变的倾向。[①] 另外,伴随着社会信息化的深入,社会的开放程度越来越高,社会对各种新理念的包容度也随之提高,可以说信息化革新为我国刑事司法改革赢得了一个相对宽松的社会文化环境。因此,从信息化社会的角度审视我国刑事诉讼法及其适用,可以看到信息技术的进步正在推动我国刑事司法向宽容化方向演进。

五、信息不对称效应与刑事司法沟通化变革

信息不对称效应是指在市场活动中,各类人员对有关信息的了解是有差异的;掌握信息比较充分的人员,往往处于比较有利的地位,而信息贫乏的人员,则处于比较不利的地位。[②] 信息化社会的到来,使得刑事司法呈现出沟通化的特点,这在刑事审判中体现得尤为明显。

社会公众对刑事司法的知情权、参与权和监督权早已经不是一个新鲜的话题,信息化社会的发展不断拓宽信息传播渠道,促进刑事司法的公开化、透明化。从最初法院将判决书公布至网站上到如今各种渠道的庭审直播,公众的知情权和监督权越来越有效地得到保障。然而,在保障公众权利的同时,社会公众舆论干涉刑事审判的独立性以及社会公众对司法机关的信任危机的加剧成了司法机

---

① 张善燧. 现代宽容与我国刑事司法变革[J]. 学术界,2009(6):83-89.
② 该理论主要被用于解释经济领域的问题,一般认为:市场中卖方比买方更了解有关商品的各种信息;掌握更多信息的一方可以通过向信息贫乏的一方传递可靠信息而在市场中获益;买卖双方中拥有信息较少的一方会努力从另一方获取信息;市场信号显示在一定程度上可以弥补信息不对称的问题。

关挥之不去的梦魇。① 回顾社会公众舆论参与司法监督的典型案例,2003 年的刘涌案被认为是公众舆论监督并影响刑事司法活动的先河,再到后来的许霆案、邓玉娇案、李昌奎案、聂树斌案等案件,网络等信息传播渠道对刑事司法活动产生的影响与日俱增。与这种影响同步并行的还有刑事司法的信任危机,在社会信息化趋势的影响之下两者陷入了相互促进的困局。从信息传播的角度来解读这一现象的症结,一言蔽之,还是信息不对称。

以药家鑫案为例,自药家鑫杀人事件曝光之后,公众在网上所得到的信息主要集中于被媒体添加了道德评判的行凶者恶劣的杀人行为,例如如何在车祸发生之后下车确认伤者,如何起的杀意以及被害人求饶及其令人同情的家庭状况。相应的,案件的全面、客观的整体情况并没有得到有效而充分的传播。在经过二次传播之后关于案件的信息出现扭曲,比如被害人在死前求饶的情况被添加了细节描写,而关于这一点的证据实际情况仅仅是犯罪嫌疑人做出的被害人在死前"曾向他求饶"的供述,其余细枝末节的描述更是没有证据可供印证。在这样的持有信息差异并且得不到补证的情况下,网络上形成了判处死刑的舆论呼声并日渐高涨,最终为了应对这种压力,法庭在庭审现场甚至还派发了定罪量刑的问卷调查,最终的判决结果自然也就顺理成章了。总结过去这几个比较典型的案子,其处理模式上有一个共同的特点——在这些被放置于社会公众舆论视线下的案件中,司法机关是被动地、单方面地受到监督,没能有效地将案件和审判相对全面的信息传达给公众,从而使得社会公众仅根据自己获得的十分有限的信息形成较为片面的价值判断,这种价值判断借助现代媒介渠道迅速传播相互影响并合流,形成对司法机关巨大的压力。② 在大多数情况下,案件还没有进入审判程序便已经曝光。等到法院收集完信息,力图让社会公众了解案情的全面信息时,社会公众和舆论已经形成了一套所谓主流的价值判断。社会公众依照这一套价值判断对所获得的信息进行筛选,如此一来社会公众舆论和司法机关产生了信息不对称,就形成如今常常出现的社会公众觉得法院没有依法判决,而司法机关不能理解社会公众为何如此评判案件的格局。

随着公众的权利意识日渐增强,同时,由于我国信息传播技术不断进化,意见表达渠道却十分狭窄等原因,公众对案件形成所谓主流价值判断的时间正在缩短,这种信息不对称的传播效应还在变强,日渐成为我国刑事司法实践当中面临的一个难题。如果从信息传播的角度来解读我国历史上刑事司法改革的几个关键的节点——从最早的"法不可知则威不可测"到春秋战国时期的法律成文化

---

① 胡铭.司法公信力的理性解释与建构[J].中国社会科学,2015(4):85-106.
② 胡铭.转型社会刑事司法中的媒体要素[J].政法论坛,2011,29(1):40-52.

变革,再到近代的罪刑法定和公开审判等基本原则的引入,以及后来明文禁止类推,到现如今刑事司法的公开透明化等等——这些节点都可以解读为消除刑事司法当中信息不对称的改革,而不仅仅只是将法律和刑事司法活动简单地公之于众以示公平。当下中国刑事司法所面临的困境充分说明了进入信息化社会,公众对于刑事司法的要求不再局限于看到一个公开审判的形式和一个简单的判决结果,更要求得到对有关案件相对全面的信息;同时,刑事司法活动不仅仅要对公众公开,更要及时向公众传递正能量,力图使刑事司法活动与社会公众保持良好的沟通。

网上庭审直播、互联网法庭等新举措,让我们看到了信息化时代刑事审判的新样态的不断涌现。通过电视、微博等媒介渠道的全程直播,一方面司法机关所掌握的信息有效地传达给了社会公众,另一方面社会公众对这种信息产生了较为良好的反馈,形成一种良性的双向沟通格局,最终社会公众对个案的审理程序多持肯定性评价。从薄熙来案等个案的庭审直播当中不难发现,我国刑事司法活动已经开始从单方面的被动接受监督向与社会公众双向的沟通发展。信息技术的不断革新一方面扩展了传播渠道,为这种积极的变化提供了必要的现实基础;另一方面弥补了社会公众与国家机关在刑事司法活动中的信息不对称,这也是信息化时代对我国刑事司法活动的基本要求。

当前,"互联网+"在司法领域的运用便是打造"智能法院",直接表现为"网上法庭"。如浙江省高级人民法院 2015 年开始建设网上法庭,首批确定杭州市西湖区、滨江区、余杭区 3 个基层法院和杭州市中院作为试点。"互联网+"是司法审判面临的一场深刻自我变革的重大机遇,在方便当事人、社会公众和提高审判效能等方面都可以发挥重要作用。我国司法机关正在积极推进信息化建设转型升级,努力建设"智能法院",努力打造审判管理智能办公系统。数据技术和互联网的有效运用,在提升司法能力、提高司法的公正性、优化司法资源的配置、促进司法机关与社会公众良性互动等方面可以起到积极的作用,为促进社会的公平正义提供了智慧与经验。

六、结论

当下,数据科学、信息技术带来了社会的迅速变革。对于刑事司法而言,一方面,信息时代的发展为刑事司法改革提供了崭新的物质和技术基础,促进了刑事司法实践中的技术性革新;另一方面,信息社会的大发展正在改变我国刑事司法制度的社会根基,与之相伴的必然是刑事司法改革的进一步深化。随着信息化社会的迅猛发展,我国的刑事司法传统理念和制度迎来了新的挑战。我国2012 年修改的《刑事诉讼法》,以及相伴而来的我国刑事司法实践的变化轨迹,在一定程度上反映了信息社会和数据时代对刑事司法活动的矫正。不论是技术侦查措施的前台化还是证据制度的改良,或者是强制措施的导向还是庭审实践的变化,既是时代变迁为刑事司法改革提供的机遇,又是理论与实践的断层催生了改进相关制度的现实要求。不变的是"理想、理性和执着对于推动刑事司法现代化的步伐是何等重要"①,变的是数据科学、信息技术等带来的机遇和挑战,未来的人工智能更是可能对刑事司法产生深刻的影响。

黄宗智在考察过去和现在的中国司法实践的基础上,曾指出"近百年来中国虽然在法律理论和条文层面上缺失主体意识,但在法律实践层面上,却一直显示了相当程度的主体性"②。对于中国语境下的刑事司法改革这一命题的解读,不应当只滞留于法条层面的论证,更应当结合时代和社会背景,从实践层面加以把握。实践正在不断催生新的刑事司法变革,相关的理论研究和立法完善亟须迎头赶上。

---

① 李建明.刑事诉讼法学研究的品格与态度[J].法学研究,2012,34(5):7-10.
② 黄宗智.过去和现在:中国民事法律实践的探索[M].北京:法律出版社,2009:258.

淘宝代运营案件定罪量刑必须明确的五大问题

何忠翊　李莉莎*

一、问题的引入

随着电子商务的发展,网购已经走进广大民众的日常生活,有许多人也希望通过开网店来增加收入,但在开店、运营、推广、货源等方面存在知识与资源的不足。面对这样的需求,网络上出现众多淘宝代运营的公司,为客户提供开店服务、运营指导、网络推广等一条龙服务。客户只要交一定的费用,就能拥有自己的店铺,由公司代为运营、提供客服,并承诺为客户刷流量、刷信誉,这就是淘宝代运营的基本服务模式。

由于市场竞争激烈,许多公司为了招徕客户,承诺在客户网店经营业绩达到一定的水平后,返还押金或服务费。因网络交易中大部分店铺的买家浏览量不足,成交量达不到约定标准,绝大部分的托管店铺的押金或服务费得不到返还,客户觉得自己受骗并报案,这引起有关部门的重视,进行立案侦查。

2017年7月,杭州某网络科技有限公司的19名销售人员涉嫌犯罪被起诉。本人作为其中一名被告人的辩护人,在办案过程中体会到要对此类案件准确地定罪量刑,必须厘清下列几个问题。

二、是民事纠纷还是刑事犯罪问题

这是首要的问题,直接决定了该类案件诉讼程序的最终走向。具体到淘宝代运营的案件,要区分民事欺诈与合同诈骗,必须全面审查合同,根据合同义务

---

* 何忠翊,浙江靖霖律师事务所公司刑事风险防范与辩护部副主任,靖霖温州所副主任;李莉莎,浙江靖霖律师事务所专职律师。

履行状况,判断非法占有的目的。具体到该类案件,要进行准确地判断,必须围绕以下四个要点:一是约定收取费用的性质;二是主要合同义务的履行状况,即买家浏览量是否真的增加,店铺的信誉是否能得到提升;三是履行能力;四是对收到的费用如何处置。

(一)从收取费用的性质看,是合法获取还是非法占有

鉴于淘宝代运营市场竞争的激烈,这类合同在约定费用方面故意进行模糊处理,其目的是一方面希望客户认为可以返还费用,以利促销,另一方面又为今后的争议留有余地。其费用的约定主要有三种情况:一是约定收取服务费;二是约定收取服务费,但是在口头上表达为收取押金;三是约定收取押金或服务押金费用。

第一,约定收取服务费。服务费本质上是公司提供服务的对价,合同经过磋商以后,客户签字即意味着认可其中的服务收费标准。相关费用进入公司账户后,已经成为公司的财产,不是客户的财产,不存在非法占有他人财物情况。

第二,书面约定收取服务费,而口头表示收取押金。对于在书面文字与口头表示不一致的情况下,如何认定其性质?在证据能力方面显然书证更有效力,但是从合同本质上看,双方意思表示一致是核心要素。笔者认为,在刑事诉讼上要"透过现象看本质",结合各种证据,进行综合判断。

第三,收取押金,意味着公司存在着返还的义务,是否构成非法占有目的,关键看返还的条件是否约定得公平合理。收取押金费用,本质上仍然属于押金。

对于这些不同的约定,或者书面约定与口头表述不同的,在其性质上,笔者认为要综合全案证据,进行准确认定。

对于那些约定的合同义务本身很简单,仅仅包括正常注册、装修、卖货、发货等基本义务,合同达到正常运行为限,如微店扶持型、供货型和体验型。合同本身所收取的费用不高,而且也履行了主要义务,即使有服务不到位的地方,也仅仅存在违约责任。即使存在服务费与押金的约定不明,也仅意味着存在商业欺诈,社会的危害性也不大,无须刑法进行规制,还是以民事纠纷处理为宜。

对于押金的非法占有目的的评价,要综合考虑其返还标准的设定及影响达到标准的条件。如果流量都是假的,不是客户真正的浏览量,实际上几乎没有客户光顾,而且店铺信誉低。那么要达到返还条件,仅仅存在"理论上的可能"。这种以返还押金为诱饵,又设定几乎达不到的返还标准,实际上就具有非法占有的目的。

(二)主要合同义务的履行状况

判断是否属于合同的主要义务,要从合同订立的目的来看,显然商务合同的

最终目的是营利,要保证营利的可能性,从淘宝代运营合同来说,其合同的目的在于有买家浏览下单,而且这个机会应该与所付出的代价成正比。从淘宝代运营合同来看,其主要义务包括:有一个能够正常运营的店铺,达到一定的知名度与信用等级,有吸引客户的产品。这些义务履行的状况如何,直接关系到合同目的的实现。具体分析这三项主要合同义务,从履行合同的难度与可替代性角度看,店铺的装修是通过电脑制作的,成本较低。产品也仅仅是服装,并非不可替代。而店铺的知名度与信用等级,在淘宝网上是直接影响交易量的核心因素,既不具有可替代性,也难以在短时间内达到,是影响合同目的最重要的评价标准。

(三)有无履行合同主要义务的能力

司法对履行合同主要义务的能力的判断,要根据合同约定义务进行。在互联网时代,对合同的履行能力进行具体分析,要做扩大的理解。企业自身没有履行能力,但可以从市场上获得替代履行的,也应该认定为有履行能力,如店铺装修,产品的供给。

嫌疑人实际无法履行到位,而又与客户约定"刷流量"与"刷信誉",根据法律法规的规定与市场监管,司法应该认定其不具备合同履行的能力。

(四)对已收取押金的处置

在无法履行合同的情况下,嫌疑人如何对待收取的押金问题,也是判断非法占有目的的重要依据。如果嫌疑人对收取的押金根本没有返还的意思,大肆挥霍,致使对方无法追偿,则明显具有非法占有的目的。

民事欺诈与合同诈骗具有本质区别。在目的上,民事欺诈是为了在履行合同中得到经济利益,合同诈骗是为了非法占有对方财物。在客观行为上,民事欺诈虽有些夸大优点、隐瞒缺陷,但行为的目标是围绕促成合同成立,以履行合同为目标。而合同诈骗并不注重合同的履行,以对方交付财物为目标。

只有综合上述各项标准,才能准确判断是通过履行合同,进行营利,还是着眼于非法占有对方财物,进而区分民事欺诈与合同诈骗。

三、淘宝代运营案的销售人员应该如何定罪

从这类案件的行为方式来看,符合多种罪名的罪状形态,如诈骗罪、非法经营罪、虚假广告罪、合同诈骗罪。主犯与从犯由于存在着主观故意的不同,完全可能构成不同的犯罪。

(一)从虚构事实隐瞒真相的行为方式来看,符合诈骗罪的特征

诈骗罪与合同诈骗罪存在着一般与特别的关系。在构成要件上具有共性的特征,但是存在着一定的区别,在犯罪主体上,诈骗罪的主体只能是自然人,而合同诈骗罪的主体也可以是单位。从犯罪所侵犯的法益上看,诈骗罪所侵犯的是公私财物的所有权,而合同诈骗罪侵犯的是公私财物的所有权与国家对合同的管理制度。在客观行为方式上,合同诈骗只发生在合同签订与履行过程中,而诈骗罪则没有这样的限制。

对于淘宝代运营的销售人员而言,他们是在签订合同过程中,虚构影响合同目的的最核心事实、隐瞒实际上无法履行的真相,所以不能简单地认定为普通的诈骗罪,否则就存在着评价不准确的情况。

(二)从部分约定的合同义务来看,有非法经营之嫌

代运营的合同约定,运营者履行为客户提升流量、提高成交量等义务。履行"刷流量、刷单、刷信"这类义务,明显违反国家规定,提供这类服务收取相关费用,无疑构成非法经营罪。

这样的判断,在前提设定上,认为履行行为也达到了合同约定的要求,不存在非法占有的目的,被害人也没有陷入错误认识。在思考方法上,司法应把整个过程分开评价,把合同的义务分割为合法义务部分与非法义务部分,单就非法义务的履行进行评价。这种观点的主要问题是忽视了合法义务与非法义务的内在联系,其实它们都是服务于统一的目的。

事实上,刷流量是通过软件"流量精灵"来进行,其结果是在客户的网店上显示有几万的访问量(浏览量),但这种流量不是真实的客户访问量,不可能带来成交量。其刷单行为也不是真正的购买,都是员工进行的虚假购买。其所需的资金,一般在高级套餐客户所交的费用中拿出 10%。

从整个过程来看,其刷流量与刷单都是虚构事实、隐瞒真相的主要行为,就是这一部分的履行达不到合同目的,集中体现了其非法占有的目的。在存在非法占有的目的情况下,对整个行为仅仅评价为非法经营是不够的,也是不准确的。

(三)虚假广告罪

虚假广告罪是指广告主、广告经营者、广告发布者,违反国家规定,利用广告对商品或者服务做虚假宣传、情节严重的行为。该罪规制的是广告行为,所保护的法益是广告内容的真实性。笔者认为对涉案公司的销售人员不能以虚假广告罪评价。

从规制的对象看上，虚假广告规制的对象是广告主、广告经营者、广告发布者。对于众多的销售人员来说，广告发布者是公司。销售人员不能被认定为广告发布者。

从因果关系看，受害人遭受的损失，不是在先的广告行为不实宣传，而是通过广告建立联系后，公司员工进行的虚构事实、隐瞒真相的后续行为所致。

从相关司法解释来看，广告行为与所宣传的行为存在着共同的故意，则以共犯论处。易言之，广告行为与其他犯罪行为构成有机整体时，就不能分开评价，仅以虚假广告罪论处。

所以对于淘宝代运营案仅仅以虚假广告罪评价其在先的行为，而不评价虚构事实、隐瞒真相的行为，显然是孤立地看问题，属于舍本求末。

（四）合同诈骗罪

合同诈骗罪是指以非法占有为目的，在签订合同过程中，使用欺诈手段骗取对方财物，数额较大的行为。特殊诈骗犯罪在诈骗的方法和对象上有其特定性，表现为"利用合同"进行诈骗，而且发生在合同的签订、履行过程中。

网店的效益主要取决于客户的浏览量、成交量和信誉等级。这三项合同义务直接影响店铺的交易量，影响合同目的的实现，这三项合同义务的履行状况，直接关系到对涉案人员的刑事责任评价。

在本案中代运营公司的履行情况是：刷流量，只能通过软件刷虚假的流量，属于无法履行；成交量通过员工互相刷单，只能象征性地刷几单，没有任何持续性；信誉提升几乎不可能。信誉只能通过成交以后的客户好评进行累计，才能获得相应的"钻"和"皇冠"，一颗钻要251个好评，一个蓝皇冠要10001个好评。由于没有真正的交易量，刷单也不可持续，要获得足够数量的好评，达到合同约定的信誉几乎不可能。

对于涉案公司来说，合同的主要义务是无法履行的，销售人员对此也是明知的。因此嫌疑人可以被认定为没有实际履行能力，而又引诱客户升级套餐，存在着"以部分履行合同的方法，诱骗客户继续签订合同"的情况。

综上，笔者认为对淘宝代运营案以合同诈骗罪论处，符合该案的行为特征，定性是准确的。

四、单位犯罪与自然人共同犯罪的问题

鉴于淘宝代运营案一般的行为模式，是以网络服务公司的名义对外宣传销售，从单位犯罪的构成来看是适格的，但是否都统一在单位犯罪的范畴内追究主犯与从犯的刑事责任，存在着矛盾。

对于主犯来说，如果把全案评价为单位犯罪，则主犯明显属于"以犯罪为目的成立单位，应该认定为自然人犯罪"的情况，所以在单位犯罪范畴内追究主犯的责任则明显存在着罚不当其罪的现象。

如果直接认定为自然人共同犯罪，对于从犯来说，则在"以犯罪为目的成立单位"上与主犯之间，明显缺乏共同故意，存在着主客观不统一的问题。具体来说如下。

（一）从整个犯罪行为客观表现看，应该是单位犯罪

第一，从主体来看是适格的。涉案的网络公司都是经过合法登记的企业法人，拥有企业"三证"。公司机构完整，层级分明。有前台、销售部、常务部等部门，有总经理、部门负责人、小组长等。员工也通过正常签订的劳动合同而成立劳动关系，企业统一为员工缴纳社保，在内部日常管理上也有一整套规章制度。

第二，从名义上看，销售人员是以公司的名义对外营销的。公司统一派发专门微信号，微信号内容由公司专门部门进行统一的推送，对客户的服务是以公司的名义进行的，服务合同也是以公司的名义与客户签订的。

第三，根据公司的要求和程序履行工作职责。销售人员根据公司规定的服务程序进行销售，在与客户交流过程中也按照公司规定的统一口径进行，在客户签订合同以后便将后续的咨询服务、合同履行、投诉处理等根据公司规定由相应的部门对接、处理。在整个对外销售过程中，是以公司有机的整体对外服务的，各环节的工作是在公司统一领导与决策下运行的。

第四，营销收入统一进入公司指定的账户。在与客户签订合同以后，客户缴纳的服务费或者押金都统一汇到公司指定的账户。各个员工的业绩提成由公司规定一定的比例发放，本质上是公司的激励方式。

（二）对从犯来说，以自然人共同犯罪追究刑事责任，明显不公平

对于从犯来说，不在单位犯罪的范畴内评价，是因为公司是"以犯罪为目的成立的"，根据相关司法解释，应该认定为自然人共同犯罪。如果机械地引用这一规定对销售人员行为进行评价明显不公平。

第一，在成立公司上，销售人员与公司决策层缺乏共同故意。由于公司成立在先，销售人员在公司成立后通过录用流程进入公司工作才开始从事销售工作，他们不应该对自己没有参加的行为承担后果。

第二，公司成立的目的存在于决策层。公司成立的目的不会直接展示出来，销售人员的销售行为也并不影响公司成立的目的。再说成立公司的目的也不是一成不变的，有本来为合法营利而成立，后来变为以犯罪为目的；也有当时为犯罪目的成立，后来自动中止了犯罪行为，从事合法经营的。

销售人员作为从犯,对自己并不知情的公司成立目的承担更重的刑事后果,有违罪责相适应的原则。所以对从犯以自然人共同犯罪进行评价显然不公平。

（三）是否在单位犯罪的范畴内认定刑事责任,主犯与从犯应分别进行

主犯如果存在以犯罪为目的成立公司的情形,其应该与其他主犯以自然人共同犯罪而被追究。对于从犯而言,司法活动应该就其在履行单位职责的情况下涉嫌犯罪的情形,在单位犯罪的范畴内进行刑事责任的评价,对其作为"其他直接责任人员"追究刑事责任。只有这样进行区别,才符合主客观相一致的原则,也更容易为广大民众理解和接受。

五、代运营合同推销人员存在主观故意的时间点问题

对于涉案行为的时间点认定问题,直接影响到每个人的犯罪数额,也关系到犯罪所得数额的认定。由于涉案人员的入职时间不同,层级不同、认识能力不同,他们对自己所从事的工作是否涉嫌犯罪,认定的时间不同,认识的程度不同。如何正确认定是不可回避的问题,到底以哪个时间点来确定行为人确实知道自己的行为涉嫌犯罪,存在着三种选择。

第一,不考虑认识过程,直接以入职时间点开始计算。这种计算方式,显然以假设职工入职第一天,就知道该公司在犯罪为前提。一方面这种认定不符合实际情况,另一方面做这种认定需要提供证据证明,否则是违背常情常理的。

第二,犯罪嫌疑人自己证明,在一定的时间内是不知道的。这是存在问题的:一是法律规定不能让犯罪嫌疑人自证有罪;二是各人的认识能力不同、岗位不同、认识的时间也不同;三是认识的标准不一样,即使认识到同样的事项,有人认为是犯罪,有人不认为是犯罪。而且结果差距很大,有的早,有的晚,甚至有的是在被采取了强制措施以后才知道自己涉嫌犯罪了。这样缺乏统一的认定显然不合理。

第三,以入职一段时间为准,推定知道自己是在犯罪。在这样一段合理的时间内,嫌疑人对整个运行的模式都了解了,对合同履行的状况也知晓了,对被害人的不满情绪也有所体会了。所以这种认定既符合人的认识规律,也符合证明要求。这个时间以3—6个月为宜。

六、代运营合同推销人员的非法所得问题

目前,对于销售人员的非法所得数额直接以公司查获的工资表进行认定,笔者认为这样不准确,也不公平,必须进行具体分析并加以区分。

第一,合法收入部分。涉案企业的工资表,一般包括底薪、补贴与提成,各自体现了不同的性质。底薪属于基本生活费用,补贴有交通补贴与午餐补贴,即使公司涉嫌犯罪,这也不属于犯罪所得,应该予以扣减。

第二,不涉嫌犯罪的合同项下的金额。销售人员推销的合同,有些约定收取服务费的,而且合同所涉及金额低,合同义务简单,履行情况基本到位,应该不能认定为犯罪,这些合同项下的数额就不应该计算在犯罪数额内,同时其项下的相应提成也不属于犯罪所得,应该予以扣减。

第三,不具有合同诈骗故意时所订立的合同项下的金额。销售人员不是一到公司,就认识到公司在犯罪,他自己也在进行犯罪行为,这里有一个认识过程,在其认识到犯罪之前的销售合同项下的金额也应该进行剥离,不应该计算在犯罪数额内,同样提成也不是犯罪所得。

要对上述三项所涉及的数额进行准确的核定,并从总的犯罪所得中予以扣减,然后计算犯罪所得额才是合理的。

七、结论

杭州市是互联网经济的中心,有一大批从事互联网创业人员,该案的处理直接影响到整个互联网生态。

本案涉案的销售人员,大多是来自农村的大学生,他们在杭州找到工作,一定程度上承载着整个家庭的希望。他们怀着对未来生活的美好期待,希望通过自身努力,分享改革的成果,改变生活状况。他们本质善良,平时遵纪守法,没有前科。

对于这类案件的处理,司法机关应该贯彻"教育为主、处罚为辅"的原则,从轻处理。在罪与非罪之间、罪轻与罪重之间,司法应努力体现刑法的谦抑性,妥善处理,努力化解社会对立情绪,维护社会和谐与稳定,真正实现办案的法律效果、社会效果、政治效果的有机统一。

跨越"数字鸿沟"

——技术治理的非均衡性社会参与应对

单　勇 *

一、技术治理加剧"纵向数字鸿沟"

在"互联网—大数据—人工智能"三浪叠加下,信息技术成为拉动犯罪治理创新的强劲动力。图像识别、视频监控、语音监测、行为预测、风险感知、人群画像、信息整合等蔚为大观的应用实践催生出全景式数据监控的技术治理模式。"社会的发展塑造了技术,但也被技术所塑造。"[1]技术治理在极大提升治理主体的社会能见度、风险感知灵敏度和预警预防精确度的同时,也在潜移默化中形塑数据控制型的社会结构。在数据控制型社会,"数字利维坦"[2]"技术利维坦"的生成几乎不可避免,"数字利维坦"与普通个体之间的"数字鸿沟"成为亟待深思的理论焦点。

在传统意义上,"数字鸿沟"通常指信息技术在使用者和未使用者之间的社会分层,描述了"信息通信技术在普及和使用中的不平衡现象,这种不平衡既体现在不同国家之间,也体现在同一个国家内部的不同区域、不同人群中"[3]。技术发展的不平衡可分为一级和二级数字鸿沟:一级数字鸿沟探讨是否拥有家庭

---

* 单勇,南京大学法学院教授,法学博士。基金项目:本文系 2018 年度国家社科基金重大项目"大数据时代个人数据保护与数据权利体系研究"(18ZDA145)之子课题"数据权利保护与技术治理扩张的平衡研究"、南京大学人文社科双一流建设第三批"百层次"科研项目"犯罪的技术治理实现善治之道:从数据控制到数据权利"的阶段性成果。

① SMITH M R,MARX L. Does Technology Drive History? The Dilemma of Technological Determinism[M]. Mass. ：MIT Press,1994.

② 郧彦辉.数字利维坦:信息社会的新型危机[J].中共中央党校学报,2015(3):46.

③ 胡鞍钢,周绍杰.新的全球贫富差距:日益扩大的"数字鸿沟"[J].中国社会科学,2002(3):36.

电脑及互联网之间的接入沟;随着互联网逐渐普及,研究的重心转移到不同群体之间互联网使用行为、技能与目的的差距,即二级数字鸿沟。① 从结构上看,上述"数字鸿沟"是不同群体或区域之间的"横向数字鸿沟",而本文研讨的是在技术治理中"数字利维坦"与普通个体之间的"纵向数字鸿沟"。

在信息社会之前,"纵向数字鸿沟"在政府与普通个体的纵向结构之间长久存在,政府通过建立系统性的数据库和种类齐全的档案制度,依据数据、信息提炼治国理政的知识和智慧。相对普通个体,政府具有天然的信息优势。随着信息时代的到来,纵向信息优势在某些领域被缩小(如社会事件的网络传播),而在更多的领域则被悄无声息地拉大(如"说服计算"的流行)。

信息技术大爆发推动了新一轮的社会治理革命,催生出犯罪的技术治理模式,基于大数据技术的数据监控和分析成为技术治理的主流策略。技术治理经历了从分散式创新到连点成线式的系统性优化、整合式重构的发展进程,形塑出整体性的技术治理架构。这种治理架构以总体性的"政务云"为技术支撑,遵循"数据集成-风险预警-决策支持-指挥调度-共治服务"的平台治理流程,在平台集成和运用上百种具体的智能治理系统。在数据输入端,通过110警情中心的吸纳、网格管理员的上传、物联网传感器的感知,与犯罪治理有关的各类信息涓涓细流般汇入治理平台;在数据分析环节,平台中的各种智能治理系统依靠代码、算法、模型对信息进行挖掘、清洗、评估,从相关性分析中把握犯罪规律;在数据输出端,依据数据分析为具体的犯罪打击、预测、预防提供科学依据。技术治理由此催生出一种致力于整体性治理、趋向中心化的智能机器系统,治理手段的技术化和治理体系的算法化转向共同推动治理主体的机器化重构。

这种机器化重构标志着"数字利维坦"或"技术利维坦"的生成。"技术利维坦以更加隐秘、牢固的方式体现国家控制能力,国家可利用人工智能技术的价值理性和工具理性编织新型的权力网络,国家意志通过算法制定得以展现,以此加强监控能力和社会管理能力。"② 相比此前国家利维坦与个体之间的数字鸿沟,"技术利维坦"无疑大大加剧了"纵向数字鸿沟",形成了"透明的个人与幽暗的数据掌控者"③的社会分层。"纵向数字鸿沟"被技术治理加剧的表现如下。

① 许庆红.数字不平等:社会阶层与互联网使用研究综述[J].高校图书馆工作,2017(181):16.

② 王小芳,王磊."技术利维坦":人工智能嵌入社会治理的潜在风险与政府应对[J].电子政务,2019(5):89.

③ 郑戈.在鼓励创新与保护人权之间——法律如何回应大数据技术革新的挑战[J].探索与争鸣,2016(7):81.

从技术社会的掌控看,治理主体的机器化巩固了趋于中心化的整体性治理架构。"大数据虽然散布在整个数字空间,从理论上讲任何人都可以对这些数据加以分析和利用,但实际只有政府和大型科技企业才有资源、技术和能力去利用它们。大数据技术的发展将使政府变得越来越不透明,甚至连它不透明这个事实都变得不透明。"①国家持续投入社会治理、犯罪治理的智能基础设施建设,各种资源汇聚于智能机器系统,治理主体的智能机器化趋势浩浩汤汤。政府和科技企业组织最优秀的程序员编写各种程序、处理各类数据、设计各种算法,以技术之网将社会生活不断编程,持续扩大智能机器覆盖的广度、深度、精度。"技术利维坦"所搭建的全景式监控社会日渐成型,对个体被监控及个人隐私被威胁的争议愈演愈烈。"技术利维坦"加剧了社会分层,个人与智能机器系统控制者之间的力量对比愈发悬殊。

从技术治理的运行看,治理体系的算法化以更隐蔽的方式极大加强了国家对社会的控制。在硅基文明时代,技术治理对高危人群的识别和对犯罪风险的预测主要通过算法驱动智能系统完成指定任务,代码、算法、模型构成了国家意志的实现机制,个人作为被分析、被治理的对象无从参与算法的设计。"国家通过人工智能塑造出的镜像权力'修剪'着社会现实,通过算法滤镜看到的社会可能只是政府自己的影子。"②"技术和技术平台具有短期跃进效应和长期固化效应。"③智能机器系统一旦投入使用,技术治理的资源将围绕技术平台的运转而投入,技术平台在提升治理能力的同时,也在相当程度上限制了技术治理之外的治理创新。技术治理所形成的路径依赖从体制、机制上提高了民众参与治理的门槛。

从民众参与的能力看,"数字利维坦"的形成导致社会关系的改变,民众的生活被数字技术、算法、模型所控制在所难免。"互联网发展成为互不联网,'只见树木、不见森林'成为大趋势。"④碎片化信息越多,社会真相就越模糊,个人也就

① 郑戈. 在鼓励创新与保护人权之间——法律如何回应大数据技术革新的挑战[J]. 探索与争鸣, 2016(7):82.

② 王小芳, 王磊. "技术利维坦":人工智能嵌入社会治理的潜在风险与政府应对[J]. 电子政务, 2019(5):90.

③ 张丙宣. 仁慈的与阴暗的:技术治理的两幅面孔[C]. 变革时代的技术治理研讨会论文集, 2017:22.

④ 郑永年. 信息技术让大多数人变得越来越愚蠢[J]. 汕头大学学报(人文社会科学版), 2017(9):102-104.

越无法进行理性思考。在算法时代,"说服计算"①的愈发流行,人们被看透的越多,个人的选择就越不可能是自由的、不被他人事先决定的。"互不联网""说服计算""算法黑箱"等因素共同限制了民众对技术治理的知情权,而前述技术运行的长期固化效应则限制了民众对技术治理的参与权。

"纵向数字鸿沟"的加剧源于技术治理对工具理性的过度追求,是技术治理在效率和秩序方向上持续扩张的负效应。技术治理对秩序唯美主义和全景式监控的过度追求使个人变得更加透明,导致隐私的边界不断收缩。算法和技术的扩张使监控权力的运行变得更为隐蔽,隐私被侵犯、算法歧视和算法黑箱成为信息时代"看不见的非正义"。正如於兴中所言,"算法社会是科技精英社会,我们可能正在期望一个比现有社会更不平等的社会。这种不平等是从起点到结果的全方位的不平等,这是罗尔斯、桑德尔和森合起来也无法对付的"②。从本质上看,"纵向数字鸿沟"是一种基于信任危机和权利危机的数字不平等。

二、社会参与技术治理的非均衡性

未来学家托夫勒指出:"未来生产和生活方式的核心是网络,谁控制了网络,控制了网上资源,谁就是未来世界的主人。"③由此,弥合数字鸿沟的最佳选择在于调整技术治理的主体关系,将治理权力从国家外溢至社会,以实现个人数据权利的方式促进社会参与。技术治理的主体包括政府、科技企业和民众,社会参与主要体现为科技企业和民众的参与;但这种社会参与在企业和民众之间存在巨大的非均衡性,呈现出迥然有别的面相,即政府与企业缔结了紧密的合作治理机制,而民众参与相对薄弱。

(一)政府与科技企业的紧密合作

随着人类步入信息文明,科技企业将触角全面延伸至各个领域。凭借技术优势,科技企业掌握了大量的经济社会数据,在各自领域形成了事实上的数据垄断,并通过技术迭代升级不断巩固自身的"数据寡头"地位。科技企业尤其是头部企业的快速发展对社会治理模式和治理机制产生了重大影响。"在世界范围内,新技术公司渗透到各社会阶层和群体的日常生活,颠覆性科技的触角几乎延

---

① SAHA D. AMITAVA MUKIIERJEE A. Pervasive Computing:A Paradigm for the 21st Century[J]. IEEEComputer,2003,36(3):25-31.

② 於兴中.算法社会与人的秉性[J].中国法律评论,2018(2):60.

③ 托夫勒.权力的转移[M].刘红,等,译.北京:中共中央党校出版社,1991:269.

伸到人类物质和精神生活所能企及的所有领域。"①科技企业是技术治理不可或缺的参与主体，其参与作用表现如下。

第一，科技企业通过承接政府项目等形式为技术治理提供集成算法、模型、软件、硬件于一身的智能安防系统和数据服务方案。如海康威视公司之于"雪亮"工程、阿里集团之于"城市智慧大脑"建设中的重要作用。如今政府数据平台的开发和运维几乎均由国内互联网科技企业承揽，这构成了科技企业的主业，也是科技资本财富积累的主要途径之一。

第二，科技企业参与对涉网络案件、网络灰黑产业违规违法活动的治理。科技企业能够为涉网络案件的侦办、司法处遇提供数据分析及电子证据。《网络安全法》还要求科技企业须承担的一般性法律义务，履行平台管理的责任。因此，科技企业必须履行对网络灰黑产业中违规违法行为的管理义务，如阿里集团运用大数据技术监管网购平台中的制假贩假类经济案件。

第三，科技企业以履行企业社会责任的方式参与社会治安综合治理，尤其是参与电信网络诈骗犯罪的防治工作。如腾讯公司以鹰眼系统、麒麟系统打击电信网络诈骗，并联合公安、电信、银行等部门共同发起"守护者"计划。

(二)民众参与技术治理尤甚薄弱

"大数据的利益相关者包括大数据搜集者、大数据使用者和大数据生产者。"②个人是典型的大数据生产者，政府和科技企业属于大数据搜集者和使用者。然而个人在技术治理中处于原子化形态和边缘化境地，更多以被治理对象的面目出现。

在个人与政府的关系中，民众对技术治理的知情权、参与权及监督权亟待改善。我国的"平安建设"由政府主导，基于科层制结构自上而下的组织化调控推进，个体缺乏参与治理的稳定渠道和双向互动的有效机制。技术治理的扩张在潜移默化中塑造且维持了"上暗下明"的治理格局，个体被简单数据化和物化的趋势愈发明显。"国家依靠信息技术的全面装备，将公民置于彻底而富有成效的监控体系下，而公民却难以有效地运用信息技术来维护其权利，即无法通过数字民主来制衡国家的监控体系。"③在此意义上，管理部门掌握的信息资源越多、管控手段越强大，个人在技术治理中的参与地位可能就愈发边缘和弱势。

在个人与企业的关系中，个人作为被技术治理的对象，无不受科技企业所编

① 樊鹏.利维坦遭遇独角兽:新技术的政治影响[J].文化纵横,2018(4):134.

② ZWITTER A. Big Data Ethics[J]. Big Data & Society,2014(7-12):3.

③ 肖滨.信息技术在国家治理中的双面性与非均衡性[J].学术研究,2009(11):31-36.

织的数字化生活的宰制。企业通过抓取个人数据,以算法和模型分析用户喜好,生成用户画像,把资本的意图植入技术,有针对性地投放内容,诱导人们从事特定行为。在数字化时代,我们获得的信息比以前更多,然而我们确实在其他方面懂得更少了;互联网推动了一种更加被动的逆来顺受的认知方式。科技企业引领人类步入算法时代,算法帮助企业看透民众的所思所想。借助 AI 技术,企业正在向"说服计算"大踏步迈进,以"说服计算"的方式远程控制用户心理、操纵用户行为。这种复杂的操纵技术不仅在商业领域所向披靡,在社会治理甚至政治领域的威力也不容小觑。如 Facebook 用户数据泄露事件,剑桥分析公司针对数千万用户施以说服计算引导选民投票,以此谋取政治上的利益。

三、回归信息技术的赋权功能

技术治理的合法性不能只取决于治理绩效,也不能仅构筑于技术和资本之上,而应根植于民众的有效参与和真心支持。① 针对民众参与治理甚为薄弱的问题,解决思路的关键在于如何实现从形式参与到实质参与的转变。

互联网及大数据技术不仅具有社会控制的一面,更具有对个人赋权的一面。在社会治理领域,互联网等信息技术构成了民众实质参与治理的最佳媒介。"互联网极大拓展了公众参与公共政策过程的地理边界和知识边界,它提供的无障碍、全景式的信息流动渠道,使跨时空、跨边界、跨领域的普遍联系成为可能,实现了碎片化社会力量的集聚效应,这种力量不可估量,并形成跨时空、跨边界、跨领域的联动。"②

当前,个人数据权利保护浪潮风起云涌,民众维护自身权利的集体意识逐渐觉醒,人本主义精神对大数据创新和技术治理显得弥足珍贵,技术治理的权力应遵循法治之道成为社会共识,对新技术使用的"技术化归"迫在眉睫。所谓"技术化归",是指"各种新技术必须得到转化使其从陌生的、可能有危险的东西转变成能够融入社会文化和日常生活之中的驯化之物"。③ 在法治社会,对信息技术的化归莫过于从技术治理的数据监控本质入手,紧紧围绕被监控的对象——个人数据,探究、确认、保障个人的数据权利,以数据权利保护制衡数据滥用和规范技

① 单勇.城市公共安全的开放式治理——从公共安全地图公开出发[J].中国行政管理,2018(5):115.
② 陈保中,韩前广.互联网时代公众参与公共政策过程的逻辑进路[J].上海行政学院学报,2018(3):45-46.
③ 何明升.智慧生活:个体自主性与公共秩序性的新平衡[J].探索与争鸣,2018(5):25.

术治理扩张,在数据权利的实现过程中促进民众的实质参与。

在过度互联的大数据时代,大数据技术渗透至社会生活的方方面面,个人信息无时无刻不处于智能机器的洞察之下,全景智能社会滑向"零隐私社会"的未来图景令每个人忧心忡忡,隐私弱化及数据被滥用的法律风险居高不下。对此,从自然法和自然权利视角看,民众应享有对个人数据的相关权利;从公共安全视角看,民众不得不让渡出一部分自由和隐私给国家,国家利维坦对个人数据的使用是公共安全治理的必然选择。因此,国家应尊重和保障个人的数据权利,遵循法治之道保障个人了解自身数据的使用情况(包括使用数据的类型、范围、程序等),制定数据保护的法律法规和规范性文件,尽最大努力防止数据被泄露和被滥用,监督政府机构和科技企业的数据分析行为,消除算法歧视和防范算法黑箱的出现,打击和预防侵犯公民个人信息的违法犯罪,消除数据使用中的各种不公平对待和不平等现象。正如麻省理工学院阿克莱特·彭特兰教授所言,政府应建立"将公民自身数据的所有权、使用权、控制权和处置权交还给公民自己"的"数据新政"。①

四、以数据权利保护为跨越非均衡性的法律阶梯

民众的实质参与关涉信息社会及技术治理的未来发展,直指数据监控的价值理念和大数据社会福祉的现实。从实质合法性视角看,技术治理不仅依赖技术创新和科技企业的协同,更离不开民众的实质参与,民众实质参与是技术治理实质合法性的基础。虽然促进民众实质参与技术治理的方式有很多,但法治方式无疑是最为重要的实现途径,个人数据权利的法律保障构成了跨越社会参与非均衡性的法律阶梯。

(一)个人数据的权利类型

面对数据监控的全面扩张,个人数据权利的法律实现至为重要。数据权利并非民法意义上的人格权或财产权,而是专指个人因自身数据被政府、企业、社会组织及其他个体采集、使用时所享有的利益。本着从外延至内涵的研究思路,应先厘清个人数据的权利类型。

从个人对自身数据所拥有的合法利益视角看,在自然权利意义上,数据权利应包括个人对数据的所有权、使用权、可携带权、保存权、知情权、同意权、隐私权、被遗忘权等。其中数据隐私权和被遗忘权颇具特色。数据隐私权保护的独

---

① 彭特兰.智慧社会:大数据与社会物理学[M].汪小帆,汪蓉,译.杭州:浙江人民出版社,2015:171.

特之处在于个人与国家、企业之间存在极其严重的信息不对称,个人几乎没有可能在数据监控乃至无孔不入的非法窥探面前保守隐私。随着数据监控的不断扩张,个人变得愈发透明,技术治理的权力拥有者及智能机器系统的运行则变得越来越隐秘。现实世界的赛博空间化、社会规则代码化,在一个个无法穿透的"算法黑箱"面前,个人数据愈发向少数"数据寡头"汇聚,"数字利维坦"的脚步愈发临近。仅凭《网络安全法》《民法典》等法律的分散规定不足以应对隐私权保护的现实需要,专门保护数据权利的《个人信息保护法》十分必要。

被遗忘权是数字化世界衍生出的新型权利。被遗忘权主张,个人有权处分自身数据,以限制和对抗数据采集者和数据使用者(政府和企业)对个人数据的滥用。在实践中,囿于被遗忘权的"被动"属性,该权利的行使面临诸多挑战。对此,有学者做出如下总结:"信息能否被遗忘,数据控制者享有自由裁量权,数据主体仅有申请权;数据控制者的超级权限,可能导致被遗忘权被滥用的危险,从而妨碍公民的表达自由和知情权;信息的被遗忘是相对的,而不是绝对的。"[①] "大数据时代,被遗忘权的核心内容是数据被删除,而不是被遗忘。"[②]"今天'删除'已成为大数据时代的热词,与'存储'形成了一种强烈对抗。这意味着存储越多,就越容易对公民隐私构成潜在伤害,而防止这种伤害发生的方法是删除。"[③] 于是,如何实现被遗忘权的法律保障成为数字时代的重要立法议题。

从数据法的作用方式上看,数据权利包括积极的数据权利和消极的数据权利。所谓积极的数据权利,是指数据法要求实施监控活动的数据分析者遵循事先约定严原则,对社会公开拟监控的数据类型、波及范围、监控的正当理由、正当程序及法律责任。该权利对应的是政府等治理主体的积极作为义务,设定这种积极义务的理由是政府在技术治理中应对社会公开拟使用的数据情况及数据监控的治理流程。所谓消极的数据权利,是指个人有权反对数据使用中的不公平对待,以防范数据监控掌控者的数据滥用、计算机官僚主义等数据异化问题。该权利对应的是政府等治理主体不得作为某种行为的消极底线。

从权利主体类型上看,数据权利包括个体的数据权利和集体的数据权利。

---

① 周丽娜.大数据背景下的网络隐私法律保护:搜索引擎、社交媒体与被遗忘权[J].国际新闻界,2015(8):148-149.

② 周丽娜.大数据背景下的网络隐私法律保护:搜索引擎、社交媒体与被遗忘权[J].国际新闻界,2015(8):143.

③ 顾理平,王蒙.社会治理与公民隐私权的冲突——从超级全景监狱理论看公共视频监控[J].现代传播,2017(6):38.

"社会正义不是凭空出现的,而需通过集体的行为来理解。"①当前,侵犯儿童数据隐私、利用网络工具侵害儿童权益的违法犯罪屡禁不止,针对老年人群体的非法集资等涉众型经济犯罪亦居高不下。大数据时代日益增长的数字经济正在把个人权利让位于集体,并与数字时代隐私观念的重塑等问题复杂交织于一体。②大数据技术更倾向于归纳群体的行为而不是个体的特征,构建数据正义、实现数据权利不可避免要超出个体层面。因此,数据权利必须能够在集体层面实现,如儿童、老年人等群体的数据权利、社区数据共享权利等。这种数据权利的集体转向要求数据法从个人权利保护向集体权利保障的延伸。

(二)以人工智能伦理为数据法理念

数据权利及数据法的立法设计离不开人工智能伦理的指引。关于大数据的美好畅想可能是对机器智能的浪漫乌托邦想象,"大数据及其技术本身存在不可调和的矛盾。如果没有制度、法律、文化的支撑,大数据技术本身是对人文、人类生存、社会伦理和正义以及民主的巨大威胁"。③

随着让渡决策的应用愈发广泛,在限定条件下 AI 已经能够进行智能决策,如"上海刑事案件智能辅助办案系统"通过对案卷材料的语义识别和结构化抽取,基于特定证据模型对刑事案件进行智能定罪量刑。这种 AI 系统的运行一定不能背离人类的价值观、正义观、道德伦理观念及法律规范。因此,技术治理所依赖的智能机器必须是道德机器,道德机器的运行必须处于人工智能伦理的规制之下。在"代码即法律"的背景下,AI 需被植入道德代码,将人类的数字正义价值观念、法律规范、道德伦理要求转化为计算机代码,嵌入 AI 的运行流程。此外,道德机器还可能面临"道德过载"问题,即 AI 系统受到多种规范和价值约束,诸如法律要求、金钱利益、社会和道德价值等,它们彼此之间可能发生冲突。在此情况下,哪些价值应当被置于最优先的地位?④ 对于数据法的制定,人工智能伦理可谓至关重要。数据监控究以何种理念为价值导向,安全、秩序理念与隐私、自由观念发生冲突时如何平衡,政府和企业采集、使用个人数据的权力边界如何划定,如何消除和防范技术运用中诸如算法歧视、隐私被侵犯等不公平对待问题。这均有待于人工智能伦理的深入探究,"人工智能伦理"的法理研究构成

---

① SEN A. Human Rights and Capabilities[J]. Journal of Human Development,2005(2):151-166.

② MAKULILO A B. "A Person Is a Person through Other Persons"—A Critical Analysis of Privacy and Culture in Africa[J]. Beijing Law Review,2016(7):192-204.

③ 于文轩.大数据之殇:对人文、伦理和民主的挑战[J].电子政务,2017(11):21.

④ 腾讯研究院,等.人工智能[M].北京:中国人民大学出版社,2017:293.

了数据法通往"数据正义"的基础性环节。

(三)域外数据法的权利保护经验

天下之治,有因有革。欧盟在数据权利保护领域走在世界前列,尤其是欧盟《一般数据保护条例》(GDPR)的生效,对我国数据法的制定极具借鉴价值。面对各种"颠覆性技术"的挑战,GDPR奠定了欧盟未来几十年的数据保护范式,对企业收集个人数据做出全新规定,对个人数据权利的保护做出系统性规定,建立了数据泄露的应对程序,要求数据密集型企业履行相关通知义务。[1] GDPR致力于保障个人隐私安全,条例对数据生命周期的各个环节都有相应规定,还引入了一些新概念、新惩罚机制等。

GDPR重点保障个体对个人数据拥有更多的掌控权。各大社交网络公司在使用个人数据之前必须征得个体的同意,要求科技企业履行更多的法律义务,尤其是基于AI技术处理的个人数据将受到严格监管,如果一个机构要向第三方传递个人身份信息,必须对该信息充分保护,违反该条例的企业将被处以最高2000万欧元或公司年收入4%的罚款。GDPR涵盖了数据的任何使用者、控制者,任何机构只要收集、传输、保留或处理涉及欧盟任何人的个人信息,如姓名、电邮地址、IP地址、照片、社交媒体帖子、医疗信息、财务信息等就须遵守该条例。GDPR对我国数据法的制定颇具启发价值,技术治理必须对由技术引发的各类风险进行法律规制。政府、企业及其他组织对个人数据的采集、使用、交易、存储等活动须依法开展。可以说,加强个人数据保护、明确及规范数字权利、以法律制度消弭数字鸿沟既是"国家大数据战略"的应有之义。

(四)个人数据权利的法律确认

技术治理的扩张与个人数据权利息息相关,国家有责任在社会安全与个人自由、技术发展与公平正义之间谋求一种总体性平衡,以保护个人数据权利的方式搭建跨越数字鸿沟的法律阶梯。对此,首先,《个人信息保护法》从法律层面对个人数据、数据监控的基本概念、原则做出法律界定,对数据监控的有权主体、对象范围、正当程序及法律责任做出系统规定,明确个人拥有的数据权利,赋予个人控制自身数据的自主权,对各类数据使用主体、生产主体、交易主体之间的权利义务关系进行详尽约定,对个人数据在公共机构与商业机构之间的流转做出程序和实体两方面的限制,细化侵犯个人数据权利行为的法律责任。对于个人

---

[1] TIKKINEN-PIRI C, ROHUNEN A, MARKKULA J. EU General Data Protection Regulation:Changes and Implications for Personal Data Collecting Companies[J]. Computer Law & Security Review,2018(34):134-153.

数据用于数据监控的权力进行限定,防范数据滥用和数据泄露。

其次,在《网络安全法》基础上,应进一步制定保护网络安全、数据安全的"软法"。2017年出台的《网络安全法》在总体安全观指导下对网络安全、数字安全做出了总体性规定,但该法也存在一定问题。如"'重实体,轻程序'和'重管理,轻保护'是我国网络信息安全法律制度中比较突出的问题,对于严重影响行政相对人合法权益的多项措施,如果欠缺相应的程序性规定,在实践中容易被滥用,而且也会降低法律的可预期性"。① 对此,应注重发挥软性法律针对性强、灵活度高的优势,以软性法律弥补"轻程序"问题。软性法律为技术治理的技术运用提供了具体、明确的标准,且软法与法律程序常常密不可分,故适用软法实际上就是在遵循标准化程序进行法律监管。

再次,数据法应对人工智能应用进行法律监管。人类的未来不能靠算法与代码来设计,没有法律、伦理、文化的支撑,AI对人类是一种巨大威胁,必须对算法的设计进行法律规制,通过法律化解、吸纳技术风险,规范、制约算法缔造者的行为。人工智能伦理系人工智能立法的指导思想,公平的算法来自人工智能伦理的引导,需将法律和伦理转化为计算机代码和种子算法,以种子算法解决智能机器的算法歧视、道德过载问题。

最后,在技术社会,如何实现个人对人工智能伦理及数据法制定的知情、同意、参与、监督权利,这是数据权利法律保障的关键环节。人的自主性更多通过个体权利的行使予以体现,而民众参与数据法制定构成了保障人的自主性与实现数字民主的关键环节。这要求设计法律程序保障民众充分了解技术治理的运作流程和救济途径,设定合理的用户同意提取个人数据的协议,保障民众能够有效参与、监督法律制定的全流程。

---

① 丁道勤."上天入地",还是"度权量利"——《网络安全法(草案)》述评[J].中国矿业大学学报(社会科学版),2016(3):36.

非法控制计算机信息系统罪实证研究

——以浙江省已判决案例为样本

杨　磊　王剑洪*

一、问题的提出

非法控制计算机信息系统罪是《刑法修正案（七）》新增的罪名，主要指违反国家规定，侵入国家事务、国防建设、尖端科学技术领域以外的计算机信息系统或采用其他技术手段，对该计算机信息系统实施非法控制，情节严重的行为。而在司法实践中，对于非法控制计算机信息系统罪与非法获取计算机信息系统罪、破坏计算机信息系统罪，时常会有所混淆，界定不清，尤其是以下几点。

第一，非法控制计算机信息系统罪中的"控制"应当如何理解？

第二，非法控制计算机信息系统罪中的"非法"应当涵盖哪些法律？

第三，非法控制计算机信息系统罪的证据如何认定？

第四，非法控制计算机信息系统罪的入罪条件有哪些？

这些问题的答案直接决定了行为人行为的定性，是评价行为人罪与非罪，此罪与彼罪的直接因素。

二、样本总体情况

笔者以"非法控制计算机信息系统罪"为关键词在中国裁判文书网上进行检索，共得到116篇浙江省各级法院所做的含有"非法控制计算机信息系统罪"字眼的判决书，进一步查看各判决书，收集整理后发现，在上述116篇判决书中只有27篇以"非法控制计算机信息系统罪"进行定罪量刑，其中有2篇为二审判决维持原判，即真正以此定罪的案件共25件。具体情况见图1。

---

* 杨磊，浙江靖霖律师事务所律师助理；王剑洪，浙江靖霖律师事务所专职律师。

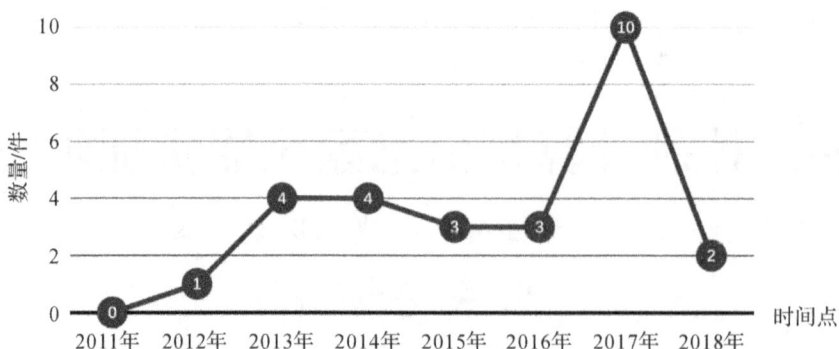

图 1　浙江省 2011—2018 年"非法控制计算机信息系统罪"判决书汇总

不难看出,虽其总量在计算机信息系统犯罪中并不多,但以此罪定罪量刑的案件呈现逐年增加的态势。长远观之,"非法控制计算机信息系统罪"的研究必定会逐步深入。

（一）数据来源

该组数据来源于中国裁判文书网,系 25 件已判决案例的检索结果。

浙江省作为我国经济发达省份,省会杭州市是我国互联网经济最为活跃的地区,其司法理念也较为先进,统计分析浙江省关于此罪的基本情况,一方面可以为研究此罪的特点和类型提供样本,为司法机关处理此类案件归纳出行为模式、定罪规则和量刑规则;另一方面也可以在律师辩护中得出关于非法控制计算机信息系统罪的行为模式、证据审查内容以及辩点归纳。

（二）总体数据

对数据进行整体梳理,可以较直观清晰地看出数据背后所反映的此罪的司法审判现状。

1. 审判情况

在这 25 个案例共 27 份判决书中,只有两个案例经过二审法院后进行了量刑上的改判,但对于定罪并无更改,也并无发现有从其他相似罪名改为此罪的情况。除此之外,其他 23 个案例,或上诉人撤诉而判决生效,或二审法院撤销原判发回重审后再次维持二审判决生效,或二审法院直接驳回上诉而原判决生效,或被告人并未上诉而判决生效。

2.刑罚裁量情况

在这 25 个案例中,共涉案 43 人,23 人在 3 年以下定罪量刑,20 人在 3 年以上,属情节特别严重的情形。被判决的案件中共有 18 人被判处缓刑,判处缓刑较集中的年份在 2011—2014 年,9 个案件共有 16 人被判处缓刑。2015—2017 年共 16 件案件,涉案人员 21 人,只有 4 人被判处缓刑,其余 17 人均为实刑。而在被判处缓刑的 18 个被告人中,有 7 人量刑为 3 年。根据案件事实,其行为属于严重危害结果,但在其犯罪事实中,犯罪数额达到 5 万元以上和所控制计算机信息系统在 100 台以上,二者占其一,而不是全部满足。由此可见,审判机关对于此类案件的把控越来越严格,判处缓刑的概率也越来越低,即使是 3 年以下的刑罚,并且有坦白、退赃的情况判处缓刑的概率也很小。

三、统计结果的特点分析

通过对案例的总结分析,可以发现此类案件的定罪重点聚焦在对"控制"作何理解,"非法"要件所涵盖的法律有哪些,以及构罪标准的考量等。

(一)案例中对"控制"的理解

非法控制计算机信息系统罪作为《刑法》第二百八十五条的第二款,主要是为了规制行为人侵入国家事务、国防建设、尖端科技领域之外的信息系统,并实施了控制的行为,损害信息网络安全的行为。根据全国人大法工委刑法室所编纂的刑法条文说明,在此罪中,行为人的行为模式应当是"侵入+控制"。[①] 二者缺一,均不符合此罪的构成要件。所谓的侵入至少应当是在计算机信息系统的使用过程中违背使用人的主观意愿,通过木马病毒、黑客技术等方式进入使用人的移动终端设备中。

在这 25 个案例中,行为人的"控制行为"有以下不同的方式:第一,利用漏洞上传木马远程控制服务器,并利用虚拟阿里云主机入侵和控制用户主机;第二,违背使用人的意志随意开启他人的摄像头,窥探他人隐私;第三,利用安全漏洞,获取计算机信息系统使用权限,且可以利用这种使用权进行网络攻击;第四,采用植入木马程序侵入他人计算机信息系统,使计算机信息系统瘫痪或无法使用;第五,利用有控制作用的软件将木马程序安装在智能手机上,后私自定制付费SP 增值业务,损害智能手机使用者的财产权;第六,设置钓鱼网站,下载带有木

---

① 全国人大法工委刑法室.中华人民共和国刑法立法条文、立法理由及相关规定[M].北京:北京大学出版社,2009:591.

马病毒的游戏客户端,通过木马病毒可以偷看他人底牌或换牌,赢走玩家游戏币并变卖牟利;第七,利用程序操作计算机信息系统处于自己的指挥之下,实施网络"挖矿"行为。

通过对上述案例的分析,不难发现这些案例中,被告人的控制行为具有如下特征:第一,行为违背了使用人的意志;第二,被控制计算机信息系统应当能够接受控制者的指令并完成相应操作;第三,造成被控制计算机信息系统使用者直接或间接经济损失;第四,具有部分排他性。

(二)"非法"应当涵盖的法律

非法控制计算机信息系统罪是法定犯,明确要求以"违反国家规定"为构成条件。该罪在立法技术上又采用了"空白罪状"的表述方法,即国家规定的具体内容是什么,刑法只在总则里解释了它的范围(全国人大及其常委会和国务院的规定)而未指明具体内容,作为刑法构成要件的罪状表述上的空白需要由国家规定予以填补。

因此,法定犯要构成犯罪,所违反的国家规定必须是"具体的规定",即明确设定了主体的权利、义务、责任的规定,因为只有这样的规定才既具有权责的统一性,又具有实际可操作性,而不能是"抽象的规定",即原则性的规定,这样的规定仅规定了价值取向,但不具有实际可操作性。按照公认法理,原则性规定的功能是指引立法的方向和引导法律的解释,本身不具有确认权利义务或责任的功能。因此,如果国家规定是抽象的,那么它仍然不具备为裁判行为提供评价标准的权利义务责任等功能,用它来填补罪状空白,无异于"用空白填补空白",构成要件仍然处于无法可依的状态。

在非法控制计算机信息系统罪中,"非法"应该是指没有计算机信息系统的使用权限而使用该系统,抑或突破权限使用该系统。所以,需要讨论的是,相关法律法规规定,谁可以享有计算机信息系统的使用权?显然,享有该使用权的应当包括该计算机信息系统的所有人、所有人授权的相关程序供应商在授权范围内使用。除此之外,未经授权或超越授权使用的,都可以称之为非法使用。

本罪所涉及的国家规定主要有:全国人大及其常委会颁布的法律、决定、行政法规等。主要是指《网络信息安全法》《治安管理处罚法》《全国人民代表大会常务委员会关于加强网络信息保护的决定》《全国人民代表大会常务委员会关于维护互联网安全的决定》《计算机信息系统安全保护条例》等。

(三)构罪的标准

根据《刑法》第二百八十五条第二款的规定,对于非法控制计算机信息系统的,只有在情节严重的情况下才能入罪。那么对于"情节严重"应当如何理解呢?

根据 2011 年最高人民法院、最高人民检察院发布的《关于办理危害计算机信息系统安全刑事案件应用法律若干问题的解释》，对此罪的情节严重、情节特别严重进行了解释。具体如表 1 所示。

表 1 非法控制计算机信息系统"情节严重"认定标准

情节严重	（一）获取支付结算、证券交易、期货交易等网络金融服务的身份认证信息 10 组以上的； （二）获取第（一）项以外的身份认证信息 500 组以上的； （三）非法控制计算机信息系统 20 台以上的； （四）违法所得 5000 元以上或者造成经济损失 1 万元以上的； （五）其他情节严重的情形
情节特别严重	（一）数量或者数额达到前款第（一）项至第（四）项规定标准 5 倍以上的； （二）其他情节特别严重的情形

此处的"其他"，一般情况下应当按照同类解释的规则，并兼顾基本法优先于补充法的原则。[①] 刑法作为其他部门法的保障，不能脱离行业或专业知识基础，也不能脱离对社会危害性的一般价值评价。该司法解释采取"列举式＋兜底式"条款的方式对该罪名的定罪量刑条件进行了明确。所谓的情节严重以及情节特别严重的兜底性条款，必须具有与上述内容相类似的行为或造成的类似损失。刑法的罪刑法定原则规定了"法无明文规定不为罪"，因此在实践中不能随意扩大此罪的适用情形，即使是运用同类解释规则，也应当考虑社会影响力以及实际国情。

四、非控案件辩护要点分析

即使在上述案例中并未出现案件事实认定的难题，大部分被告人对于案件事实都予以认可，没有提出异议。但这并不代表着此类案件在审理过程中不存在难题。相反，由于此类案件的发生领域是互联网空间，因其虚拟性、专业性以及广泛性的特点，非控案件在审理过程中，极易出现两类难点。第一，证据难点，主要表现为电子数据的形式难点；第二，技术难点，主要涉及专业知识的运用与界定。这两类审理案件的难点，同时也是我们辩护律师理清辩护思路、制定辩护方案、挖掘辩护要点的主要突破点（见图 2）。

---

① 王安异.对刑法兜底条款的解释[J].环球法律评论,2016,38(5):27.

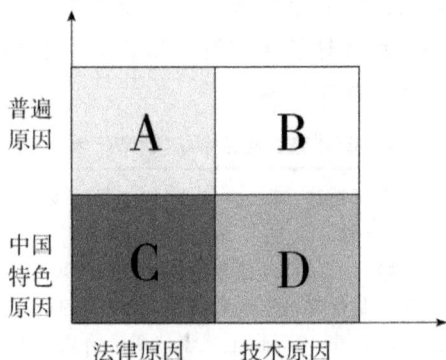

图 2　计算机安全类案件证明难之类型化归因①

很显然,在此类案件中对于普遍原因造成的证明难,其实是可以通过借鉴域外相关经验以及加强技术创新、电子证据的取证程序等客观方式予以加强完善。但是,与我国互联网发展的现实情况相结合而产生的证据问题和技术问题,才是认定此类案件难以解决的难点,同时也一定是辩护人在辩护中重点审查的要点。涉及非控案件,辩护律师可以从以下几个方面去论证,拆解控方的逻辑体系。

(一)从证据的形式寻找辩点

计算机信息系统犯罪纷繁芜杂,既有传统意义上的犯罪形态,也有自《刑法修正案(七)》以来设置的新型犯罪形态。上述 25 个案例中,法院在判决书中均明确认定犯罪事实的证据有电子数据。所谓电子数据,是指在案件发生过程中形成的,以数字化形式存储、处理、传输的,能够证明案件事实的数据。如何审查证据,就成为摆在此类案件面前的一道难题。非法控制计算机信息系统罪的取证困难表现在电子证据的固定、保存、移交等环节。究其原因,迄今为止人们对于电子数据的认识依旧不够深入。由于电子数据本质上具有虚拟性,其客观表现的载体在存储、传输和使用的过程中易受到干扰、破坏,发生信息失真甚至灭失的严重后果。

在司法实践中,取证难是互联网犯罪的共性问题,因此非控案件也无法避开。非控案件中,辩护律师可以通过对证据做以下分析,以此来寻找辩护要点。

1.针对电子数据内容所做的辩点挖掘

电子数据在多数情况下存在实时性,即使有运行日志,也仅是对相关系统的

---

① 刘品新.网络犯罪证明简化论[J].中国刑事法杂志,2017(6):25.

运行状况进行记录,且此部分数据只能保存部分时间。例如,(2016)浙 0681 刑初 979 号所做判决中,认定的犯罪事实只是表明在 2016 年 2 月 16 日公安机关远程勘察被告人非法控制计算机信息系统在线数量,并没有明确到被告人在实施"控制"行为过程中所涉及的具体计算机信息系统的数量。由此可见,在没有运行日志记录,且在技术人员通过动态变化逃避数量统计的情况下,对于认定非法控制计算机信息系统罪的数量以及损失数额的认定都是难题。根据相关司法解释,非法控制计算机信息系统 20 台或违法所得 5000 元以上或造成经济损失 1 万元以上的,即构罪,处 3 年以下有期徒刑;另外达到上述标准 5 倍以上即构成情节特别严重,处 3 年以上 7 年以下有期徒刑。因此,通过对数量和犯罪数额的认定,可以达到罪轻或无罪的变化效果。

2. 电子数据的真实性和完整性的辩点挖掘

2016 年,"两高"以及公安部出台了对电子数据的收集提取以及审查的相关规定,保证电子数据的完整性和真实性。(1)应当扣押、封存原始存储介质,对于不便或不能封存的,可以提取,但提取应当遵从相关的程序规定,不能提取的,也可以采取冻结的方式保留电子数据信息。(2)计算电子数据完整性的校验值,即记录该份电子数据的哈希值。哈希值的唯一性以及不可更改性使得电子数据的完整性和真实性有了客观保障,至少能够使电子数据的变化有迹可循。(3)进行相关的录像活动,客观记录查封扣押现场情况,以及每次对电子数据的操作内容。

但在具体的操作过程中,由于办案机关人员的专业水平存在差异,以及部分办案人员不按章程,导致提取的数据在程序上存在瑕疵。若是此种瑕疵可能影响到电子数据的真实性,则对于定罪而言,就存在难题。

除此之外,哈希值变化的不确定性以及无规律可循性,使得仅有哈希值的记录,而无其他客观证据的印证,对于电子数据的内容是否被篡改也无法证明。电子数据是认定非法控制计算机信息系统罪的唯一客观证据。若是法官在定罪量刑过程中对证据的真实性产生了质疑,那么即使是有被告人的口供,也很难认定构罪。

(二)从计算机信息的专业化角度挖掘辩点

电子数据解决的是非法控制计算机信息系统案件中证据的形式问题,但计算机信息的专业性也是此类案件审理中的难题。与计算机行业的专业人士相比,无论是公安机关还是审判机关,对于相关的专业知识的鉴定只能依靠鉴定报告。但法律上的定罪事实与鉴定结论之间仍旧存在差异。

一直以来我们国家的互联网犯罪,都采用网络违法与网络犯罪的二元结构,因此区分网络违法与网络犯罪之间的界限极为重要,会直接影响行为人的行为构罪与否。而对于相关技术特性进行界定,也是确立此罪彼罪的重要依据。

在(2017)浙0703刑初388号案例中,行为人的行为包括修改相关黑客工具形成软件,并将修改过后的软件非法上传至阿里云主机,并对阿里云主机发送指令,建立联系。行为人的一系列行为,通过公安机关的远程勘验,确定该软件的远控服务器IP源于行为人,解决了该案件中电子数据的同一性问题。但是,对于该上传行为是应当解释为修改计算机信息系统还是非法控制计算机信息系统的先行行为呢?法院的判决认定为非法控制计算机信息系统,笔者认为该结论并无不妥。修改计算机信息系统,与上传式非法控制的主要区别就在于对程序的增减是否会影响该计算机信息系统的使用功能以及正常运行。而这一区别的结论,依靠办案人员的计算机专业知识恐怕难以实现,最终依靠的还应当是专业人士的专业分析。对于此种泾渭分明的情况,在司法判例中并没有太大争议。

但在(2014)杭萧刑初字第1371号中,行为人作为科技公司的技术人员,将含有恶意程序的软件安装到了某品牌手机内,导致该批手机出现恶意收费的危害结果。原审法院认为,行为人违反国家规定,对计算机信息系统进行修改,后果严重,因此构成破坏计算机信息系统罪。笔者认为该法院所做判决失之偏颇,对于"破坏"和"控制"的理解存在误差。此案中,行为人虽在手机软件中非法增加了软件程序,但该程序本身并未对该部手机的正常使用造成威胁,事实上恶意被收费是利用该程序排除手机所有人的使用,迫使手机使用者在明知或不知的情况下做出违背其意愿的操作。该行为模式更像通过预设程序而形成的非法控制,而非破坏计算机信息系统。造成此种判决结果的原因,就在于该案件中,鉴定结果只得出涉案手机比正常手机多了一种程序,却没有对该程序进行详尽分析,得出该程序的实际用途系使涉案手机瘫痪不能使用,抑或排除使用人的部分使用权,做出违背使用人意愿的指令等类似的具体结论。

由此可见,此类案件的审理过程,对技术认定的要求极为重要。若是草草审查鉴定报告,而非对涉案软件的性质、用途刨根问底等,就可能致使最后的判决存在罪责刑不一致的情况。因此,通过对专业性知识的深入研究,可以辨析此罪与彼罪,达到罪责刑相一致的辩护效果。

五、结论

从现实空间到网络虚拟空间,非控案件作为新领域的新型犯罪,仅依据法条的表述难以对该罪有直观了解。截至目前,为数不多的案例是研究此罪最直接的资料来源。网络犯罪的地域广泛性、涉及人数广泛性以及证据搜集的高难度性,都是此类案件定罪量刑应考虑的因素。随着"互联网＋"思维的不断深入,保护互联网空间的安全,首当其冲的就应当是对其载体——计算机信息系统安全的维护。与此同时,也应当树立互联网安全保护新思维。既要维护计算机信息系统的安全,同时也要推动互联网空间的良性发展,对于此类犯罪,既要严厉打击,也要遵循刑法的基本原则,做到罪责行相适应,使行为人受到应有的惩罚。

图书在版编目（CIP）数据

信息时代刑事法治现代化探索：阮方民教授荣休纪念文集 / 浙江大学刑法研究所编. —杭州：浙江大学出版社，2021.11
ISBN 978-7-308-21865-8

Ⅰ.①信… Ⅱ.①浙… Ⅲ.①互联网络—计算机犯罪—刑事犯罪—中国—文集 Ⅳ.①D924.36-53

中国版本图书馆 CIP 数据核字（2021）第 213538 号

信息时代刑事法治现代化探索——阮方民教授荣休纪念文集
浙江大学刑法研究所　编

责任编辑	钱济平　陈佩钰	
责任校对	许艺涛	
封面设计	续设计	
出版发行	浙江大学出版社	
	（杭州市天目山路 148 号　邮政编码 310007）	
	（网址：http://www.zjupress.com）	
排　　版	杭州青翙图文设计有限公司	
印　　刷	广东虎彩云印刷有限公司绍兴分公司	
开　　本	710mm×1000mm　1/16	
插　　页	1	
印　　张	13.5	
字　　数	264 千	
版 印 次	2021 年 11 月第 1 版　2021 年 11 月第 1 次印刷	
书　　号	ISBN 978-7-308-21865-8	
定　　价	68.00 元	